시스템 개혁, 미래를 읽어내는 게임의 룰
강한 시장, 건강한 정부

강한 시장, 건강한 정부

초판 1쇄 인쇄 2009년 10월 8일
초판 2쇄 발행 2009년 11월 2일

지은이 | 오연천

펴낸이 | 윤태일
펴낸곳 | 올리브M&B(주)
출판등록 | 제22 - 2372호(2003년 7월 14일)
주   소 | 서울특별시 금천구 가산동 60 - 15 삼성리더스타워 1404호
전   화 | 02 - 3477 - 5129
팩   스 | 02 - 599 - 5112
홈페이지 | www.olivemnb.com

진   행 | 권미나
디자인 | 디노디자인, 디자인상상

ISBN 978 - 89 - 90673 - 15 - 2 03300

출판사의 허락 없이 무단 복제와 전재를 금합니다.
도서출판 올리브M&B(주)는 독자 여러분의 목소리에 항상 귀 기울이고 있습니다.

* 잘못된 책은 바꾸어 드립니다.

값 15,000원

서울대 오연천 교수 칼럼 모음집

시스템 개혁, 미래를 읽어내는 게임의 룰

강한 시장, 건강한 정부

마티즈와 **벤츠**가 부딪혔다면?

책을 펴내며

▌강한 시장, 건강한 정부
― 시스템 개혁, 미래를 읽어내는 게임의 룰

 필자가 서툰 솜씨로 주요 활자매체에 칼럼을 기고하기 시작한 것은 교수생활 10년이 지난 1990년대 초반이었다. 우연히도 군부집권이 종료되고 '국민주권'이 회복된 문민정부의 출범과 일치하는 시점이었다.
 문민정부, 국민의 정부, 참여정부를 거쳐 MB정부에 이르는 기간 동안 우리 사회에서 가장 많이 논의되었던 화두는 '개혁', '세계화', '지방화', '화합', '국가경쟁력', '과거청산', '위기관리', '선진화' 등이었다. 이러한 주제들은 대한민국이 선진국으로 우뚝 서기 위한 성장통(痛)을 겪는 과정에서 반드시 풀어야 할 시대적 과업들이었다.

 1990년대 초반 이후 4명의 대통령이 등장한 17여 년 동안 필자가 기고한 칼럼을 정리하다 보니 그 칼럼들 또한 그런 시대적 어젠다(agenda)에서 자유롭지 못했다는 사실을 깨닫게 됐다. 칼럼에서 제기한 이슈들 중엔 10여 년 이상을 거치면서 이미 제도화·현실화된 것도 상당하다. 우리 사회가 많은 어려움을 겪으면서도 글로벌 중심가치로 근접하며 진화하고 있다는 긍정적 확신을 다시 한 번 하게 됐다. 그러나 아직도 우리 사회는 많은 시대적 과제들을 해결하지 못하고 있으며 그러한 과제들이 서로 꼬여 중층적인 후유증을 낳고 있기도 하다. 그런 점에서 칼럼 모음집을 출간하는 것도 나름대로 의미가 있다는 용기를 냈다.

책은 필자가 활자매체에 기고한 시기별로 문민정부, 국민의 정부, 참여정부, MB정부의 4개 기간으로 구분했다. 그렇게 하는 것이 간편하기도 했지만 무엇보다 칼럼의 주제나 이슈들이 정부가 바뀜에 따라 확연하게 차이가 드러나는 점도 간과할 수 없었다.

돌이켜 보면 5·16 이후 대한민국의 반세기는 온갖 모순과 고난 속에서도 경제발전과 민주화를 이뤄낸 금자탑의 세월이었다. 5·16 이후 1970년대 말까지는 박정희 대통령이 주도한 '개발연대'로서 압축 경제성장을 일궈낸 한국경제의 도약기라고 할 수 있다. 그 압축성장의 이면에는 '개발독재'로 인한 민주주의의 희생이 점철된 시기이기도 하다. 박 대통령의 서거 이후 등장한 전두환·노태우 대통령의 신군부 시대는 여러 면에서 과도기라 할 수 있다. 1980년 초 '민주화의 봄'은 짓밟혔으나, 1987년 직선제 개헌을 쟁취하면서 민주화의 싹은 무럭무럭 커가기 시작했다. 이 기간 동안 경제성장 기조 역시 개발독재에서 민간주도로 서서히 옮겨갔다.

첫째, 이 책의 스타트를 끊게 될 문민정부는 오랜 기간의 군부집권을 '국민의 힘'으로 종식시키면서 출범했다. 정치 부문의 탈권위주의는 우리 사회 전반에 변화와 개혁에 대한 국민적 요구를 지속적으로 분출케하는 요소의 하나였다. 1995년엔 국민소득 1만 달러 시대로 진입하였고 선진국 클럽인 OECD에 가입하면서 곧 선진국 진입이 이루어질 수 있다는 국민적 기대가 부풀어 오르기도 했다. 그러나 문민정부 후반 외환위기를 맞으면서 한국경제는 총체적 조정기를 맞게 되었다.

둘째, 국민의 정부 시기는 박정희 대통령 시절부터 군부 통치를 거치는 동안 일부 국민의 한(恨)으로 응어리졌던 지역적 갈등을 용해하는 전기가 되었으며, 문민정부로부터 인계받은 외환위기를 극복하는 과업을 짊어지게 되었다. 다행히 환란위기를 넘기면서 한국경제는 다시 순항하기 시작했지만 명실상부한 선진국 대열의 합류는 결코 쉽게 넘을 수 없는 벽임을 실감케했다.

셋째, 국민의 정부를 사실상 승계한 참여정부는 '균형', '복지'를 국정목표로 설정하면서 한국사회의 발전 과정에서 등한시되었던 부문 간 불균형을 치유하는데 많은 에너지를 투입했다. 기존 권력시스템과의 단절과 변화도 시도하였다. 반면 시장의 경쟁력을 통한 경제회복과 지속적 성장을 기대하는 국민들의 마음을 껴안지 못하였다.

넷째, MB정부는 소위 '7·4·7 공약'으로 집약되는 국가경쟁력 향상과 경제 선진화의 기치를 내걸고 대선에서 승리하였다. '국민의 정부', '참여정부'의 시절과는 대조적으로 한미동맹의 중요성과 대북 관계의 재정립을 강조하면서 시장경제의 창달을 통한 경제 선진국 진입이라는 실용주의 노선을 선보였다. MB정부는 경제회복에 대한 높은 기대 속에서 500만 표 이상의 압도적 승리로 출범했으나 전대미문의 세계적 경제위기가 닥치면서 예기치 못한 도전에 직면했다. 1인당 국민총생산 기준으로 1만 달러에 진입한 후 12년이 지난 2007년 어렵사리 2만 달러 달성했으나 경제불황과 원화가치 하락 등 대내외적 요인으로 다시 2만 달러 아래로 하락하게 됨으로써 한국경제가 2만 달러 벽을 넘는 데는 "역시 한계가 있구나"라는 문제인식을 던져주고 있다. 게다가 광우병 파동에 따른 촛불시위와 노무현 전 대통령 서거를 맞아 한나라당 노선에 이의를 제기하는 국민들의 만만치 않은 결집과 저항 속에서 MB정부는 임기 1년 반을 맞게 되었다. 급기야 MB정부는 경제위기의 진정 국면 속에서 중도 실용주의와 친서민정책을 표방하기에 이르게 되었다.

필자는 국가의 총체적 시스템이 국가발전 목표를 향해서 원활하게 가동하지 못하고 있다는 점이 역대 정부가 가졌던 한계의 핵심에 자리잡고 있다고 생각하고 있다. 무엇보다도 국가의 총체적 의사결정의 토대라고 할 수 있는 정치시스템이 국가발전의 구심점으로 자리잡지 못하고, 역설적으로 국민통합과 국가경쟁력 향상의 제약요소로 작용해왔던 것이 아닌지 반문하고 싶다.

낙후된 정치시스템은 정치시스템 자체의 비효율과 갈등으로 귀결되는 것에 그치지 않고, 개별 경제주체, 집단, 지역, 계층 등 사회 전반의 의사결정시스템에 부정적 파급효과를 안겨주기 마련이다. 지난 20년간 제도와 참여 장치로서의 민주주의는 만개했는지 모르지만 토론, 타협, 순응, 인내, 질서 등 제도와 형식을 채워야 할 컨텐츠 측면에서는 민주주의가 답보 상태에 머무르고 있다고 해도 과언이 아니다. 이러한 문제인식에 근거하여 필자는 '게임의 룰에 따라 예측 가능한 정치시스템의 개혁'을 강조하였다. 이러한 정치시스템은 강한 시장과 건강한 정부 간의 조화로운 역할 분담 구조 속에서 이 같은 선순환에 대한 국민적 인식을 확대함으로써 제대로 가동될 수 있다는 것이 필자의 신념이다. 특히 정치적, 경제적, 도덕적 강자가 취해야 할 책무가 우리 사회를 보다 공존가치가 높은 공동체로 유도할 수 있음을 제기하였다.

칼럼은 문민정부 시기엔 군사정권 이후의 각종 구악을 일소하는 취지의 정치 부문 개혁과 지방화에 초점이 맞추어져 있다. 국민의 정부 기간에는 대통령과 행정부의 쇄신에 많은 지면을 할애하였다. 참여정부 편에서는 참여정부의 성격과 위상이 주로 다루어졌으며, 마지막으로 1년 반 남짓의 MB정부 기간에는 새 정부의 공공개혁을 포함하여 대통령과 행정부에 대한 제언과 더불어 정치권에 대한 자기성찰을 촉구하는 내용이 많다. 이밖에 필자의 주전공 영역인

재정 부문 개혁을 별도로 다루었고, 갈등관리와 환경가치의 존중 양상에 대해서도 첨부했다. 재정개혁 부문에서는 1990년대 중반 이후의 재정개혁의 필요성과 과업을, 그리고 갈등관리 부문에서는 방사성폐기장 건설과 관련한 그동안의 진전을 다루었다.

지나갔던 칼럼을 현시점에서 다시 엮은 탓으로 개별 칼럼 간의 논리적 연계성이나 이론적 탐색을 기대하기는 어렵고, 신문 칼럼의 성격상 그 당시의 현안과제에 임하는 필자의 입장을 단편적으로 제안한 데 그친 경우가 대부분이다. 너그럽게 이해해줄 것을 기대한다.

이 자리를 빌려 신문 칼럼에 문외한인 필자를 채찍질해준 조선일보 강천석 주필과 동아일보, 중앙일보, 한국일보, 문화일보, 매일경제, 한국경제의 오피니언팀께 깊은 감사를 드리며 시사에 대해 말벗이 되어준 조선일보의 주용중 차장께도 고마움을 전한다. 편집과정에서 헌신적으로 노력해준 대학원 배고운 · 최사라 예비석사, 아울러 이 칼럼이 쓰여지는 동안 어느새 성년을 훌쩍 넘어선 재진 · 재은과도 출간의 기쁨을 나누고자 한다.

2009년 8월
관악산 연구실에서

목차

책을 펴내며 · 4

말머리

01 마티즈와 벤츠가 부딪혔다면… · · · · · · · · · · · · · · · 19
02 화합과 공존의 시대정신, 시장과 정부의 조화로운 역할분담 · · 24

제1장 이명박 정부와 정치권을 향한 고언

01 지금 국민들이 듣고 싶은 고해성사 · · · · · · · · · · · · · 35
02 게임의 룰이 실종된 정치 · · · · · · · · · · · · · · · · · · 39
03 툭 하면 검찰에 서로 고발하는 의원님들 · · · · · · · · · · · 44
04 내각경쟁력, 이대론 안 된다 · · · · · · · · · · · · · · · · · 48
05 감세냐 재정 보강이냐 · 52

06 국회가 산적한 과업처리 미루면 국민에 대한 배임? ········ 56
07 끝없는 포용으로 국정 이끌라 ······················ 61
08 '공기업 민영화'라도 실패 안 하려면 ················ 65
09 이명박 정부 시험대, 공공기관 개혁 ················· 69
10 공기업 개혁, MB는 해낼까 ······················· 73
11 정부조직 이젠 효율운영에 달렸다 ·················· 77
12 지역균형발전사업, 과연 경제 살리기와 양립할 수 있나? ····· 81

제2장 '참여정부'의 자기성찰과 갈등관리는?

01 참여정부의 허실과 남은 과업은? ··················· 87
02 부동산 조세정책의 허실 ························· 98
03 국정시스템 헛돈다 ····························· 101
04 투기자본의 경영교란 방치해선 안 돼 ················ 106

제3장 '국민의 정부'의 경쟁력은?

01 정치 16강 · · · · · · · · · · · · · · · · · 113
02 형식에 얽매인 '대선 후보 TV토론' · · · · · 117
03 실없는 '정치게임' 중단하라 · · · · · · · · 121
04 국가 인사시스템 바꾸라 · · · · · · · · · · 126
05 새 내각에 바란다 · · · · · · · · · · · · · · 130
06 '썩은 칼자루'론 개혁 못한다 · · · · · · · · 135
07 '개방형 임용제' 정착되려면 · · · · · · · · 140
08 대통령 할 일 지금부터 · · · · · · · · · · · 145
09 구상 따로 추진 따로 · · · · · · · · · · · · 149
10 한국식 공기업 민영화 창조 · · · · · · · · 153
11 예산기구 개편 재논의해야 · · · · · · · · · 158

제4장 '문민정부'의 개혁 어디까지?

01 김영삼 정부의 남은 1년 … 남은 과제 · · · · · 165

02 '정치 개혁' 할 때다 · · · · · · · · · · · · · · · · · · · 169
03 '지자제 2년' 반성 · 174
04 규제가 정경유착의 뿌리 · · · · · · · · · · · · · · · 178
05 국정감사 본연의 책무 · · · · · · · · · · · · · · · · · 182
06 지방정부의 경영화 · · · · · · · · · · · · · · · · · · · 187
07 기권은 안 된다 · 192
08 ASEM 개최의 의미 · · · · · · · · · · · · · · · · · · · 197
09 뽑아선 안 될 후보들 · · · · · · · · · · · · · · · · · · 201
10 경쟁력의 출발점 · 205
11 집권 후반기의 과제 · · · · · · · · · · · · · · · · · · 210
12 선거 앞두고 인물 뽑아가기 · · · · · · · · · · · · 215
13 국민 이해시켜야 · 220
14 선거 후보자 전과 공개 · · · · · · · · · · · · · · · · 225
15 1995년 정부조직 개편에 즈음하여 · · · · · · 230
16 지방자치와 기업환경의 변모 · · · · · · · · · · · 234
17 삼정문란 시대인가 · · · · · · · · · · · · · · · · · · · 238
18 이런 개혁을 생각한다 · · · · · · · · · · · · · · · · · 243
19 정치적 세무사찰 · 247

제5장 재정·예산 개혁의 현주소는?

01 예산안 늑장처리 '고질병' 어떻게 고칠까 · · · · · · · 255
02 미래 성장동력에 예산 집중을 · · · · · · · 262
03 2003 예산안 유감 · · · · · · · 266
04 세법시행령 개정안 읽기 · · · · · · · 271
05 채무감축 논쟁은 없나 · · · · · · · 276
06 사탕발림 공약과 국민부담 · · · · · · · 280
07 통폐합해야 될 기금 많다 · · · · · · · 285
08 교육비, 방위비 등 예산구조 대청소 하라 · · · · · · · 289
09 재벌 주식이동 이제 새삼 · · · · · · · 298
10 세금 못지않은 준조세의 정비 · · · · · · · 304

제6장 갈등관리와 환경가치의 존중 양상은?

01 '핵연료 처리' 경주사례 활용을 · · · · · · · 311
02 갈등해결 새 모델 '방폐장 투표' · · · · · · · 315
03 서울대 방폐장 유치의 참뜻 · · · · · · · 320

04 절약과 풍요 · 324
05 환경오염과 기업윤리 · · · · · · · · · · · · · · · · · · · 329

제7장 밀레니엄 시대를 향한 정부기능 조정의 방향은?

01 민주정부로 가는 길 · 337

별첨) 각 정부별 국정과제 목록

김영삼(문민) 정부 중점 개혁과제 · · · · · · · · · · · · · · 354
김대중(국민의) 정부 10대 국정과제 · · · · · · · · · · · · 355
노무현(참여) 정부 정책방향 · 12대 국정과제 · · · · · · · 360
이명박 정부 20대 국정전략 · 100대 국정과제 · · · · · · · 362

말머리

"가진 자의 여유와 포용은
없는 자의 제도적 순응을 위해 필수불가결한 조건이다."

마티즈와 벤츠가 부딪혔다면…　01

[조선일보 아침논단 - 2009.04.20]

*가진 자의 여유와 포용은
없는 자의 제도적 순응을 위해 필수불가결한 조건이다.*

▌벤츠 운전자의 진정한 승리

1980년대 초반, 필자가 미국 뉴욕에서 유학 생활을 할 때 맨해튼 링컨 터널 진입 지점에서 교통사고를 맞았다. 500달러짜리의 남루한 필자 소유 차량이 실수로 먼저 진입해 있던 벤츠 스포츠카의 앞쪽 문짝을 받은 것이었다. 값비싼 차를 받았으니 가난한 유학생 탑승자 모두 당황할 수밖에 없었다.

필자가 벤츠 운전자에게 보험증서, 차량등록증, 신분증을 제시하며 죄송하다고, 내가 책임지겠다고 말했다. 그런데 벤츠 운전자의 반응은 의외였다. 오히려 탑승자들에게 다친 데 없느냐고(Are you OK?) 정중히 반문하면서, 자신의 차량 손실은 자신의 보험으로 처리할 테니, 그냥 가보라고 말하는 것이었다.

위기를 넘긴 순간, '와, 이런 일도 있구나, 내가 잘못했는데도. 저런 기품을 보이다니.' 놀랄 수밖에 없었다. 분명 그날의 승자는 유학생 탑승자의 걱정을 풀어주고 자신의 기품을 견지한 벤츠 운전자였다. 필자는 그 뒤 귀국 후 여러 차례의 교통사고를 겪을 때마다 맨해튼의 교훈을 잊지 않았다.

경제적 강자와 약자가 맞부딪혔을 때, 법, 계약 등 제도적 맥락 이전에 강자가 약자의 아픔을 달래는 자연스러운 대응이 그 사회의 공존을 촉진하고 공영할 수 있게 만드는 무언(無言)의 힘이 아니겠느냐고 생각했다면 지나친 비약일까?

만일 서울 청담동 사거리에서 마티즈 차량이 벤츠 승용차를 들이받았다면 어떤 양상이었을까? 차량피해에 대한 책임분담은 논외로 하더라도, 마티즈 운전자가 겪는 자괴심과 굴욕감을 충분히 상상할 수 있을 것이다.

'있는 자'의 주도적 노력이 '없는 자'에게 희망과 가능성을 열어줌

어느 사회나 '있는 자'와 '없는 자' 간 격차가 존재할 수밖에 없는 만큼 그 사회의 내적 경쟁력은 바로 '있는 자'가 격차를 완화하고 치유하는 데 앞장서는 기풍이 얼마나 견고하게 뿌리내리고 있는

가에 달려있다. 경제적 부, 권력, 명예를 둘러싸고 '있는 자'의 주도적 노력이 '없는 자'에게 희망과 가능성을 심어주고 공동체의 존재가치를 높이는 출발점이어야 하기 때문이다.

가진 자의 여유와 포용은 없는 자의 제도적 순응을 불러일으키는 데 필수불가결한 조건이며 의무이다. 만일 경제적 강자가 부동산세제 논쟁에서 보여준 것처럼 법과 제도를 고집하며 스스로의 이익을 방어하는 데 집착한다면, 더 나아가서 교만한 힘의 우위를 은연중 드러낸다면, 약자의 순응은커녕 공동체의 진정한 연대를 위태롭게 할 것임은 자명하다.

▌심리적 양극화는 더 커지고 있지 않나

우리나라의 소득불평등을 나타내주는 지니계수가 2006년 기준으로 OECD의 평균 수준(0.31)에 머무르고 있음에도 고·저소득계층 간 심리적 양극화가 더욱 크게 느껴지고 있는 것은 아마도 경제적 강자의 자발적 나눔과 베풂의 전통이 다른 나라들에 비해 낮은 데에도 그 연유가 있으리라 볼 수 있다.

일본의 교포 택시 사업자가 자가용차를 평생 타지 않고 택시로 출근하면서 택시기사의 애환을 매일 점검하다 보니, 노조 결성하자는 기사가 아무도 없었다는 회고담에 우리 기업인도 귀를 기울여야 한다.

정치적 다수로 부상한 보수 여권 역시 소수파로 전락한 진보 야권이 펼쳤던 도덕적 진의(眞義)를 너그러이 인정할 때 극단적 선택을 예방하고, 다수결과 국회법 등 게임의 룰이 유연하게 준수될 수 있는 영역이 넓어진다는 사실을 간과해서는 안 된다.

서울대학을 포함한 'SKY대학'(서울대·고려대·연세대)의 교수·학생들이 사회로부터 받은 혜택보다 더욱 많은 몫을 사회에 환원하고 타 대학 출신을 더욱 배려하는 겸허한 기품이 뿌리내려졌더라면 한때 SKY대학이 우리 사회를 어렵게 한다는 비판이 쉽사리 제기되었을까?

유력 언론사들이 다수의 영세 언론사들을 최소한도 공존의 대상으로 삼고 지배력의 우위를 드러내지 않았다면, 언론사가 언론사를 공격하는 양상이 전개되었을까?

▌'있는 자'의 책임있는 역할이 사회적 자본

'있는 자'와 '없는 자' 간의 마찰과 갈등을 치유하는 데 있어서 정부의 제도적인 역할을 중시하지 않을 수 없다. 그러나 그에 못지않게 '사회적 자본(social capital)' 형태로 발휘되는, 낮은 자세로 임하는 '있는 자'들의 책임있는 역할이야말로 사회적 통합을 도모하는 가장 소중한 방안이라고 볼 수 있다.

무릇 인간 각자가 신으로부터 고유의 능력(talent)을 부여받았듯이, 약자의 존재가치를 인정하고 아픔을 어우를 때, 강자의 진정한 승리가 이루어질 수 있다는 점을 다시금 생각해보아야 한다. 지난 주말 4·19와 장애인의 날을 맞았고, 곧이어 춘투(春鬪)가 우려되는 노동자의 날, 그리고 보훈의 달을 맞을 시점에서 우리 사회의 정치적·경제적·도덕적 강자의 대응은 어떤 모습이어야 할까….

화합과 공존의 시대정신, 시장과 정부의 조화로운 역할분담　02

[장성아카데미 연설문 - 2001.09.21]

　　이 글은 장성아카데미(2001.09.21)에서 행한 연설 원고의 일부를 수정하여 재작성한 것입니다.

　　오늘 이 자리는 미증유의 외환위기를 가까스로 넘기며 밀레니엄 시대를 맞은 지 9년을 경과한 시점에서 "우리의 현주소는 어디에 있으며, 우리 사회의 미래좌표는 과연 어디에 위치하고 어떻게 설정해야 하는가"라는 우리 스스로의 물음에 우리가 어떻게 대응할 것인가에 대해 함께 토론하고 모색해보는 시간입니다.

　　외환위기를 맞으면서 어렵사리 형성되었던 국민에너지의 결집과 이에 기초한 미래의 가능성에 대한 기대는 그렇게 길지 않은 시간

내에 소진되어간 지 상당 기간이 흘렀고 또다시 제2의 위기론이 대두되어 국민들이 불안해오다가 최근 다소간 진정되는 양상입니다.

햇볕정책으로 남북관계의 긴장관계가 완화되어간다는 입장도 이제 원점으로 돌아가며 긴장관계가 촉발될 조짐조차 보이고 있습니다. 이처럼 우리를 둘러싸고 있는 국제 정치·경제적, 국내 정치·경제적 불확실성은 증폭되어가고 있는 상황입니다.

이러한 불확실성 속에서 대북(對北)인식과 전략에 대한 양극적 입장, 한미 동맹관계에 대한 소모적 논쟁은 물론이고 국내 경제·사회 계층 간의 양극화 시비가 그치지 않고 있습니다. 준법정신과 도덕률의 실종, 사회집단 간의 갈등과 대결, 사회가치를 지탱해줄 권위의 부재, 지도계층의 도덕적 해이 등이 국민적 논쟁으로 부각되고 있음에도 이러한 과제에 균형있게 대응하지 못하고 있다는 안타까움을 떨치기 어렵습니다.

정권교체에 이어 촉발된 소고기 파동과 촛불시위는 정부존립의 권위를 손상함은 물론 국가이익에 대한 상반된 국론분열을 표출하기에 이르렀습니다

▌ 타협과 비전을 공유하는 우리 사회의 총체적 시스템이 취약

산적한 국민적 난제에 효과적으로 대처하지 못하는 데에는 국민

에너지를 균형있게 결집하지 못하고 있는 정치적 리더십, 시장경제의 원리를 스스로 배치하는 일부 기업 지도층, 자신의 부분이익 추구에 경도된 사회 여러 집단에 그 일차적 책임이 있습니다.

더 나아가서 우리나라의 진화와 발전을 위한 무형적 패러다임과 실천 준칙을 제시해야 할 지식인이 타협과 비전을 공유하는 우리 사회의 총체적 시스템을 구축하지 못한데서도 원인의 일부를 찾고 싶습니다.

여러분께서도 알고 계신 바와 같이 우리 사회에는 당초의 대응관계가 궁극적으로 대화와 타협을 통해 협업 또는 분업관계로 진전되어야 할 관계가 지속적인 대결관계로 치닫는 경우가 많습니다.

예를 들어 노조를 포함한 노사문제, 중소기업과 대기업, 규제자와 피규제자 간의 문제가 개선되지 못하고 있음은 기본적으로 공존의 마인드가 부족하기 때문입니다. 애초부터 대응관계 또는 대립의 양상이 되어서는 안 될 지역의 문제가 우리 사회의 핵심적 갈등요소로 작용하고 있는 상황입니다. 만약 대화와 타협을 백안시하고 대립을 지속한다면 결국 모두 패자가 되는 결과가 초래될 것입니다.

▌무형의 경쟁력은 공통이익의 도출능력에서 출발

저는 어느 사회든 무형의 경쟁력은 사회에 존재하는 다양한 가치를 경우에 따라서는 대립되는 입장을 참여와 토론, 그리고 적절한 절차를 거쳐 여과함으로써 차선일망정 공통이익으로 도출할 능력의 수준에서 출발한다고 믿습니다. 사회에 존재하는 다양한 목소리를 갈등으로 확산시키지 않고 관용과 인내를 가지고 수용하면서 궁극적으로 일정 제약조건 하의 공약수적 대안을 탐색하고 이를 함께 공유함으로써 국민에너지가 결집될 수 있다고 믿습니다.

▎선거는 상대적 우위의 확인 과정

2010년 지방선거, 2012년 총선, 대선 등 민주국가에서 주기적으로 치루어지는 선거에서 완승·완패가 존재할 수 없습니다. 상대방을 제압하거나 절대적 우위로 군림하는 대결이어서는 안 되고, 상대방을 포용하고 상대적 우위를 확인함으로서 사회에 존재하는 이질성을 용해하는 과정이 바로 민주시민사회의 선거라고 생각합니다.

선거과정은 강조할 필요도 없이 상식과 고전적 원칙에서 이루어져야 합니다. 선거결과는 패권주의와 지역주의 입장에서 해석되어서는 결코 안 되고, 시대정신은 물론이고 한국인의 비전과 바람직한 정부의 역할의 포지션에 대한 국민적 선택으로 귀결되어야 합니다. 바로 이런 점에서 저는 우리 사회에 공존, 공화, 공영의 철학과 자세가 견고히 뿌리내려야 한다고 믿습니다.

▌ 강자와 약자 간의 사회적 균형

우리 사회는 시장경제체제를 내세우고 있으면서 개별연대의 압축성장에 기인한 탓인지 경제적으로 축적을 한 자, 성공한 자에 대해 존중은커녕 질시하는 풍토가 한 곳에 자리 잡고 있습니다. 사실 우리가 시장경제 깃발을 내걸고 있지만 부자나 세금을 잘 내는 사람 등 경제적 성취를 한 사람을 존경은 하지 않더라도 최소한 존중을 하는 사회적 풍토가 마련되어야 우리 시장경제체제가 진전될 수 있다고 봅니다.

자유롭고 창의적인 경제활동을 진작하는 한편 경제적인 약자와 강자 간의 사회적인 균형이 이루어질 때 그 사회가 바람직한 사회, 보호받을 수 있는 사회, 미래지향적인 사회가 될 수 있습니다. 기업인이 열심히 뛰어야 국민경제가 성장하고 부자가 되고 싶은 사람이 열심히 뛸수록 바로 사회적인 약자가 보호받을 수 있는 체제로 정부의 역할이 정립되어야 합니다.

▌ 시장과 정부 간의 상호보완

시장기구와 정부기구는 상호 배타적이고 대립적인 것이 아니라 보완적이어야 합니다. 자전거의 뒷바퀴가 시장이고, 앞바퀴가 정부인 것처럼, 열심히 뛰게 만드는 시장, 정부는 열심히 뛰게 하는 시장을 가능하게 하는 틀을 만들고 규칙을 만들어야 할 것입니다. 이와 같이 시장경제가 커지고 강해질 때 그에 상응하는 정부의 역할도 소중해지는 것입니다.

여기에서 강조하는 정부의 역할은 특정 정권이나 또는 관료제의 정부를 말하는 것이 아니라 개인적인 대응이 아닌 집합적인 대응을 체계화하는 것이라고 생각합니다. 시장은 개인적인 대응의 문제, 정부는 개인이 할 수 없는 집합적인 대응을 체계화하는 것이라고 생각합니다.

정부가 해야 할 일에 대한 공동적 대응

시장이 강하고 집합적인 대응이 적절하게 이루어져야 우리가 지향하는 바람직한 사회가 될 수 있습니다. 강한 시장은 자연스럽게 기초의료, 기초주택, 기초교육 등 기본적인 서비스가 최소한 보장될 수 있는 토대를 마련합니다.

어떤 사회든지 국민들이 가장 기본적으로 원하는 그러한 서비스가 양적으로, 질적으로 충족되지 않으면 그것은 분명히 이중구조로 나타납니다. 당연히 '해야 할 일'에 대한 집합적인 대응, 즉 공공적인 대응이 얼마나 잘되고 있는가는 선거라는 정치적 선택과정에서 가장 중시되어야 하는 부분입니다.

▌ 주도 계층이 함께 리더십 갖춰야

우리 사회는 이러한 문제에 대해서 개별적인 접근으로 해결방법을 구하는 부분이 있음을 부인할 수 없습니다. 그러나 이러한 문제들에 대해 어떠한 방식으로 공공적인 대응을 할 때 효율적인 자원배분이 이루어지며 궁극적인 문제해결능력이 향상될 것인지 함께 모색해봐야 합니다.

리더십이라는 것은 정치권의 리더십만이 아닙니다. 개별 기업을 운영하고 계신 분들, 학교나 관료를 포함한 전문인들이 이런 문제에 대한 인식과 공감대의 폭을 넓힐 때 국민들의 삶의 질의 향상이 용이하게 접근될 수 있다고 봅니다. 여러분이야말로 그러한 리더십에 있어서 앞장을 서야 할 책무를 지니고 있을 뿐 아니라 그런 부문이 자기 자신의 직업 활동에 대한 자부심의 한 부분이라는 생각을 하여야 합니다.

▌ 경제적 강자의 약자에 대한 자발적 분담

경제적 강자의 경제적 약자에 대한 분담은 제도적인 입장에서 이루어지고 있지만 지도층 인사의 자발적인 분담 노력이 사회전반에 확산되면 될수록 바람직한 사회로의 접근이 더욱 더 가능하다고 생각합니다.

오늘의 이 자리에 계신 여러분들이 슘페터적 · 창조적 소프트웨어 리더로서 쇄신의 주역이어야 한다는 사회적 책무를 갖고 계시다고 믿습니다. 이러한 창조적 전진은 우리 사회가 안고 있는 불확실성에 대응하는 유용한 전략이어야 합니다.

제1장
이명박 정부와 정치권을 향한 고언

"갈등을 치유해야할 정치가 오히려 갈등의 진원
'전부 아니면 전무' 보다 상대적 우위 찾는 게임의 룰을
위기 극복과 재도약을 향한 새로운 국정운영의 패러다임을…."

01 지금 국민들이 듣고 싶은 고해성사

이명박 정부 출범 1년을 맞아

[조선일보 아침논단 - 2009.02.23]

MB정권의 국정 패러다임은 진정성을 갖고 원점에서 재정립돼야 한다.

▎사실상 지금이 출발점

이명박 정부는 비록 태양력상으로는 출범 1년을 맞았지만 사실상 '이제부터가 시작'이라는 각오로 새로운 국정운영의 틀을 짜내야 한다. 정부 출범 1년을 평가하는 것 자체가 무의미할 정도로 한나라당 정부는 급격한 경제위기 상황에 직면하고 있을 뿐 아니라 소고기 파동과 맞물린 반(反)보수연대의 지속적 저항을 겪으면서 국민적 에너지를 진작시킬 기회를 갖지 못하였다. 위기수습, 시행착오에 대한 사과 등 방어와 대응에 치우치다가 정작 국민적 이슈를 적극 선도해 나가지 못함으로써 대다수 정권이 향유하는 취임 초반의 화려한(?) 출발을 과시할 겨를조차 없었다.

이명박 정부의 출범은 '7·4·7' 공약으로 상징되는 경제활성화에 대한 국민들의 실천적 기대가 노무현 정부에 염증을 느끼던 실용주의 성향의 지지자들의 반사적 결집과 함께 만들어낸 합작품이었다. 그런 만큼 이명박 정부 5년 존재의 정당성은 누가 뭐라 해도 친시장·친서방·공공개혁을 통한 '세계 10대 선진경제강국'의 진입이었다고 해도 과언이 아니다.

기본 로드맵 수정되어야

그런데 세계적 금융위기와 끝이 안 보이는 글로벌 경기하강을 맞아 이명박 정부의 기본 로드맵은 설득력을 잃게 되었다. 올해 경제성장률을 마이너스 2%, 취업자 수 20만 명 감소로 낮춰 잡은 윤증현 기획재정부 장관의 발표가 이를 반증하고 있다. 500만 표 이상의 대선승리가 국민의 뇌리에서 서서히 사라지는 것처럼 고(高)성장→ 고(高)소득→ 후(後)분배로 이어지는 낙관적인 선순환 과정에 귀를 기울이는 국민은 거의 없다.

시장과 경쟁력 중시 등 총체적 우(右)로 표현되는 이명박 독트린이 목가적(牧歌的) 발상으로 간주되는 현실을 감안한다면 이명박 정권의 국정 패러다임은 진정성을 갖고 원점에서 재정립되는 것이 차라리 국민의 마음을 조금이나마 덜 불편하게 만들 수 있는 첩경이다. 마이너스 성장의 폭을 좁히는 일, 원·달러 환율을 1,200원 대 범위로 안정시키는 일, 연일 이어지는 중소기업의 도산을 막는 일, 거리로 내몰린 실직자들에게 희망을 주는 일 등 대선 후보 시절 대수롭게 생각하지 않았던 의제들이 이제는 이명박 정부의 피할 수 없는 핵심과업으로 등장한 것이다.

▌마이너스 성장 시대에 순응

이제라도 사회안전망의 유연한 확충 등 국민의 기본 최저생활을 보장하는 정부의 기본책무를 충실히 이행하면서 만성적 경기침체에서 벗어나기 위한 경제살리기의 단초를 마련하겠다는 엄숙한 고해성사에 임하는 것이 국민의 마음을 편하게 할 수 있다. 내가 하면 무슨 일이라도 할 수 있다는 성공신화에서 벗어나 정부가 '할 수 없는 일'은 언급조차 피하고 '할 수 있는 일'의 우선순위를 겸허하게 제시함으로써 마이너스 성장 시대에 순응하는 국정운영의 패러다임을 보여주어야 한다.

'지나간 10년' 단죄론을 무색하게 할지 모를 새로운 국정 패러다임의 모색은 과거보다 훨씬 강도 높은 정치력의 발휘를 필요로 한다. 대통령이 "지지율에 연연하지 않겠다"는 언급은 되풀이되어서는 안 된다. 행정 수반의 재래시장 방문과 지하 비상경제회의실

개설에 그치지 않고, 여당 내의 다른 계파는 물론이고 야당 의원들과도 진정으로 대화와 타협의 물꼬를 틈으로써 정치적 약자에게 숨쉴 공간을 마련해주어야 한다.

미국 역대 대통령이 아침 시간대에 바쁜 이유가 바로 의회 의원들 그리고 언론인들과의 끊임없는 전화 통화 때문이라는 점은 새삼스러운 일이 아니다. 새 정부 들어서서 대통령의 전화를 받고 놀랐다는 야권 의원이나 언론인의 자랑을 들어본 일이 없다.

▌ 정부의 일관성과 정치력의 발휘

국민들은 이명박 정부가 빠른 시일 내에 위기상황을 극복할 수 있다는 기대감에 빠져있지 않고, 다만 정부가 일관성과 진정성으로 대처하기를 바랄 뿐이다. 아직도 '위기가 기회다'라는 희망을 갖고 어려움을 감내하는 일부 국민들을 다시 실망시키지 않기 위해서라도 국민이 선택한 이명박 정부는 취임 1년을 맞아 성공궤도에 진입하는 조짐을 보여주어야 한다.

다수 국민 역시 2차대전 이후 경제발전과 민주화라는 두 마리 토끼를 함께 잡은 나라는 대한민국밖에 없다는 자부심을 이어받아, 현재 진행되는 위기상황을 두려워하지 않고 착실히 전진하는 세계 일류 국민의 저력을 보여주어야 할 시점이다.

게임의 룰이 실종된 정치

[조선일보 아침논단 - 2009.01.15]

갈등을 치유해야 할 정치가 오히려 위기·갈등의 진원,
'전부 아니면 전무' 보다 상대적 우위 찾는 게임을….

미국의 2000년도 대통령선거는 전(前) 부시 대통령과 고어 전 부통령 간의 치열한 대결로 마지막까지 승부를 예측하기 어려웠다. 급기야 플로리다주 4개 카운티의 기계가 읽지 못한 6만 5,000여 장의 수작업 집계 여부가 두 후보의 운명을 결정하는 갈림길이 됐다. 연방대법원은 절차적 적법성을 중시, 고어 측에 유리한 플로리다 대법원의 수작업 검토 요구를 거부하고 부시의 손을 들어주었다. 그러나 그 뒤 고어를 포함한 어느 누구도 선거 결과에 대해 이의를 제기하는 사람은 없었다. 한마디로 '게임의 룰'에 승복하는 다민족국가 미국의 저력을 읽을 수 있는 대목이다.

▌ 21세기에 웬 국회의 폭력행위?

우리 선거제도에서는 그런 일이 일어날 수도 없지만 만일 이런 상황이 벌어졌다면 어떤 양상이었을까? 분명 정신적(?) 대통령이 군림하고 지지자들이 사법부를 질타하는 데 그치지 않고 전국적 소요에 휘말려 들었을 것이다.

미네르바에게 구속영장을 발부한 판사에게 인신공격을 마다하지 않고, 일부 국회의원이 몇몇 쟁점 법안 상정을 저지하기 위해 해머로 국회 문을 부수는 거친 행동이 별로 새롭지 않은 마당에 대선의 승자가 바뀔 수 있는 사법부의 판결은 국체(國體)의 위기로까지 이어질 수 있을 것임을 우리는 경험해보지 않아도 안다.

국가시스템의 위력은 정치·경제적 위기상황이나 내부의 갈등이 첨예한 시점에 양분된 국론을 단일의 해법으로 응집해낼 때에 진가를 발휘할 수 있다. 그리고 국민들이 이러한 시스템을 얼마나 신뢰하고 순응하느냐에 따라 국가공동체의 미래가 좌우된다고 볼 수 있다. 이러한 시스템의 중심부에 자리잡고 있는 우리의 정치시스템이 과연 국민소득 2만 달러 시대에 걸맞게 위기극복의 중심권에 서있는지, 아니면 사회집단 간 갈등을 치유하기는커녕 이를 부채질하는 소득 1,000달러 수준에 머물고 있는지 자성해보아야 한다.

▌일방주의 팽배, 상호주의 쇠퇴

불행한 일은 국민적 통합의 전환점이 되어야 할 선거와 정권교체를 거치면서 보수·진보로 나누어지는 이분법적 스펙트럼이 갈수록 심화되는 양상을 띠고 있다는 점이다.

10년 만의 대선승리와 수적 우위를 무기로 새로운 정권 프로그램을 밀어붙이려는 여권에 맞서 전(前) 정부의 '대못박기'를 옹호·유지하려는 이념 지향적 대응이 본류를 이루면서 정치시스템의 근간이 되는 상대주의와 상호주의는 기댈 언덕이 좁아지고 있다. 대화와 타협, 선의의 경쟁은 말뿐이고 '우리만이 옳다'는 일방주의가 팽배함으로써 정치가 위기극복은커녕 위기극복의 장애요인으로 추락해 버린 실정이다.

다수 국민들은 한미 FTA 비준 동의안, 출자총액제한제도 폐지 법안, 금산분리 완화법안, 신문법 및 방송법 개정안 등 여야가 첨예한 대립을 보이는 중대 법안 상정 과정에서의 불미스러운 행태를 보면서 과연 우리 국회가 최적의 솔루션을 찾아낼 수 있을지 불안해하고 있다.

▌'게임의 룰' 중시하는 전통 확립되어야

사실 어느 국가정책을 막론하고 100% 옳고 100% 그른 것은 없다. 어디든 긍정적 효과와 부작용이 공존한다는 것은 삼척동자도 아는 일이다.

그렇기에 상대적 우위가 있는 합리적 대안을 선택하고 그것이 갖는 부작용을 최소화하거나 대책을 마련하는 것이 국가 의사결정 시스템의 핵심인 것이다. 따라서 긍정적 효과가 있다고 일방적으로 밀어붙여서도 안 되지만 부작용이 있다고 발목만 잡아서도 안 된다.

우리 정치권도 이제는 '우리가 이겨야 한다', '우리가 밀릴 수 없다'라는 사전예단 속에서 '전부 아니면 전무(all or nothing)'의 행태로 주요 국사를 다루어서는 안 된다. 진정한 토론을 거쳐 상대적 우위를 확보하고, 설정된 게임의 룰을 중시하는 전통이 확립되어야 한다.

▌소수의 언로 보장과 순응의 책임

이러한 선순환 과정이 보장되려면 다수결 제도가 지배하는 정치 시스템에서 강자와 약자가 맞부딪칠 때 지켜야 할 무언(無言)의 약속이 준수되어야 한다.

우선 국정의 책임을 맡고 있는 다수가 인내와 유연성을 갖고 소수가 숨쉴 수 있는 공간을 마련, 다수에 승복할 수 있는 여건을 이루어내고 진정한 대화와 타협의 토대를 마련해야 한다.

소수 역시 언로(言路) 보장의 권리를 갖되 순응의 책임을 마다해서는 안 된다. 대안적 제안을 일관성있게 추구하는 정치세력은 설령 표 대결로 지더라도 결국 국민의 지지를 받게 된다는 믿음이 확산되기를 기대해본다.

03

툭 하면 검찰에
서로 고발하는 의원님들

정치문제의 과잉 사법화 막아야

[조선일보 아침논단 - 2009.03.18]

*대화와 타협으로 차선의 해법을 도출하고
정치문제의 과잉 사법화를 막아 사회비용을 줄여야….*

지난 연말과 올 2월의 임시국회를 거치면서 여야가 각기 상대 당 의원들을 고소·고발하고 심지어 의장을 윤리위에 제소하는 사태까지 연출하고 있다.

세계적 경제위기와 고조되는 남북 긴장에 대응한 초당적 대처는 아예 기대하지도 않더라도 국회 본연의 임무인 입법기능을 수행하는 과정에서 발생한 갈등을 스스로 해결하지 못하고 검찰과 법원 등 사법당국의 판단으로 돌리는 사례는 선진국 클럽 OECD 어느 국가에서도 찾아볼 수 없다.

정치자금법 위반혐의로 검찰의 정상적인 수사권 행사의 대상이 되는 동료의원에게는 방탄 국회를 여는 등 법 집행 회피를 독려하면서도 정작 주요 국정현안의 처리를 둘러싸고 정파 간 이익이 대립할 때에는 최소한의 룰은커녕 불법·폭력·고소·고발 사태를 마다하지 않는 것이 국회, 더 나아가서 정치권의 현주소이다.

지난번 미디어 관련법 상임위 상정 파동을 겪으면서 국회가 최종 완결법안 처리를 미루면서 소위 '사회적 합의'라는 명분하에 '미디어발전국민위원회'로 책임을 떠넘긴 것이 고작 최근의 대표적 성과라고 자랑하고 있을 정도이다.

정치적으로 풀어야 하는 국정현안의 문제나 정치권 내부의 갈등을 마무리하는 일을 사법기관으로 넘기는 것은 본말이 전도된 자기부정의 행태에 불과할 뿐이다. 왜냐하면 국가경영을 위한 정책수립의 법적·국민적 토대를 마련하는 장치가 바로 국회이며 사법기관은 국회가 만든 법의 집행기관일 뿐 적극적인 정책결정기구가 아니기 때문이다.

노무현 정부 시절 다수 국민을 어리둥절하게 했던 행정수도의 지방이전 문제는 공약 당사자인 대통령과 국회 교섭단체 간 어느 것이 국가발전에 부합하는지를 놓고 격의 없는 토론과 타협으로 최종 결론을 도출해야 할 국가대사(國家大事)였지 헌법재판소가 판결을 통해 결정할 의제라고는 생각하기 어렵다. 2년 전 한나라당 대선 후보 경선 시 계파 간의 갈등과 상대방 끌어내리기를 검찰에 고소하는 형식으로 법 집행기관에 정치적 판단을 강요했던 것은 반(反)정치적 행태임에 틀림없다.

최소한도의 법적 판단을 해야 할 법 집행기관이 무슨 솔로몬의 지혜를 가졌다고 국민적 이해가 대립하고 있는 사안에 대해 전지전능한 판단을 할 수 있을까?

더욱 서글픈 것은 사법당국에 정치적 판단을 맡긴 것은 언제고, 사법당국의 판단이 나오면 정파적 이해에 따라 '편파적, 정치적'이라는 비난을 퍼부음으로써 사법당국의 권위손상은 물론이고 갈등을 증폭시키는 양상이라는 것이다.

정치권에서의 치고받기식 고발양태는 사실 우리 사회에 만연한 고발문화(?)와 결코 무관하지 않다. 일례로 일본은 2007년 한 해 기준으로 경찰에 대한 고소·고발 건수가 1만 7,000건에 불과한데, 우리나라는 같은 기간 42만 건에 달해 인구 대비 67배에 이르고 있다는 사실은 충격적이다. 일본에서 재외일본인 투표법, 중의원정족수 및 선거구획정법 등 법안처리 과정에서 주요 정당 간 치열한 대결이 벌어지는 과정에서도 국회의원 간 고소·고발 사태가 있었다는 말을 들어본 적이 없다는 일본 정치학자의 말에 우리 국회도 귀를 기울일 필요가 있다.

자고로 '송사에 말려들면 집안이 망한다'는 말이 있듯이, 정치권도 스스로 대화와 타협으로 최선은 아닐망정 차선의 해법을 도출해 냄으로써 정치문제의 과잉 사법화를 막아내야 한다. 정치권과 국회는 이제라도 입법활동, 국정감사, 예산심의 등 본연의 영역에서 스스로 문제를 해결하는 자정(自淨)시스템을 구축해야 정치적 갈등으로 인해 국민에게 전가되는 사회적 비용을 줄일 수 있다.

1960년대 후반 영국 노동당 출신의 해럴드 윌슨 수상이 관저에서 차를 타다가 물가 앙등에 항의하는 시민이 던진 달걀 한 개를 맞는 사건이 일어났다. 고발해야 한다는 측근의 말에, "여보게, 고발은 무슨 고발인가. 내가 정치를 잘해 요즈음 달걀값이 떨어진 모양인데…"라고 답했고, 이 일로 인해 지지율이 상승했다는 일화가 있다.

우리 정치권도 이제 자기 입장과 다르다고 발생한 갈등을 화내지 않고 유머로 풀어내는 여유와 자신감으로 무장해야 한다.

내각경쟁력, 이대론 안 된다

[조선일보 아침논단 - 2008.12.15]

*타이밍 · 일관성 · 설득력으로 국민 · 시장의 신뢰회복을.
대통령 의중 살피기보다 그를 설득할 용기가 우선….*

글로벌 경제위기로 고통을 겪고 있는 다수 국민들은 이명박 정부의 초대 내각이 과연 이 총체적 난국을 제대로 풀어나갈 수 있는 역량과 신뢰를 갖고 있는지에 불안한 심정이다. 많은 기업인들은 지금 같은 경제난국에 과연 누구의 말과 행동을 믿고 의지해야 할지 답답하다는 심정을 토로하고 있다.

경제위기 극복을 최우선 국정과제로 내세우고 있는 대통령으로서는 이러한 과업을 실천해야 할 내각의 경쟁력이 어느 수준인지 냉정히 짚어보아야 할 시점이다. 만일 현 내각이 국민과 시장으로부터의 견고한 신뢰를 받고 있지 못하다면 그 원인이 무엇인지 찾아내고 향후 내각의 경쟁력 복원을 위한 노력을 지체해서는 안 된다.

총리를 정점으로 한 내각은 민선 대통령의 뜻을 받들어 중립적

직업공무원제를 통해 국정운영을 동력화하는 국가 의사결정시스템의 핵심이다. 주식시장에서 'CEO주가'라는 말이 있듯이 전문성, 팀워크, 그리고 대(對)국민 설득력 등을 중심으로 한 내각의 총체적 경쟁력은 위기상황일수록 국내뿐 아니라 세계시장에서도 진가를 발휘할 수 있다.

신생국 싱가포르를 선진국 반열로 이끌어낸 리콴유 총리 내각이나 중동 6일 전쟁을 승리로 이끈 이스라엘의 골다 메이어 총리 내각, 최근 최후의 경쟁자인 힐러리 클린턴까지도 간판 장관인 국무장관으로 끌어들인 오바마 미 대통령 당선자의 예를 들지 않더라도, 내각의 공신력과 브랜드를 높이기 위한 국정최고지도자의 노력은 결코 남의 나라 일이 아니다.

▍내각의 국정조정 능력 수준은?

사실 이명박 정부의 초대 내각은 출발부터 단추가 잘못 끼워진 면이 있었다고 해도 과언이 아니다. 경제난국을 예상하지 못했음은 물론이고 대통령의 전방위(全方位) 직할 통치를 중시한 나머지 초대 총리의 역할을 '자원외교 전담' 수준으로 격하하지 않았나 생각된다.

결과적으로 총리실의 국정조정 기능이 축소되면서 총리 주축의 팀플레이는 고려되지 않았다. 야권의 거친 정치공세에도 불구하고 헌신적으로 야권 의원을 설득, 원만한 해결을 이끌어낸 국무위원이 여럿 있었다는 이야기를 아직 들어보지 못했다. '소고기 사태'에서 보는 것처럼 행정부의 적법한 처방인데도 일부 국민들이 인정하지 않는다면 이를 우회적으로라도 접근, 국민의 아픈 마음을 달래면서 이해를 구하려는 노력을 얼마나 기울였는지 궁금하다.

▎ CEO형 장관이 배출되었는지?

내각은 대통령의 의중만 살피고 이를 열심히 따라가기만 하는 사람이 주류가 되어서는 안 된다. 대통령이 비전을 펼칠 수 있도록 능동적으로 마당을 마련하는 사람이 중심이 되어야 한다. 때론 대통령의 짜증을 감수하더라도 대통령이 인지하지 못하는 사안을 설득, 소관분야에서 대통령을 끌고 나갈 용기있는 장관이 내각의 경쟁력을 높일 수 있다.

CEO형 국정운영을 강조했던 현 정부에서 과연 CEO형 장관으로 성공하여 스타플레이어로 거론된 사람이 있는지 궁금하다. 위기적 상황에서 내각경쟁력의 가장 중요한 요소는 전방위 전략, 타이밍의 선택, 일관성의 유지, 그리고 국민과 대외시장에 대한 설득력이라 볼 수 있다. 이러한 콘셉트로 무장된 내각만이 국민과 시장으로부터 신뢰를 받을 수 있고 이 점이 바로 경제회복을 위한 출발점일 수 있다.

▌ 대통령의 권위를 능가하는 장관도 불경이 아님

　총체적 위기상황 속에서 현장의 지휘부는 최고통수권자의 권위를 능가할 수 있다. 2차대전 중 아시아와 유럽에서 각기 맹위를 떨친 맥아더 장군과 아이젠하워 장군의 권위는 당시 트루먼 대통령의 공적 권위를 능가했다고 해도 과언이 아니다. 현재의 경제난국을 극복하는 것이 지상과제라면 또 다른 경제대통령의 호칭을 들을 수 있는 장관이 등장해도 결코 불경(不敬)이 아니다. 국정운영의 최고책임자인 대통령의 지도력 하에서 이루어진 일이기에 대통령으로선 오히려 환영해야 할 과업인 것이다.

　대통령이 진정 내각경쟁력을 높이려 한다면 위임과 분권에 대한 확실한 신념 속에 대통령이 잘할 수 있는 일은 더욱 전념하고, 그렇지 않은 부분에 대해서는 과감히 내각의 역할을 중시하는 결단도 필요하다.

05 감세냐 재정 보강이냐

경제위기 최후보루는 재정,
다가올 불확실성 대비해야

[조선일보 아침논단 - 2008.11.20]

▌ 감세정책이 내포하는 포퓰리즘의 유혹

이명박 정부는 2008년 9월 11조 원 상당의 세부담 경감을 핵심 내용으로 한 세제 개편안을 발표하였고 국회는 개편안을 뒷받침할 16개 세법 개정안을 심의 중이다. 민주당도 이에 뒤질세라 부가가치세 세율 30% 인하를 골자로 하는 부가가치세법 개정안을 발의한 상태이다.

글로벌 경제위기 속에서 국내시장의 신용경색과 실물경제의 위축이 가까운 시일 내에 진정될 것으로 보이지 않고, 제2의 위기론마저 수그러들지 않는 양상이다. 이러한 시점에서 여야 간에 감세정책을 경쟁적으로 추진·제안하고 있는 것이 과연 적절한지 의문이다.

동서고금을 막론하고 세부담 경감에 대해 대다수 국민들은 결코 마다하지 않는다. 세부담 경감은 일단 국민의 가처분 소득을 늘려주어 일정 부분 소비·투자 지출로 연결된다는 점에서 경기부양의 효과가 작든 크든 존재한다는 점을 부인할 수 없다.

그러나 세부담 경감은 그 자체로 끝나는 것이 아니고 바로 정부의 수입 감소와 이로 인한 재정역할의 축소로 귀결되는 또 다른 국민경제적 비용을 안고 있다. 국민들이 좋아하고 소비지출을 진작한다는 단기적 이득에 집착하다가 향후 발생할지 모르는 경제난국에 대처할 능력을 현저히 저하시킬 수 있는 소탐대실의 어리석음이 자리 잡고 있음을 간과해선 안 된다.

정부나 주요 정당이 현재의 경제위기를 타개하기 위해 파격적인 조세감면을 제안하는 충정은 한편으론 이해할 수 있으나, 자칫 지지기반 확대에 열을 올리고 있는 정치권의 경쟁과 결부될 때에 포퓰리즘(populism)의 유혹에서 벗어나기 어렵다는 점을 경계해야 한다.

▎ 감세조치가 '언 발에 오줌 누기(?)'

경제의 선순환 과정에서 감세는 분명 긍정적 소비 진작과 투자를 유도, 경제활성화를 촉발하는 유효한 정책수단으로 작용할 수 있지만, 현재와 같이 실물경제 위축과 신용경색이 동시에 진행되는 시점에서는 탄력적인 효과를 기대하기 어렵다.

극도의 불안심리가 팽배하고 있는 시점에서의 세부담 경감조치는 '언 발에 오줌 누기'라는 비판에서 자유롭지 않다. 감세로 인한 소비·투자 진작 효과는 제한적이면서 감세로 인한 재정수입의 감소와 정부역할의 축소가 자명하다면 현시점에서 적극적 감세정책의 실익을 어떻게 강변할 수 있을까.

▍위기상황 속에서 재정수요 급증은 불 보듯 뻔하다

IMF위기 때 겪었던 교훈을 굳이 원용하지 않더라도 경제위기에 대응한 최후의 보루는 뭐라고 해도 '재정'일 수밖에 없다. 성장률이 급속히 둔화된 상황에서 내년도 조세수입 감소는 불 보듯 뻔하며 현재의 통상적인 정부활동을 유지하는 데만도 재정의 수지 균형을 맞추기 어려운 상황이다. 거기에 사회안전망 지출수요와 일자리 창출 등 경제 활성화, 금융기관의 추가적 신용공여 등 긴급 재정수요가 급증하게 됨으로써 재정적자가 큰 폭으로 확대될 가능성이 상존하고 있다.

이런 상황에서의 감세정책은 부문 간, 소득계층 간 불공평을 완화하고 투자활성화를 직접 촉발할 수 있는 분야로 한정하여 세수입 감소를 최소화함으로써, 불확실성에 대한 대응능력을 높이는 방향으로 정립되는 것이 순리에 맞다고 본다.

지금은 경제적 불확실성이 어느 해보다 높을 내년도에 정부가 '당연히 해야 할 일'을 제대로 할 수 있도록 재정적 대응능력을 보강하는 정책기조가 견고히 자리 잡아야 할 때이다.

유태인 속담에 부모가 자식들에게 잡은 물고기를 물려주지 말고, 고기 잡는 법을 물려주라는 말이 있다. 국회는 제안된 감세안을 재평가하고 정부의 위기 대처능력을 보강하는 원숙한 모습을 보여주어야 한다. 다만 국회에서 어떤 수준의 감세조치가 가시화되든, 정부의 재정적 대응능력이 어느 선에서 보강이 되든, 중요한 선결조건은 시장과 국민으로부터 정부정책에 대한 견고한 신뢰가 뒷받침될 때 정책효과가 빛을 발할 수 있다는 점이다.

06 국회가 산적한 과업처리 미루면 국민에 대한 배임?

[조선일보 아침논단 기고 미 게재 - 2008.11.18]

▎1,900여 개의 법률안 심의 대기 중

미증유의 글로벌 경제위기 속에서 이명박 정부 출범 이래 첫 번째 맞는 정기국회는 정권교체에 따른 각종 체제정비를 가능케 하는 수많은 법안과 새해 예산안을 처리해야 하는 험난한 일정에 직면해 있다. 2008년 국회에 계류 중인 1,922건의 법률안은 4년 전의 지금 시점인 2004년 17대 정기국회의 694개 계류 법안의 3배에 달하는 수치이다. 심각한 대내외 경제위기에 지혜롭게 대처하면서 국민들에게 한 줄기의 희망이라도 안겨줄 수 있는 모양새를 보일 수 있는 기간도 6주를 넘지 않고 있다.

▌ 예산안 법정 처리기한 또 넘겨

　벌써 내년도 예산안의 국회 처리가 법정시한인 12월 2일을 넘길 것으로 전망됨은 물론 연내 통과조차 불투명한 실정이다.[1] 종부세법 개정을 포함하는 98개의 세법 개정안, 수도권 규제완화와 관련된 다수 법률안, 공기업 선진화 관련 다수 개정 법안, 한미 FTA 인준 처리 여부 등 국정방향을 가늠할 산적한 과제가 국회 차원에서 정리되지 않으면 내년도 국정운영은 표류할 수밖에 없다. 그 대가가 바로 오늘의 대의기구를 만들어준 국민의 고통으로 귀결된다면 국민적 배임의 책임은 누구에게 있나?

　이런 경제위기 속에서 행정부의 각성과 경제주체의 분발을 촉구하고 국민의 고통을 위로하는 초당적 결의안조차 나오지 않고 있음은 오늘의 국회 현주소를 말해주는 대목이다.

---

　1) '국회는 회계연도 개시 30일 전까지 예산안을 의결해야 한다' 라는 헌법 제54조 2항에 의해, 예산안 처리의 법정시한은 2008년 12월 2일이었다. 여야는 애초 12월 12일에 예산안을 합의 처리하기로 하고 원내대표 회담을 잇달아 개최하는 등 막판 타결을 시도했으나 사회간접자본(SOC) 감액, 남북협력기금, 4대 강 정비사업, 포항지역 예산 등에 대한 이견을 좁히지 못하고 결국 결렬되었다. 그러나 다음 날(13일) 오전 민주당이 표결에 불참한 상황에서 2009년도 예산안이 국회 본회의를 통과하였다.

▌ 여당 의원도 의지하기 어렵다는 정부의 푸념

　18대 국회 개원 이래 그 위상이 뒤바뀐 여야 관계는 10년만의 대선승리와 수적 우위를 무기로 새로운 정권 프로그램을 밀어붙이려는 여권에 맞서 전 정부의 '대못박기'를 옹호·유지하려는 발목잡기로 집약된다. 이와 같은 주요 정당 간 일방주의(一方主義)의 편향성이 개선되고 상호적 상대주의가 정착되지 않는다면 우리 민주주의의 건강한 발전은 물론 경제위기의 극복은 물 건너갔다고 말해도 결코 과언이 아니다. 심지어 어느 공직자의 말처럼 같은 소속 정당 내에서조차 상이한 입장과 주장이 뒤섞여 과연 어디에 의지해서 정책안을 마무리해야 할지 모르겠다는 푸념마저 들리고 있다.

▌ 편파주의는 배제되어야

　지방선거가 1년 반이나 남아있어 지역구와 표를 덜 의식해도 되는 이번 정기 국회에서만이라도 대화와 타협을 통해 경제위기의 극복에 기여하는 국회상을 보여줌으로써 국민들을 어리둥절하게 만들어야 한다. 다수결 제도가 지배하는 국회에서 강자와 약자가 맞부딪힐 때 최종적인 책임은 강자에게 있다는 점이 간과되어서는 안 된다. 다수의 인내와 아량 속에서 소수가 숨쉴 수 있는 공간을 마련할 때 소수는 다수에 승복하는 분위기가 이루어짐으로써 대화와 타협의 토대가 마련된다. 국민의 시각에서 여당은 "강행하는 것이 정부를 위한 것이 아니며" 야당은 "물리적인 저지가 국민을 위한 것이 아니라"는 점을 인식하면서 대화 자체가 백안시되고 타협이 굴욕이라는 극단적 편파주의로는 우리 공동체의 보편적인 이익을 관철할 수 없다.

▌여야 수뇌부는 국정 포지션의 정립에 머리 맞대야

여야 지도부는 각기 상대방의 존재가치를 인정하면서 '해줄 것은 해주고 부딪힐 것은 부딪히는' 소위 포지션의 정립을 도출하는 데 있어 배전의 지도력을 발휘해서 타협에 임해야 한다. 선의의 반대를 위한 토론은 개방되어야 하며, 표결에 임하는 반대도 타협의 한 형태로 간주되어야 한다.

국민들이 가장 눈살을 찌푸리는 것은 여야를 막론하고, 단상을 점거하고 의사진행을 막음으로써 안건이 돌아가지 않게 하는 것이다. 표 대결로 지더라도 대안적 제안을 일관성있게 추구하는 정당은 결국 국민의 지지를 받게 된다는 점이 과소평가되어서는 안 된다.

▍미국 대통령의 여야 의원과의 분주한 전화 통화

　내년도 예산안과 대부분의 국회 계류 법안은 행정부가 제안한 것인 만큼 행정부는 팔짱을 끼고 국회의 비효율만을 탓할 수 없다. 대통령이 중심이 되어 여당 내의 다른 계파는 물론이고 야당 의원들과도 진정으로 대화와 타협의 물꼬를 터야 한다.

　미국 역대 대통령이 아침 시간대에 가장 바쁜 이유가 바로 의회 의원들 그리고 언론인들과의 끊임없는 전화 통화 때문이라는 점은 새삼스러운 일이 아니다. 대통령과 행정부는 국회의 난맥을 방관해서는 안 된다. 그들은 국정의 파트너들이며 대통령은 국정의 최종책임자이기 때문이다.

끝없는 포용으로 국정 이끌라 07

[매일경제 테마진단 - 2008.07.07]

비효율로 비쳐질지 모를 갈등의 조정,
포지션 정립을 위한 설득과 타협의 과정,
끊임없는 인내와 포용 등 일련의 요소들이
사실상 국정운영의 본질이라는 점을 분명히 체화해야 한다.

▌ 530만 표의 승리를 과대평가해서는 안 됨

530만 표 차의 압도적 승리로 출범한 이명박 정부가 지지율 20%대로 추락하는 어이없는 형국에 이르게 되었다.

이명박 정부의 출범은 노무현 정부 실정에 대한 반사적 지지, 국민의 결집을 기반으로 한국경제의 지지부진과 불확실성을 제거하는 데 상대적 우위가 있다고 판단한 실용주의적 지향이 만들어 낸 합작품이었다.

현 정부가 처한 난국은 실용주의적 지지기반의 허상을 여실히 보여주고 있다. '7·4·7' 비전으로 상징되는 새 정부의 경제 살리기에 대한 과잉 기대는 유가 등 국제 원자재 가격 폭등과 맞물린 국내 경기의 불안정을 겪으면서 그 허상이 노정되기 시작했다. 또 인사난조는 출범 이전부터 새 정부의 역량에 대한 깊은 회의를 안겨주었다.

실용주의적 성향의 지지자들은 실망하고 돌아서는 와중에 기업친화적 정책과 경쟁력 복원을 위한 일련의 정부시책은 경제적 불확실성과 정책기조 변화에 민감한 다수의 국민들을 단기간 안에 이념적 연대로 결집시켜준 듯하다.

총선을 전후해 여당 내부의 역량을 결집하는 데도 실패한 이명박 정부는 급기야 소고기 파동을 맞으면서 총체적 전략 부재와 국민신뢰의 일탈 속에서 시민적 저항에까지 봉착하게 되었다.

대통령 초심으로 돌아가야

국민적 지지기반의 결집이 이루어져도 아쉬운 정권 초기에 국민에너지의 현저한 이완을 맞게 된 대통령은 이제 국회의원 몇 명을 안고 대선 경쟁에 진입했던 초심(初心)으로 돌아가야 한다.

대선 승리로 정치적 경쟁자에 대한 최대 응징이 끝난 마당에 대통령은 반대자를 포함한 전체 국민의 지도자로 거듭날 수 있도록 정치력 복원에 심혈을 기울여야 한다. 이와 함께 봉화마을로 전직 대통령까지도 찾아가 '한 수 배우겠다'는 겸허한 자세가 포용력있는 대통령의 진정성을 확인해주는 길이다.

전 정부가 추진했던 균형발전, 복지확산 등 핵심 시책도 근원을 흔들지 않으며 점진적으로 개선함으로써 반대론자들의 입지를 무색케해야 한다.

국정운영의 본질은 설득과 타협, 인내와 포용, 그리고 위임과 소통

최고경영자 출신 대통령의 눈에는 비효율로 비쳐질지 모를 갈등의 조정, 포지션 정립을 위한 설득과 타협의 과정, 끊임없는 인내와 포용 등 일련의 요소들이 사실상 국정운영의 본질이라는 점을 분명히 체화해야 한다.

공기업개혁·규제개혁에 반대하는 국회의원이나 노조와 의사소통 기회를 가짐으로써 반대자마저 대통령의 진의를 일응 이해할 수 있도록 해야 한다.

정부기능이 다양·복잡해지면서 많은 부분이 제도적 맥락에서 진행되고 있다. 대통령이 국정 대부분을 직접 통합·조정하는 데는 무리가 따르게 마련이다. 대통령은 국가비전의 설정 등 큰 그림 그리기에 매진하면서 통상적 정부활동은 내각에 철저히 위임함으로써 각 부 장관이 소관분야 최고책임자라는 자부심을 갖고 신바람 나게 일하는 시스템을 형성해야 한다.

▎ 대통령의 인사권은 국민들로부터 위임받은 것

향후 내각운용도 '인사권은 대통령의 자유재량'이라는 안일한 법규 해석의 차원에서 탈피해 '적임자의 선택을 국민들로부터 위임받은 것'이라는 넓은 마음으로 임해야 한다.

대통령은 이제 당선에 기여한 사람이 성공한 대통령을 만드는 데 꼭 필요한 것은 아니라는 점은 충분히 인식할 것으로 보인다. 혹시라도 촛불시위가 시들해지면 상황이 호전될 것이라는 낙관은 아예 떨쳐버려야 한다.

행정부가 제대로 못 하는 어려운 문제를 풀라고 국회의원을 뽑은 국민들은 국회 개원 지연으로 국정현안이 심각한 병목현상을 겪고 있음을 목도하면서 불안감이 증폭되고 있다. 이러한 불안감을 완화시킬 책임의 한 축이 바로 국회라는 점도 간과되어서는 안 된다.

▎ 국민들도 인내심 가져야

다수 국민들 역시 스스로 선택한 정부의 미진함으로 인해 상당히 화가 났더라도 이제 정부가 채비를 갖추고 제대로 일할 수 있도록 큰 흐름 속에서 국정을 비판하고 때로는 어깨를 두드려줄 수 있는 여유를 가져볼 만하다.

08 '공기업 민영화'라도 실패 안 하려면

[조선일보 시론 - 2008.06.10]

국민과 이해관계자 설득, 공감 이루는 절차 필수

▌민심이탈의 조심과 근원적 자기성찰

인사 난조에 대한 비판을 안고 출발한 이명박 정부가 소고기 파동을 겪으며 현저한 민심이탈을 확인하게 되었다. 일부 국민들은 지지기반이 서서히 내려앉아 임기 후반에 속수무책인 상황에 이르는 것보다 차라리 정권 초기에 근원부터 새롭게 판을 짤 수 있는 기회가 마련된 것이 낫다는 역설적 낙관론을 펴기도 한다.

하지만 상당수 국민들은 성난 민심이 가라앉지 않은 상황에서 새 정부가 착수해야 할 공공 부문 개혁이 추진 동력을 잃고 소고기 파동의 전철을 밟지 않을까 우려하고 있다. 소고기 수입 협상이 성급함과 전략 부재로 인해 상당수 국민의 저항에 부닥친 것처럼 민영화를 포함한 공기업 개혁이 표류하지 않으려면 신중하고 치밀한 전략 수립이 필요하다.

▌ '나를 따르라' 는 밀어붙이기식 접근 방식의 지양

대선 과정에서 공공 부문 개혁을 잘할 수 있다고 밀어준 국민들조차 공기업 개혁이 자신의 이익과 배치될 때에는 쉽게 반대로 돌아설 수 있다는 점을 간과해서는 안 된다. 논란이 되고 있는 한반도 대운하 사업의 예처럼 '나를 따르라' 는 밀어붙이기식 접근 방식은 이제 국민적 심판이 확인된 상태이다.

공기업 개혁에 대한 총론적인 지지와 부문별 반대가 공존하는 상황에서 반대하는 국민들의 순수한 반대 논리를 일단 이해하고 이에 대한 분명한 대처방안을 제시함으로써 당사자들의 불안을 제거해 주는 유연한 대응전략이 긴요하다. 그래야만 극단적 반대 논리가 개입할 수 있는 토양을 제거하고, '반대를 위한 반대를 지향하는 정치세력의 일방적 논리' 가 설 땅을 잃게 되기 때문이다. 국민들이 객관적으로 공기업 개혁의 필요성을 이해하고 수용할 수 있도록 의사소통의 기회를 확대하고, 공론화의 장을 마련하는 것이 공공기관 개혁을 순조롭게 추진하기 위한 선결조건이다.

이젠 일부 국민들이 우려하는 공기업 개혁의 부작용이나 반대 여론을 후속 보완대책 등의 안이한 대처방안을 통하여 무마하는 것이 결코 용이하지 않다. 정부는 고용 불안에 대한 노조의 반발, 요금 인상에 대한 다수 국민의 우려, 지역혁신도시 건설계획 무산 가능성에 대한 해당 주민들의 반발 등을 설득할 수 있는 구체적 방안을 공기업 개혁 본안(本案)에 앞서 선행 실행계획으로 제시하는 발상의 전환이 있어야 한다.

고용 불안을 완화할 수 있는 안전장치의 마련, 공기업 개혁의 과실이 국민들에게 귀착될 수 있는 민영화 방식의 설계, 혁신도시 건설의 당초 정책목표를 우회할 수 있는 지방거점도시 개발계획의 가시화 등 다수 이해관계자들의 반대를 원활히 조정하고 비판적 지지를 확보하는 데 정치력을 발휘해야 한다.

▌ 청계천 성공사례에 함몰되어서는 안 돼

지금까지 민영화의 성공사례로 거론되고 있는 공기업(포스코, KT, 두산중공업 등)은 국민 일상생활과 직결되지 않은 산업적 특성으로 인해 국민적 동의를 쉽게 확보할 수 있었다. 그러나 최근 거론되고 있는 민영화 또는 구조조정 대상 공기업에는 국민생활과 직결된 공익사업 부문이 포함되어 있어 공기업 종사자들 못지않게 일반 국민들도 공기업 개혁 이후의 요금 인상에 막연한 우려를 표명하고 있는 현실이다.

최근의 촛불집회를 통해 확인된 것처럼 공기업 민영화 문제가 생활정치의 주요 이슈로 부각되면서 일부 국민이 민영화 추진에 반대하는 연합 전선을 형성할 조짐도 없지 않다. 이런 점에서 수도나 도로 등 논리적으로 가격 인상이 예상되는 기초 국민생활 분야들은 민영화 대상에서 제외하는 것이 핵심 공기업의 개혁을 완수할 수 있는 첩경이다.

이명박 대통령이 현대건설 신화와 청계천 복원 성공사례를 일반화하여 국정운영에 무리하게 접목하지 않고, 겸허한 자세로 공공기관 개혁에 새롭게 임해야 할 시점이다.

09 이명박 정부 시험대, 공공기관 개혁

[한국일보 시론 - 2008.05.24]

민영화가 만능이 아닌 만큼
부작용에 선제(先制) 대응과 지속적 설득이 필요

민영화를 포함한 공공기관 개혁은 지난 대선 과정을 통해 국민적 동의영역을 확인한 새 정부의 필수적 과업이다. 새 정부의 재량적 선택 사안이 아닌 만큼 이제 공공 부문 개혁의 청사진과 실행계획을 가시화해야 할 시점이다. 역대 정부가 예외 없이 공공 부문 개혁을 부르짖었지만 그 결과는 초라했던 과거의 용두사미적 개혁 시도가 반복되지 않도록 주도면밀한 목표 수립과 전략 마련은 물론이고 국민적·정치적 동의를 재차 이끌어낼 수 있는 원숙한 정치·행정 과정을 전개해야 한다.

▎'총론 찬성, 각론 반대'가 문제

다수 국민들은 공공 부문 개혁이 국민경제의 활성화에 기여하고 '건강한 정부'로 바로 서게 하는 출발점이라고 생각하고 있다. 그러나 문제는 총론적 입장에서는 찬성하면서도, 자신과 집단, 지역의 이익이 맞닿는 각론에 들어서면 다른 목소리를 내는 상당수 국민이 존재한다는 사실이다. 소고기 파동의 예에서 경험했던 것처럼 총론적인 찬성과 각론적인 반대가 공존하는 상황에서 반대집단과 이의(異議)를 제기하는 국민들을 이해·설득시키는 과업이 성공하지 못할 경우 총체적 국민이익의 판단과 선의(善意)의 정치적 목표에 대한 균형된 토론은 설 땅을 잃게 된다는 점을 결코 소홀히 해서는 안 된다.

따라서 민영화를 포함한 공공기관 개혁은 이명박 정부가 경제 살리기 공약을 완수할 수 있는 역량과 동력원을 가지고 있는지 아니면 경우에 따라서 반대세력을 설득하는 데 실패함으로써 또 다른 좌절을 안겨주게 될 것인지를 판별해주는 리트머스시험지에 해당된다고 볼 수 있다.

▎민영화가 만능이 아닌 만큼 부작용에 선제 대응 필요

이미, 민영화가 되면 수돗물이 하루 14만 원, 감기 진료비가 10

만 원이라는 등의 확인되지 않은 소문들이 괴담 수준으로 떠돌고 있음은 공공기관 개혁에 대한 의도적 거부 집단이 있음을 말해주고 있다. 공공기관 개혁의 핵심인 민영화가 만능이 아님은 분명하고 민영화에 따른 문제점도 존재하는 것이 사실이다.

그러나 중요한 것은 민간에 맡기면 정부가 소유할 때보다 경쟁력을 갖추며 그 성과가 이용자 국민들에게 귀속됨으로써 민영화로 인한 이익이 그로 인한 사회적 비용을 충분히 능가할 때만 민영화의 정당성이 확보되는 것이지, 정치이데올로기에 기초하거나 아니면 주먹구구식으로 추진되는 것이 아니라는 점이다.

공공기관 개혁의 추진 과정에서 극복되어야 할 난제는 노무현 정부 때 추진했던 혁신도시 계획과 어떻게 양립시키느냐이다. 이미 주요 공공기관 이전 계획이 혁신도시 프로그램의 일환으로 추진되고 있는 상황에서 민영화·기관통합·폐지는 자연히 해당 지역 기존 계획의 전면적 재수정이 불가피함은 불 보듯 뻔하기 때문이다. 따라서 공공기관 개혁을 준비·발표하는 과정에서 해당 지역의 어려움을 상쇄할 수 있는 실천적 대안이 마련되어야 해당 지역의 반발을 최소화할 수 있을 것이다.

노조를 포함한 공공기관 구성원들의 저항도 임기응변식 대응으로는 설득력을 발휘하기 어렵다. 그들이 우려하는 고용 승계와 기초안전망의 불확실성을 완화·제거해줌으로써 다수 구성원들의 비판적 지지를 끌어안을 수 있는 정치적 포용이 무엇보다 중요하다.

설득하면서 체계적 추진을

　개원하는 국회에서 한나라당이 여당이라고 해서 정치권의 동의를 구하는 작업이 결코 용이하다고 생각해서는 안 된다. 혁신도시 지역의 국회의원들은 여야를 막론하고 개혁 총론에는 찬성하나 자신의 지역구에 공공기관 혁신의 불똥이 떨어지는 것을 방관할 국회의원은 아무도 없기 때문이다. 대통령이 여야 제도정치권의 합의와 지지를 이끌어 낼 때 개별 기관·개별 지역의 반발을 대화 테이블의 공식 의제로 올릴 수 있는 출발점이 된다는 점을 간과해서는 안 된다.

　공공기관 개혁의 방향과 내용을 마무리함에 있어 대통령실의 지나친 관여는 자칫 세부적인 문제점과 저항요인으로 인해 개혁의 큰 흐름이 손상될 수 있다는 점에서 공기업 개혁 주무부서와 행정 각 부처의 체계적인 역할분담이 모색되어야 한다.

공기업 개혁, MB는 해낼까

[조선일보 시론 - 2008.04.15]

공기업이 '신(神)의 직장'이라는 오명을 벗기 위해서는 철저한 인사쇄신과 엄밀한 평가를 전제로 한 명실상부한 자율경영체계가 확립되어야 한다. 대통령이 당선에 기여한 인사들을 옥석 구분 없이 공기업에 배치하면, 정치권은 물론 관료제가 이에 편승하여 정치적 정실인사를 반복하면서 개혁의지가 사라지게 될 수밖에 없다.

▍철의 삼각구도 혁파가 공기업 개혁의 요체

새 정권이 들어설 때마다 공기업 개혁은 단골 메뉴의 하나였다. 서슬이 퍼런 정권 초기에는 '신의 직장'을 혁파하겠다고 큰소리치지만, 예외 없이 얼마 안 가 꼬리를 내리고 마는 양상이었다. 대선 과정에서 표를 얻고 집권 초기의 개혁 이미지를 선전하는 데는 공공 부문 개혁만큼 '재미를 볼 수 있는' 구호도 드물다.

그러나 차츰 공기업이 안겨주는 단꿀의 맛을 알게 되면서 그 유혹을 떨쳐버리지 못하고, 개혁의 초심은 슬그머니 사라지게 된다. 공기업 잔칫상을 놓고 정권·관료제·공기업 구성원들은 삼위일체가 되어 잔치를 벌일 수 있기 때문이다. 정권은 대선·총선 과정에서 양산한 수많은 '예비군'을 소화하는 데 무주물(無主物) 공기업이 옥토(沃土)일 수밖에 없다.

관료제는 '정책목표' 달성이라는 미명 하에 공기업 영역을 주무를 수 있는 전가(傳家)의 보도(寶刀)를 어찌 포기할 수 있겠는가? 공기업 구성원들은 정치권의 낙하산 인사와 관료제의 통제를 묵인하면서 실속을 챙기는 데 주저하지 않는다. 따라서 주무부처를 중심으로 공기업과 정치권이 이해관계를 공유하는 '철의 삼각구도(Iron Triangle)'를 혁파하는 것이 공기업 개혁의 요체가 되어야 한다.

▌공기업의 도덕적 해이는 교과서를 쓸 정도(?)

모 국영기업 감사의 연봉이 5억 원이라고 한다. 개인 기업이라면 몰라도 국민의 세금으로 출자한 공기업 임원에게 국민기초생활보장 수혜자의 연간 최대 수령액(1,200만 원)의 40배가 넘는 보수가 무슨 근거로 정당화될 수 있을까?

며칠 전 보도된, 매주 평균 1,400만 원의 골프 접대비를 지출했다는 모 금융기관의 사례를 차치하더라도 공기업의 도덕적 해이는 교과서를 쓸 만큼 뿌리 깊은 것이다. 심각한 것은 이러한 도덕적 해이가 바로 정부와 정치권에 의해 방관·조장되어 왔다는 점이다. 대통령이 공기업의 방만한 운영을 접하고 진노하였음은 새삼스러운 일이 아니다. 질책에 그치지 않고 즉각 실천계획을 수립, 시행에

옮기느냐가 진실로 CEO 출신 대통령에 대한 국민적 기대일 것이다.

몇 년 전 금융 공기업 분야에 대해 대통령의 강력한 시정의지가 있었지만 소위 '마피아 그룹'의 전천후(全天候) 방어로 그 의지가 퇴색된 사례는 현 정권에도 타산지석이 되어야 한다. GDP의 10%를 차지하는 공기업 부문의 뼈를 깎는 개혁 노력이야말로 국민경제의 활력을 촉발시키는 첩경의 하나이다.

시장 기반을 가진 다수 공기업은 조속히 민영화 과정에 돌입해야 한다. 부실·적자 경영에 시달려 엄청난 국고부담을 안고 있었던 한국중공업이 2001년 두산중공업으로 민영화된 지 불과 6년 만인 지난해 약 3,000억 원의 당기순이익을 올리면서 세계시장에서 두각을 나타내고 있는 사례는 민영화의 위력을 유감없이 보여주고 있다.

민영화를 둘러싼 정치·사회적 논란을 극복하기 위해서는 원칙적으로 모든 공기업의 민영화를 전제로 '민영화해서는 안 되는 이유 또는 공기업으로 유지해야 할 목적'을 명확하게 제시하는 경우에만 예외적으로 공기업의 존속을 허용하는 네거티브(negative) 방식이 적용되어야 한다. 이와 같이 민영화 대상 기관을 선정한 후 차기 국회에서 민영화특별법을 제정, 즉각 시행하여야 한다.

▌ 대통령 스스로가 정치적 인사 기용의 유혹 뿌리쳐야

나머지 공기업이 '신(神)의 직장'이라는 오명을 벗기 위해서는 철저한 인사쇄신과 엄밀한 평가를 전제로 한 명실상부한 자율경영체계가 확립되어야 한다. 여기에서 가장 중요한 것은 공기업에 대통령의 사람들을 앉히려는 유혹을 과감히 뿌리치는 것이다. 대통령이 당선에 기여한 인사들을 옥석 구분 없이 공기업에 배치하면, 정치권은 물론 관료제가 이에 편승하여 정치적 정실인사를 반복하면서 개혁의지가 사라지게 될 수밖에 없다.

이제 '국민의 세금을 자기 돈처럼 아껴 쓰는 사람', '새로운 가치를 창조하는 공무원'이 이 시대 최고의 애국자라는 발상의 전환이 우리 공직사회에 깊이 뿌리내려야 할 시점이다.

정부조직 이젠 효율운영에 달렸다 11

[매일경제 테마진단 - 2008.01.17]

부처 통합과 대통령의 직할 체제 구축에 초점

대통령직 인수위원회는 현행 18부 4처를 13부 2처로 축소 조정하는 것을 근간으로 하는 정부조직 개편안을 확정하였다.

이번 개편안의 특징은 한마디로 방만하게 팽창되었던 현행 정부조직 군살을 빼는 데 그치지 않고 정부조직을 과감하게 통폐합하면서 경제정책기능의 집중화에 초점을 둔 의사결정시스템의 쇄신을 도모하겠다는 것이다.

새 정부가 들어설 때마다 정권의 브랜드를 선보이기 위해서 정부 직제를 일부 손질하거나 지지층 확대를 겨냥, 부서를 신설하였던 과거와는 판이한 모습이다. 특히 총선을 코앞에 두고 일부 지지층의 일탈을 감수하면서도 부서 통폐합을 감행하였다는 것은 일단 효율적 정부를 관철하기 위한 새 정부의 분명한 의지 표명으로 해석된다.

방만한 운영과 비효율의 온상으로 지적되었던 416개 위원회 중 215개를 폐지한 것은 이미 예상된 것이었다. 더욱이 부총리제 폐지, 여성가족부, 해양수산부, 정보통신부의 폐지, 교육부와 과학기술부, 재경부와 기획예산처의 통합, 총리실 축소 등은 대통령이 행정 수반으로서 내각을 근거리에서 직할, 진두지휘함으로써 정부가 국가경쟁력의 복원·향상에 전력투구하고자 하는 정부 운영시스템의 변화를 예고해주는 부분이다.[2] 이러한 시스템은 대통령이 민감한 국정 현안에 직접 노정될 때 대(對)국회관계, 대북관계, 대외관계에서 국가원수로서의 위상이 손상되지 않도록 일종의 완충적 역할을 담당할 인적 시스템의 보강을 필요로 하는 것이다.

▋ 대통령의 국정 현안 노출에 완충적 장치 보강되어야

이번 조직 개편안이 비대한 정부조직을 쇄신해야 한다는 국민적 기대에 일단 부응한 것으로 보인다. 그러나 작은 정부를 지향하는 부처 통폐합이 일 잘하는 정부로 거듭나기 위한 외과적(外科的) 처

---

[2] 인수위원회 정부조직 개편안은 정부조직법의 국회 심의 과정에서 수정되어, 통일부, 여성부가 기존의 부처위상을 유지하게 되었다.

방의 출발점일 뿐 '일 잘하는 정부'를 보장하는 것이 아닌 만큼, 이번 조직 개편이 국민에 대한 언약을 실천하는 '일 잘하는 정부'로 나아가기 위해서는 몇 가지 선결조건이 충족되어야 한다.

우선 가장 시급한 것은 분명한 국민 고객이 있는 부서(해양수산부, 여성가족부, 과학기술부, 교육부, 통일부 등)의 흡수통합에 대한 반대 의견을 어떻게 극복할 것인가의 문제이다. 이들 부서의 통합이 조직의 슬림화에 기여하는 것은 총론적 관점에서 분명하지만 이들 부서의 존재 자체가 그동안 해당 기능의 국가적 과업 수행에 분명 기여했다고 볼 때 이들 기능이 통합조직 속에서 원만하게 유지·발전할 수 있는 시스템이 구축되지 않는다면 언제 다시 부처 신설이 거론될지 모른다. 차제에 각 부처에 복수차관제를 도입하여 대(大)부처 내에 주요 영역별로 책임있는 의사결정 체계를 구축하는 방안도 검토할 필요가 있다.[3]

국회 심의 과정에서 이해관계 집단들의 반발로 인해 정부조직 개편안이 왜곡되지 않도록 정부가 해야 할 역할의 축소나 서비스의 감소가 아닌 정부 역할수행 방식의 변화라는 점을 충분히 설득시키

---

[3] 복수차관제는 조직 규모가 방대하거나 사회적 현안이 자주 발생하는 부처에 2인 이상의 차관을 둠으로써 통솔 범위를 합리적으로 조정하고 업무의 전문화를 촉진하기 위해 참여정부 시절부터 도입하였다. 현재 우리나라 정부는 기획재정부·교육과학기술부·외교통상부·행정안전부·문화체육관광부·농림수산식품부·지식경제부·국토해양부에서 복수차관제를 도입하여 시행하고 있다.

는 과업이 진행되어야 할 것이다.

앞으로 조직 통폐합 및 기능 조정으로 인해 대규모 잉여 인력이 발생할 것으로 예상되는 바 신분보장을 받는 잉여 인력을 어느 부문에 어떻게 생산적으로 활용하고 감축해 나갈 것인지에 대한 구체적인 전략과 단계별 로드맵이 마련되어야 할 것이다.

체중 조절 못지않게 경기 역량 강화되어야

정부 출범 초기 새로운 국정수행에 전념해야 할 결정적 시기에 조직 안정화 및 내부 체제 정비에 정부역량을 낭비하지 않도록 새로운 정부조직을 조기에 안정시킬 수 있는 방안을 마련하는 데에도 심혈을 기울여 나갈 필요가 있다. 다수 공무원의 사기진작을 위한 프로그램 개발은 물론 경험과 조직문화의 이질성을 극복하고 물리적 통폐합을 화학적 결합으로 승화시킬 수 있는 인적 자원 운영시스템과 조직문화를 재구축하기 위한 전략이 모색되어야 할 것이다.

운동 선수가 평소의 체중 조절 못지않게 경기역량을 갖추어야만 승리할 수 있는 것처럼, 대(大)부처주의로 한층 위상이 강화된 행정 각 부의 비전 실천과 정책 조율에 적합한 유능한 장관을 발굴해 적재적소에 배치할 때 직제 개편의 성과가 나타날 수 있다는 사실을 명심해야 한다.

12 지역균형발전사업, 과연 경제 살리기와 양립할 수 있나?

[한국자치발전연구원 시론 - 2008.06.24]

▎경제 살리기 기존 지방균형발전사업과 마찰 불가피

이명박 정부 출범의 동력원은 '경제 살리기'에 대한 다수 국민의 높은 기대욕구였다. 현대건설 사장으로의 명성과 서울시장 재직 시의 성공담이 한국경제의 지지부진과 불확실성을 제거하는 데 상대적 우위를 지니고 있다고 판단한 결과, 이 대통령의 출범이 이루어진 것이다.

이명박 정부의 총체적 경제 살리기 비전과 관련하여 지방 부문은 양면적 가치충돌에 직면해 있다고 볼 수 있다. 하나는 경제 살리기에 매진하는 노력의 일환으로 전국의 지역 단위마다 일련의 지방경제 활성화 프로그램이 가동케됨으로써 지역경제의 어려움을 다소나마 개선할 수 있다는 기대감이다. 반면 이명박 정부가 추구하는 경제 살리기 비전이 결과적으로 수도권 경쟁력과 집중화·집적의 이익 가치에 치우칠 경우, 지방이 기대하는 분권화와 개별 지역경제의 활성화에 역행할 수 있다는 우려가 배제되지 않고 있다.

사실 새 정부가 강조하는 국가경쟁력과 효율적 자원배분은 균형발전과 지방의 보편적 이익 추구와 양립되기가 쉽지 않다. 왜냐하면 국가경쟁력과 자원배분의 효율성은 자연히 수도권과 동남권 중심의 성장축에 추가적 국가에너지의 투입이 이루어져야 하는 반면 여타의 지방 부문은 그러한 대열에서 일탈될 가능성이 있기 때문이다. 지방 부문의 비전과 지역의 경쟁력 향상은 경우에 따라서는 효율성을 희생하더라도 균형가치에 접근하려는 정치적 판단과 우선순위의 재조정이 수반되어야 한다.

▎공기업 선진화는 지방혁신도시 계획의 수정 불가피(?)

우선 전(前) 정부가 추진했던 행정복합도시 건설과 혁신도시사업이 당초와 다르게 수정이 이루어진다면 해당 지방자치단체의 반발은 불 보듯 뻔하다. 특히 정부가 핵심과업으로 추진하고자 했던 공기업 민영화 또는 공공기관 선진화 방안은 해당 공기업 지방 이전을 중심축으로 형성되었던 지방혁신도시 계획의 전면 재수정을 초래할 가능성도 배제할 수 없다. 근원적인 문제는 우리 국민들이 총론적 관점에서 경제 살리기 구상을 뒷받침할 정책방안을 지지하면서도, 개별적 정책방안이 해당 지역의 이익과 충돌할 경우는 상당 수준의 저항을 토로하는 양면적 기대구조를 갖는다고 할 때 이를 어떻게 극복하느냐가 향후 지방 부문의 위상에 결정적 변수로 작용할 것이다.

이제라도 여야 초월한 근원적 대책 마련해야

새 정부 역시 기존 정부가 추진했던 지방균형발전사업의 기본적 골격을 유지하면서도 새 정부의 정책기조와 어떻게 원만하게 접목시킬 것인지에 대한 주도면밀한 입장 정립을 형성해야 한다. 현시점에서 지방 부문이 중앙정부에 대해 갖고 있는 불확실성과 우려를 제거하기 위해서는 심도 있는 대화·토론 속에서 중앙·지방 간 공통이익을 도출하고 이에 기초한 구체적 정책대안이 모색되어야 한다.

어떻게 보면, 이명박 정부 성공의 열쇠는 중앙정부가 추구하는 정책비전과 지방정부의 기대욕구를 효율적으로 배합함으로써 국가이익·국민경제적 이익 극대화에 여하히 접근시키느냐에 달려있다고 본다. 지방은 구획 분할로서의 지방이 아니고 국민을 형성하는 기본단위의 출발점이기 때문이다. 최근의 사태에 비추어볼 때, 중앙정부는 지방의 목소리에 한결 진지하게 귀를 기울여야 할 시점이다.

제2장
'참여정부'의 자기성찰과 갈등관리는?

"국정최고책임자의 덕목은
겸손함과 반대파를 수용할 수 있는 포용력이라고 본다."

참여정부의 허실과 남은 과업은? 01

[신동아 권두언 - 2005.01]

노무현 대통령은 야인 또는 후보 시절 상대방의 논리를 제압하는
정치적 경쟁자의 위치가 아니고 가장 많이 듣고, 가장 많이 인내하고,
가장 고독하게 결단을 내려야 하는 국정최고지도자의 위상에서
국민에너지를 다시금 결집해야….

▎소수파의 도덕적 권위 선점을 통한 권력이동 이루어내

노무현 정부의 탄생과 출범은 1980년대 이후 한국 정치사에 뚜렷한 획을 긋는 전환점이었다. 집권 3년째를 맞아 참여정부의 국정운영 성과에 대한 냉철한 진단과 이를 토대로 향후 바람직한 국정운영 방향을 설정하기 위한 격의없는 토론과 제언이 긴요한 시점이다.

노태우·김영삼·김대중 대통령으로 이어져 온 대통령 선출은 사실상 지역 패권주의의 틀 속에서 민주화 과정의 기여도를 다툰 정당 보스들 간의 '제한적' 경쟁이었다. 이 시절의 정권 경쟁은 기득 정치세력 속에서의 예측 가능한 국정최고지도자의 선택이었던

만큼 후보 간, 대통령 간 정책 포지션의 차이를 발견하기 어려웠고, 따라서 국정운영 기조의 뚜렷한 변화가 기대되지도 않았다.

그러나 노무현 대통령에게 승리를 안겨준 지난번 대선은 그 양상이 사뭇 달랐다. 정치권의 중심축으로부터 오랜 기간 벗어나 있던 노무현 후보가 이변을 연출하며 대통령에 당선된 것이다. 참여정부의 공과(功過)를 따지기 앞서 노무현 후보의 대통령 당선을 가능케 한 동력원이 무엇이었는가를 반드시 짚어볼 필요가 있다.

첫째, 노 대통령은 비록 소수파로 출발하였지만 자신의 원칙을 고수하며 도덕적 우위를 다짐으로써 다수를 제압하는 행동지향형의 정치인으로서 지적 호기심이 강한 점에 유념할 필요가 있다.

둘째, 한국사회의 각 영역에서 아직 핵심 중심권에 진입하지 않은 운동형의 신진인사, 또는 비기득권인사들이 주류를 이루고 있는 노 대통령 참모 그룹들은 개발연대 산업사회의 퇴조와 시민사회의 출현에 따른 한국사회의 권력이동과 욕구 변화에 기민하게 대응할 수 있었다.

셋째, 노무현 캠프는 그동안의 단선적(單線的)인 영·호남 간 지역 대결구도를 영남권 내의 대결구도로 진전시키면서 세대 간, 소득계층 간, 이념 간, 그리고 기득권의 향유 정도에 따른 복합 대결구도로 전환하였다. 특히, 행정수도 이전과 과감한 지역균형발전공약을 제시함으로써 외연적 지지기반 확산에 성공하였다.

자연스럽게 제왕적 대통령제 벗어나

노 대통령과 참모 그룹의 특성, 지지계층의 성향, 그리고 대선공약의 파격성과 선거전략에 비추어 참여정부의 국정운영 패러다임의 획기적 변화와 주요 정책의 불연속성은 충분히 예견될 수 있는 것이었다.

노무현 후보의 대통령 당선 자체가 소위 '제왕적 대통령제'로 표현되는 권위주의 정치체제의 타파를 말해주는 것이었다. 과거 정권의 통치수단의 양칼로 간주되던 검찰권과 선별적 세무조사권을 배척했고, 여당 영수로서의 정치자금조달과 국회의원 공천권을 마다한 것 등은 그러한 예에 해당하는 것들이다.

그러나 아이러니하게도 노 대통령의 대권을 가능케 했던 탈(脫)권위주의적 시민사회가 요구하는 다양한 시대적 욕구를 충족하면서 참여정부의 산적한 개혁과제를 풀어나가는 데 필요한 권위와 역량은 노 대통령 그룹이 자율적으로 구축해야 하는 무거운 짐을 안을 수 밖에 없었다. 환언하면 노 대통령이 국정수행을 위해 필요한 권위와 역량은 배증(倍增)했음에도 이를 현실적으로 뒷받침할 노무현 정부의 인적·물직·상징적 사원은 여의치 못한 데에 참여정부 초기의 어려움이 잠복하고 있었다.

▎새로운 시스템 구축에 역량 한계 부딪혀

　더구나 '개혁은 혁명보다 어렵다' 라는 말을 강조하지 않더라도, 참여정부 초기의 상당수 개혁과제들은 기존의 정치·행정·경제질서를 영 기준(zero-base) 하에서 재출발시키는 것들이어서 기존 시스템의 저항을 극복하는 것은 물론이고, 새로운 시스템에 대한 설득이 필수불가결한 의제들이었다.

　과거 정부들의 예로 볼 때, 지지기반의 결집이 견고하지 않은 정권 초기, 정치적 경쟁자에서 국정의 총괄적 지도자로 격상된 국정 최고지도자는 선거 경쟁 당시의 쇄신적 정책이나 공감대 형성이 용이하지 않은 개혁시도를 완화함으로써 권위의 공백을 메우고 힘의 결집을 도모하는 경향을 엿볼 수 있었다.

　이런 경향과는 대조적으로 노무현 정부는 도덕적 우월주의를 앞세우면서 시민사회에 새롭게 형성된 시민에너지를 적극 활용, 기득권층과의 힘의 간격을 메우고자 하였다. 이념적 스펙트럼의 완충을 시도하지 않았고 당초 정책기조의 컬러를 더욱 명확히 펼쳐나갔다.

　노무현 정부의 초기, 시민사회의 다양한 의견투입은 쇄도하였으나 이의 제도적 수렴을 가능케하는 해법(solution)과 역량(capacity)은 그에 미달하는 양상이 상당 부분 존재하고 있었다. 더 나아가서 노무현 정부는 자신의 입장을 강변하는 특유의 수사법(rhetoric)과 의견집약 방식을 통하여 정치권의 반대자들이나 비판적 국민들의 감정을 악화시킨 측면이 있었다.

가령 노무현 대통령의 후보 시절, 유력 언론매체에 대한 공격은 선거전략상 또는 자신의 이념적 포지션을 국민들에게 보다 선명하게 알려야 된다는 점에서 일응 이해할 수 있었다. 그러나 집권 후에도 몇몇 유력 매체에 대한 변함없는 전면전(全面戰)은 전선의 외연을 넓힐 뿐 정권에 실익이 될 수 없다는 일반인들의 상식을 뒤엎는 것이었다. 더욱이 유력 매체의 사주나 편집자들은 그렇다손 치더라도 그 매체의 애독자들은 이제 대통령이 이해하고 감싸야 하는 국민의 일부가 아닌가?

▎ 탄핵정국의 초래와 정책실패의 노정

어처구니없게 발생된 대통령 탄핵정국도 노무현 정부의 본질적 정책실패에 기인한 것이 아니라는 점은 삼척동자도 다 아는 사실이다. 탄핵의 시발점이 다름 아닌 선거법 위반으로 간주된 노무현 대통령의 정치적 발언 스타일에 기인한 것이었다.

무모하게 탄핵정국을 주도한 주요 정당과 소속 국회의원들은 총선에서 참패를 맛봄으로써 그 대가를 톡톡히 치렀지만, 탄핵정국의 원인제공자는 대통령 자신이었다는 점에서 겸허한 자기성찰이 아쉬울 수밖에 없다. 이를 볼 때, 국정최고지도자의 사소한 행동패턴 자체가 경우에 따라서 정책기조의 본질을 오히려 호도할 수 있고, 엄청난 국민적 비용을 치르게 된다는 교훈을 간과해서는 안 될 것이다.

엄청난 정책혼선을 야기한 행정수도 이전의 위헌판결도 참여정부의 과욕이 초래한 정책실패의 단적인 예이다. 노무현 대통령도 언급했다시피, 충청권으로의 행정수도 이전 공약이 노 대통령 당선에 도움을 주었다는 점을 차지하더라도 국토의 균형있는 발전을 위해 수도권 과밀 문제를 해결해야 함은 어느 누구도 부인할 수 없다. 다만, 행정수도 이전이 국토균형발전을 위한 최선의 대안인지 그리고 국가경쟁력의 배양이 긴요한 현 상황 하에서 수도 이전이 타당한 시점인가에 대해서는 심도있는 사전준비와 토론, 그리고 최소한도의 국민적 동의가 선행되어야 했다. 설령 표에 눈이 어두운 국회의원들이 특별법을 통과시켰을지라도 국정지도자로서 국회가 통과한 법에 대한 신중한 검토와 고뇌에 찬 대안 탐색 노력이 주도적으로 이루어져야 했을 것이다.

▌ 개혁의 실행력 한계 '원인요법의 미진'

노무현 정부가 자랑스럽게 내세우고 있는 인사시스템 개혁도, 교육부총리의 퇴진 과정에서 그 허점이 극명하게 나타난 바 있다. 비록 과거에 비해 많이 개선되었다고는 하나 집권당 출신인 것만으로 공직진출이 여전한 것이나, 특정 지역 출신 인사들에 대한 선별적 배려가 눈에 뜨이는 것은 참여정부가 자랑하는 인사시스템의 개혁을 무색케하는 대목이다.

변화와 쇄신의 기치를 걸고 정권을 획득한 만큼, 노무현 정부는 역대 어느 정권에 비해 의욕적인 각종 개혁 프로그램을 제시하였다. 개혁은 의지와 선언 못지않게 어떻게 실행력을 확보하느냐에 그 성패가 달려있다. 개혁의 목표와 대상이 특정 그룹의 개인적 경험이나 정치적 동기에 경도되고, 개혁 추진역량의 한계를 극복하지 못함으로써, 자칫 실험적 상황으로 흐를 수 있다. 이럴 경우 회복하기 어려운 국민경제적 비용을 치를 우려가 있다는 점이 과소평가되어서는 안 된다.

겉으로 드러난 외형적 현상을 어떻게 치유할 것인가의 대증요법을 통해서는 개혁의 성과를 거둘 수 없다. 치유되지 못하고 있는 근원적 뿌리가 어디에 있는가를 파헤치는 원인요법이 주축이 되어야 한다. 무엇보다도 개혁 수행을 위한 역량의 한계를 냉철히 인식하고, 인내심을 가지면서 이를 극복하는 것이 개혁 성공을 위한 핵심 전략이라는 점을 간과해서는 안 된다.

▌ '토론공화국'의 허와 실

'토론공화국'으로 불릴 만큼, 참여정부는 토론을 정책결정의 필수과정으로 중시하고 있다. 토론을 통해 최선의, 아니면 차선의 대안을 도출하기 위해서는 토론 구성원의 최상급자가 결론을 예단할 수 있는 언급을 절제하는 것이 필수조건이다. 최상급자의 언급은 의견이 아니고 바로 하급자들의 도미노적 공감과 지지로 나타나 아예 합목적적 결론도출의 통로를 막는 것이기에 최고지도자는 '말을 아껴야 한다' 는 경구가 동서고금을 통해 내려오고 있는 것이다.

아무리 제왕적 대통령제가 극복되었다 하더라도 대통령책임제 하에서 대통령의 언급은 그 자체가 가장 권위있는 최고의 규범일 수밖에 없는게 현실이다. 순발력과 논리력이라면 타의 추종을 불허하는 노 대통령이기에 말하는 것보다는 듣는 쪽에, 말하더라도 자신의 생각의 일부만을 표현함으로써 여백과 인내의 지혜를 발휘하는 것이 보다 많은 구성원들의 참여를 유도하고 보다 바람직한 결론도출에 접근할 수 있는 길이라고 본다.

▍정경유착의 차단과 균형 개념의 의제화에 성공

노무현 정부는 여러 논란과 비판에도 불구하고 지난 2년간 몇몇 분야에서 기존 정권에서 이루어내지 못한 성과를 이루어낸 것이 사실이다.

돈 안 드는 선거와 정치자금의 투명화를 통해서 정경유착의 고리를 차단하는 데 성공했고, 사법집행 중추기관으로서의 검찰과 경찰의 위상을 확립하면서, 제왕적 대통령제의 폐해를 제거하기에 노력했다. 청년층, 노동계층, 빈곤층 등 정치적 소외계층을 정치 과정의

장(場)으로 동력화함으로써 국민적 참여의 폭을 확대하고 성장 중심의 개발경제 시대에 축적·승계되었던 기득권의 프리미엄을 차단하는데 일단 성과를 거두었다. 분권화·지방화 프로그램을 제시하고 복지정책의 근저를 강화함으로써 성장 시대에 방관되었던 '균형' 개념을 복원시키는 데 기여했다고 본다.

그러나 이와 같은 고무적 성과에도 불구하고 언제 개선될지 모르는 국내 경기침체 상황과 악화되어가고 있는 서민경제, 진전되지 않고 있는 대북관계와 안보여건, 그리고 답보상태에 머무르고 있는 총체적 국가경쟁력은 노무현 정부의 무한책임에서 결코 벗어날 수 없는 사안이다.

▌ 총체적 국가경쟁력은 답보?

노무현 대통령의 성공은 곧 정부의 성공이며, 국민 모두의 성공인 것처럼 만에 하나라도 노무현 대통령이 당면한 국가적 현안과제의 효과적 대처에 실패한다면 국민 모두가 그 비용을 치를 수밖에 없다. 지지자, 반대자를 불문하고 노무현 정부의 실패를 방관할 수 없는 소이(所以)가 여기에 있다.

노무현 정부는 왜 많은 국민들이 참여정부에 대해 불안해하고 있는가를 직시해야 한다. 소박한 국민들은 자신과 가족의 현재와 미래가 안전하지 못하다고 느끼기 때문이다. 단순히 '기득권을 침해했기 때문에', '노무현 후보에게 반대표를 던졌기 때문에'라는 식의 떠넘기기식 대응은 사태를 더욱 어렵게 할 뿐이다. 경제와 안보에 대한 다수 국민들의 불안의 상당 몫은 노무현 정부의 정책기조와 국정운영 방식에 기인한 것이라는 겸허한 문제인식에서 국정쇄신의 방향을 잡아야 한다.

▌ 임기 말에 겸허함과 포용력 발휘를

참여정부의 이념적 트레이드마크인 '형평'과 '균형'을 도모하기 위한 국정과제는 현 수준의 시책을 유지하는 선에서 마무리할 필요가 있다. 이제 권위주의를 타파하게 만든 노 대통령 특유의 정치에너지를 국가안보를 포함한 대외정책의 공고화와 국민경제의 재도약에 쏟아부어야 한다. 3년이라는 시간적 제약과 국가적 가용자원의 한계를 감안, 명실상부한 '선택과 집중'의 원리에 따라 자원배분의 우선순위를 과감하게 재조정하는 것이야말로 국민이 기대하는 핵심 정책목표에 접근하는 첩경이라는 사실에 이의를 달아서는 안 된다.

무릇 "교만함에는 약이 없다"라는 말이 있듯이 국정최고책임자의 최고의 덕목은 겸손함과 반대자를 수용할 수 있는 포용력이라고 본다.

　노 대통령은 이미 야인 또는 후보 시절 상대방의 논리를 제압하는 정치적 경쟁자의 위치가 아닌 만큼 가장 많이 듣고, 가장 많이 인내하고, 가장 고독하게 결단을 내려야 하는 국정최고지도자의 위상에서 국민에너지를 다시금 결집해야 한다.

부동산 조세정책의 허실

[서울대 대학신문 관악시평 - 2006.06.04]

*다양한 요인을 고려하지 않은 채
세금을 통해 투기수요를 억제하겠다는 것은 단기적 미봉책*

▌종합부동산세로 집값 상승 막을 수 있나?

수도권 지역에서 올해 재산세와 종합부동산세 등 소위 보유세제 세금고지서를 받는 순간 "악" 하는 소리 내는 집이 많을 것이다. 세금을 종전보다 2~3배 더 물게 돼 "악" 하는 소리가 많을수록 정부 당국자는 부동산 투기억제를 목표로 한 조세정책이 소기의 성과를 거두었다고 회심의 미소를 지을 것이다.

과연 회심의 미소가 부동산 조세정책의 성공을 의미할 것인가? 아니면 정부당국자가 오히려 "악" 하는 상황이 발생할까?

정부는 2006년 8월 31일 주택투기수요를 억제하기 위해 주택보유에 따른 부담을 대폭 늘리는 '종합부동산세제 개편'과 과세표준 현실화 방안을 내놓은 바 있다. 아마도 OECD 가입국가에서 이런 강도 높은 세제 개편은 전례를 찾아볼 수 없을 것이다. 더 큰 문제는 특단의 대책에도 불구하고 일부 지역은 오히려 집값 상승이 수그러들지 않고 있으며, 무주택 서민들의 좌절감은 증폭되는 등 정부정책의 신뢰성은 바닥을 치고 있는 양상이다.

정부가 오히려 '정부의 실패' 야기 - 단기적 미봉책?

부동산 가격 앙등의 이면에는 행정수도 이전, 기업도시 건설, 혁신도시 건설, 판교신도시 건설 등 참여정부가 전국 상당지역 토지의 미래 기대가치를 높여준 정책기조가 자리 잡고 있음을 부인할 수 없다. 설상가상으로 일부 토지, 주택 공급에 대한 과도한 규제는 동결효과를 초래함으로써 특정 지역 주택가격이 가격상승을 선도케 한 실책이 노정되었다. 부동산 가격 상승 등 시장이 정상적으로 가동하지 못하는 소위 '시장실패'에 대응하는 정부의 개입 방식이 오히려 '시장실패'를 확산하는 등 사회적 비용이 더 큰 '정부의 실패'를 야기하였음에 주목할 필요가 있다

부동산 가격 앙등을 초래한 다양한 요인을 고려하지 않은 채 세금을 통해 투기수요를 억제하겠다는 것은 단기적 미봉책이라는 데 다수의 재정학자가 동의하고 있다. 시장의 거대한 힘 앞에서 보유에 따른 조세비용을 높이고, 양도에 따른 거래비용을 현실화함으로

써 부동산 시장의 실패를 치유할 수 있다는 믿음은 과신일 뿐이다. 더 나아가 국민이 부담하는 세금의 과도한 인상을 통해 특정 정책목표를 이룰 수 있다는 생각은 입헌주의에 반하는 위험한 발상일 수 있다. 특히 행정 과정에 해당하는 부동산 가액 평가의 상승을 통해 조세부담을 급격히 증대시키는 것은 이미 1980년대 미국 캘리포니아 헌법 부칙 13조 개정운동에서와 같이 엄청난 조세저항을 야기시켰음을 상기할 필요가 있다.

▎강남 중산층에 본때? 감정적 대응은 금물

합법적 절차를 거친 세율 인상의 경우라도 담세자의 현존하는 부담능력을 현저히 넘어서는 세금 인상은 부담 부과의 정당성을 얻기 어렵다는 점이 간과되어서는 안 된다. 정부가 부동산 정책을 수립함에 있어 '강남 중산층에게 본때를 보여줘야 한다'는 등 일부 국민에 대한 감정적 대응에서 벗어나지 못한 것도 정부실패의 한 요인으로 생각할 수 있다. 조세정책의 실패는 시장질서의 교란은 물론 민심을 이반시킬 수 있다는 역사적 교훈을 잊어서는 안 된다.

지방선거를 통해 국민의 준엄한 심판에 직면하고 있는 참여정부는 이제라도 부동산 정책을 포함한 전반적 국정목표와 실천전략을 근원적으로 재검토할 용기를 가져야 할 시점이다.

03 국정시스템 헛돈다
화물연대의 파업과
물류대란의 우려에 즈음하여

[동아일보 시론 - 2003.05.08]

▌정부의 갈등관리 역량에 회의적

전국운송하역노조 산하 '화물연대'의 실력행사와 물류대란 사태의 귀추를 지켜보고 있는 많은 국민들이 불안감을 떨치지 못하고 있는 것은 단순히 이번 사태가 초래할 철강업계의 피해나 국민경제적 손실 때문만이 아니다.4)

이번 사태는 교권(敎權)을 둘러싼 전교조와 교장단의 갈등, 국가정보원장과 국정원 기조실장 임명에서 보여준 소모적 좌우(左右) 논쟁의 예에서 보듯이 우리 사회 도처에 잠복해있는 극한대결의 한 양상이기 때문이다.

더구나 정부나 정치권이 앞으로 불거져 나올지 모를 우리 사회의 대립과 갈등에 얼마나 잘 대비하고 치유할 수 있는지에 대해 많은 국민들은 믿음을 갖지 못하고 있다.

❚ '물류대란' 일 터진 뒤 법석

이번 화물차 파업으로 인한 물류대란이 파국 직전까지 이르게 된 이유는 분명 생존권 쟁취를 위해서라면 실력행사를 마다하지 않는 운송종사자들의 문제해결 방식에 있을 것이다. 그러나 이에 못지않게 물류수송 체계의 구조적 난맥상과 그동안 이의 개선을 수수방관 해온 정책당국의 안일함이 그 이면에 도사리고 있음을 알 수 있다.

전근대적인 지입제를 포함한 불합리한 화물운송 체계의 혁파를 생존권 차원에서 내걸고 있는 화물차 운전사들이 '집단적 실력행사 만능주의'의 사회 분위기 속에서 조만간 불법파업으로 돌입할 것이

---

4) 2003년 5월 2일 포항철강공단을 시작으로 부산항과 광양만, 의왕 내륙컨테이너기지 등으로 확산되었던 화물연대의 파업은 2주 후인 5월 15일 노조와 정부의 협상타결로 끝난 바 있다. 화물연대의 파업으로 육상운송이 중단되어 철강업계의 제품 수송 및 원자재 수급이 마비되었고, 모든 산업의 기초소재인 철강업체의 수급차질로 인해 조선, 자동차, 전자, 건설 등 국내 전 산업 영역에서 제품생산과 공급에 차질이 발생하는 등 피해가 일파만파로 확산된 바 있다. 당시 화물연대 파업에 따른 물류 마비로 인한 피해 금액만 5억 400만 달러로 집계되었으며, 수출차질액은 약 1억 2,022만~1억 2,332만 달러로 같은 기간 정상 수준 수출액(7억 4,800만 달러)의 16.1~16.5% 수준이었다.

라는 점은 쉽게 예견됐다. 그럼에도 불구하고 화물운송 체계에 대한 제도개혁 노력은 고사하고 이들의 현안 개선 요구조차 등한시한 것은 불법파업 못지않게 비판받아 마땅한 전형적인 '정책실패'라고 규정할 수 있을 것이다.

이번 사태야말로 문제가 극단적인 파열음을 내면서 악화되어 사회적 이슈로 떠들썩하게 될 때에 이르러서야 문제해결에 나서곤 했던 과거 정부의 행태가 아직도 불식되지 않고 있음을 보여주는 사례라 할 수 있겠다.

▋ 근본원인의 진단과 전략적 대안 도출은 어디에?

국민들은 이번 사태를 지켜보면서 새 정부가 출범 이후 시스템 개혁을 캐치프레이즈(catchphrase)로 내걸고 있음에도 불구하고 정부관료들이 겉으로만 긴박한 행보를 취한 척한 것에 실망하고 있다.

피부과 질환의 상당 부분은 피부 자체보다는 신체의 내분비 순환기 소화기 계통에 문제가 있기 때문에 관련 내과 전문의의 진단과 처방이 결부될 때 근본 치유가 가능해진다는 게 피부과 전문의의 설명이다. 국정운영 역시 격의 없는 토론과 현란한 국정홍보 못지않게 갈등과 대결의 근본원인을 냉철하게 진단·분석하는 작업이 그 출발점이어야 한다. 이러한 토대 위에서 실현 가능한 전략적 대안을 도출해내 이를 인내심을 갖고 실천할 수 있어야 한다.

▌ 기업의 해외기지 이전 가속화될 수 있어

 이번 사태를 계기로 우리가 그나마 교훈을 얻은 것이 있다면 가뜩이나 불안한 국민경제를 한 차례의 파업이 강타할 수 있다는 우려를 국민 대다수가 갖게 된 점이다.

 "노사대결과 불법파업이 극복되지 않으면 한국경제의 미래는 밝지 않다"는 외국인 투자자의 말이나 "파행적 노사관계가 계속된다면 공장을 중국이나 동남아 국가로 이전하겠다"는 우리 중소기업 사장의 넋두리가 어제오늘의 이야기가 아니다. 만에 하나라도 외국자본의 이탈이나 국내 생산시설의 해외유출이 빠른 속도로 진행된다면 새 정부 국정목표의 하나인 지방분권화와 균형발전 노력은 그만큼 무력해질 수밖에 없을 것이다. 더구나 성장 동력원이 소진되어 고용시장이 위축된다면 그 비용은 누구에게 전가될 것인가.

▌ 노사문제 전문가인 대통령만 쳐다보나

 이번 사태에서 소관부처 장관 등 공직자들이 노무현 대통령이 추구하고 있는 사회 통합적 노사관계에 '코드'를 맞추다가 소신껏 대응하지 못한 측면은 없는지 눈여겨봐야 한다. 그동안 몇 차례 노 대통령이 직접 나서서 문제를 해결하려 했기 때문에 이번에도 공직자들은 자생적 문제해결능력 없이 팔짱만 끼고 있었던 것은 아닌지

반성해볼 일이다.

특히 노사문제에서는 노 대통령이 전문가란 생각에 소관 장관들이 나서기 어려웠다면 더 큰 문제다. 근로현장에서 정치적 지도력을 잉태한 노 대통령이라 하더라도 이젠 시스템으로 노사문제를 풀고 다른 국정개혁도 해나가야 한다는 평범한 진리를 이번 사태는 일깨워주고 있다.

투기자본의 경영교란 방치해선 안 돼

[중앙일보 시론 - 2006.02.08]

KT&G에 대한 미국계 기업사냥꾼 칼 아이칸의 경영참여 시도가 보도되면서, 혹시라도 경영권 분쟁이 야기되지 않을지 세간의 주목을 받고 있다. 특히 이로 인한 여파로 외국계 펀드가 의결권 수준에 육박하고 있는 KT, 포스코, 국민은행 등 국민적 자부심의 대상이 되는 국민기업의 지배구조 향배와 경영안정에 영향을 줄 수도 있다는 우려감마저 이는 양상이다.

아이칸 사태에 의연하게 대처해야

그러나 이번 칼 아이칸의 경영참여 움직임에 지나치게 감정적으로 반응하는 것은 이미 글로벌 수준의 자본시장 개방을 지향하고 있는 한국경제에 대한 세계시장의 평가에 흠집을 낼 수도 있다는 점에서 냉정하고 의연하게 대처하는 자세가 긴요하다. 이번 사태를 타산지석(他山之石)으로 삼아 국민경제 발전에 부합하는 안정적 경영을 도모할 수 있도록 지배구조의 불확실성을 완화할 수 있는 시스템을 구축하는 노력이 기업과 정부 부문에서 깊이 있게 전개돼야 할 것이다.

사실상 우리나라의 소위 알짜배기 주요 국민기업의 외국인주주 비율이 높아진 데는 1998년 외환위기 시 정부의 외자유치를 위한 적극적인 자본시장 개방정책과 이에 맞물린 공기업 민영화 정책의 추진에서 원인의 상당 부분을 찾을 수 있다. 안타깝게도 공기업 주식 매각을 전략적으로 활용하는 과정에서 경제력 집중문제는 심각한 변수로 고려하면서도 민영화 이후의 기업 지배구조나 안정적 지배주주 형성 등을 심각하게 검토하지 않았던 것이다.

이로 인해 주식 지분은 골고루 분산됐지만 이들 기업이 국내시장을 독과점하는 구조는 그대로 이어졌다. 안정성과 수익성이 뛰어나면서도 지배구조에는 취약한 이들 기업이 외국계 기업사냥꾼의 표적이 될 공산은 그만큼 클 수밖에 없다.

그러나 지금에 와서 지배 대주주가 없는 민영화를 무리하게 추진했기 때문에 이러한 문제가 야기된 것이라는 문제의식은 소모적 논쟁일 뿐이다. 역설적으로 민영화된 대표적 기업인 KT&G를 포함한 주요 기업들이 헤지펀드의 공격 대상이 된 것 자체가 민영화 이후 성공적인 경영활동을 통해 기업가치가 크게 성장한 데 그 원인이 있다고 보기 때문이다.

물론 폐해가 없는 것은 아니다. 헤지펀드들이 강조하는 주주 중시 경영은 국제통화기금(IMF) 사태 이후 특정 지배 대주주의 도덕적 해이를 막는 전가(傳家)의 보도(寶刀)처럼 거론돼 왔다. 그러나 다수의 해외 투기자본은 '주주 중시 경영'이라는 미명 하에 단기적인 주가 급등을 통한 차익 실현, 고수익 자산의 매각, 고배당 등을 통한 치고 빠지는 방식으로 전체 주주의 이익보다는 자신들만의 이익을 확보하는 전략을 빈번히 사용해 왔다. 정부가 건전하지 못한 자본의 단기적 형태에 대한 대처가 미흡했던 결과 대표적인 초우량 기업들이 경영권 방어에 막대한 자원 낭비를 하는 양상이 방치돼 왔다.

▮ 단기 투기자본의 경영 간섭에 대한 한계 설정해야

따라서 주주 중시 경영 명분하에 자행되고 있는 단기 투기자본의 불건전한 경영 간섭에 대한 한계를 설정할 필요가 있다. 특히 개별주주 이익과 보편적 국가 이익이 충돌할 여지가 있는 국가 기간산업 부문일수록 제도적 장치 도입이 시급하다. 개별주주의 이익 추구로 인해 보편적 국가이익이 배제되는 상황에 대처할 수 있는 예측 가능한 긴급 개입장치의 활용방안도 모색돼야 한다. 미국, 유럽, 일본 등에서 '포이즌필', '황금주', '차등의결권제도' 등 단기 투기자본의 적대적 인수합병(M&A) 위협을 방지하기 위한 경영권 방어장치 등을 마련하고 있음은 우리에게 좋은 교훈이 되고 있다.

▌소유 · 경영 분리된 '책임전문경영체제' 뿌리내려야

이번의 KT&G 사태가 '대주주 중심의 지배구조가 유일한 해법'이라는 일부의 과거 회귀논리의 명분으로 활용돼서는 안 된다. 역사의 시계추를 되돌릴 수는 없다. 오히려 이를 계기로 소유와 경영이 분리된 '책임전문경영체제'가 지속적으로 뿌리내리는 데 더 많은 관심을 기울여야 할 시점이다.

제3장
'국민의 정부'의
경쟁력은?

"국난극복의 시대적 소명을 어떻게 완수할 것인가를 백지 상태에서 생각하고 재출발해야 할 시점이다."

01 정치 16강

월드컵 축구 대표팀의 선전을 배워야

[조선일보 시론 - 2002.05.27]

　한국 월드컵 축구 대표팀은 국민들에게 희망을 보여주었다. 스코틀랜드, 잉글랜드, 프랑스와의 평가전에서 보여준 선전(善戰)은 단숨에 16강을 넘어 8강 진출 가능성의 기대감을 한층 높여주었다. 이제 한국 대표팀은 각종 게이트와 여야 정쟁으로 찌들대로 찌든 국민들의 마음에 더할 나위 없는 신선감을 안겨주고 있다.

　단군 이래 최대 행사로 일컬어지고 있는 월드컵 개최는 16강 진출 못지않게 한국의 저력을 세계만방에 떨칠 수 있는 절호의 기회라는 점은 강조할 필요도 없다.

한국 민주주의의 16강 진입 기대는 무리?

정치권도 이러한 국민적 분위기에 압도된 탓인지 만시지탄이나마 정쟁 중단을 선언한 상태이다. 16강 진출의 가능성을 접하고 있는 국민들이 축구뿐 아니라 곧 치러질 지방선거와 대통령선거를 통하여 한국 민주주의의 16강 진입을 기대하는 것은 무리일까?

마침 지방선거가 세계의 이목이 한국에 집중되어 있는 시점과 맞물림으로써 월드컵 행사에 부담이 되고 있다는 우려도 있지만 오히려 한국의 선거가 글로벌 스탠더드를 넘어서고 있다는 점을 세계시장에 알릴 수 있는 자부심의 기회라는 점을 간과해서는 안 된다.

정치적 경쟁도 상대주의와 게임 룰 배워야

일취월장하고 있는 한국 축구는 파쟁에 찌든 정치권에 값진 교훈을 던져주고 있다. 한국정치에 있어 스포츠의 승부가 지니는 '상대주의' 정신과 단체경기의 승패를 가르는 팀플레이가 정치경쟁의 축에 자리잡아야 한다는 사실을 다시금 일깨워준다. '나 아니면 안 된다', '타 정당이 집권하면 우리는 피바다가 된다'는 정치적 극단주의는 민주주의의 전제가 되는 공존의 틀을 깨는 것이다.

우리 정치권은 프랑스 르메르 감독이 한국의 히딩크 감독을 격려하는 모습을 유심히 살펴보아야 한다. 타 후보와 상대 정당의 존재

가치를 일응 인정하면서 '내가', '우리 당'이 어떻게, 왜 잘할 수 있는가의 상대적 우위를 확인하는 과정이 바로 정치적 경쟁의 요체이어야 한다. '제왕적 대통령', '제왕적 총재'에 대한 비판이 그치지 않고 있는 것도 정치권이 팀플레이를 주안으로 삼는 시스템적 사고가 결여되어 있는 데 기인한다고 볼 수 있다.

▍혈연·지연·학연 뛰어넘는 등용은 어려운가?

히딩크 감독의 영입은 좋은 리더를 뽑는 것이 팀의 성과를 거양하는 데 가장 중요한 과업임을 웅변해주고 있다. 혈연·학연·지연으로 뒤엉켜진 한국적 상황을 과감히 떨쳐버리고 무균상태에서 선수를 발굴·훈련·출전시킬 수 있었기에 한국 축구의 전환점이 마련될 수 있었다고 보기 때문이다.

상대 후보에 대한 무차별적 폭로와 공격, 그리고 지역주의의 온정에 의탁하는 선거 결과는 국민에너지를 결집하기는커녕 한국 상품의 국제경쟁력을 저하시킬 뿐이다. 만일 지역주의에 뿌리를 둔 광란적 투표 성향이 반복된다면 한국정치는 지역예선에도 끼지 못할 것임은 자명하다. 이번 선거부터라도 모든 국민이 패배자가 되는 연고주의를 벗어나 자기 집안의 맏며느리를 고르는 심정으로 선거와 투표에 임한다면 한국정치는 새로운 전환점을 맞을 수 있다.

▎이제 정치도 16강 진입해야 할 시점

 자원빈국이면서 세계 초일류의 핸드폰·조선·반도체·철강 수출국으로 성장한 한국이 정치 분야에서 16강에 진입하지 못한다면 무슨 이유로 변명할 수 있을까?
 열악한 신체조건을 극복하고 헌신과 지혜로 세계인의 주목을 받고 있는 한국 축구의 선전과 16강 진출의 가능성은 OECD(경제협력개발기구) 가입국가로서 체통을 유지하기 어려울 정도로 낙후된 한국정치의 수준을 한 단계 격상시킬 수 있도록 냉엄한 압박수단으로 작용하고 있다.
 한국 축구에서처럼 우리의 정치권도 분명 밝은 미래가 있을 수 있음을 보여주어야 할 때이다.

02 형식에 얽매인 '대선 후보 TV토론'[5]

[조선일보 시론 - 2002.12.04]

▌국민적 기대에 못 미쳐 아쉬움 남겨

지역주의와 국정혼선에 진저리가 난 많은 국민들은 21세기 첫 대통령선거에서만은 '남부끄럽지 않은 대통령'을 뽑아야 한다는 다짐을 굳게 하고 있다. 이러한 다짐만큼 국민들은 후보자 이상의 열기를 가지고 3일 대선 후보 첫 합동토론회를 지켜보았다.

본격적인 미디어선거 시대의 새로운 장을 여는 이번 합동토론회가 일단 국정에 임하는 후보자들의 총론적 시각과 토론 태도를 비

---

[5] 제16대 대통령선거는 노무현 후보와 이회창 후보가 각축을 벌인 바 있다.

교하는 데에는 유익하였다고 볼 수 있다. 그러나 토론의 외형적 긴박감에도 불구하고 후보자들의 진정한 국가비전과 책임있는 정책 포지션을 알고 싶어하는 국민적 기대감에는 미치지 못하는 아쉬움을 남겨주고 있다.

한미행정협정(SOFA) 개정, 부패방지 대책, 검찰권 중립 등 국민들이 공감하고 있는 문제에 대해서는 세 후보가 대동소이한 입장을 피력하였고, 남북관계에 있어서는 뚜렷한 차이점을 확인할 수 있었음은 토론회의 주된 성과라고 볼 수 있다.

그러나 정작 국민적 관심사인 '정치개혁'과 '대외정책' 부문에 있어서는 후보자들의 입장이 분명히 드러나지 않았다. 낡은 정치를 청산하기 위한 '정치개혁'을 외치고 있지만, 상대방 떠넘기기식의 책임 공방에 치중할 뿐 정당 민주화, 국회 제자리 찾기, 정경유착 단절 등 시대정신에 부합하는 정치개혁의 기본틀을 확고하게 제시하지 못했다.

이회창 후보와 노무현 후보가 '지역감정 극복'과 '3김 청산'을 둘러싸고 벌인 공방은 두 후보가 3김과의 연계와 지역구도하에 입각한 득표 기반으로부터 벗어날 수 없음에 비추어 시청자들의 공감을 이끌어내기 어려웠다. 차라리 과거지향적인 소모적 공방보다는 겸허한 자세로 낙후한 정치문화를 개선하고 정치권의 경쟁력을 창출할 수 있는 구체적 핵심방안을 국민에게 솔직히 토로하는 것이 그나마 호소력있는 태도였다고 본다.

▎ 타협과 협력의 기본철학 부각 안 돼

　공개적인 토론과 타협을 통하여 국정난제는 물론이고 여야의 대립된 시각을 조정하는 것이 정치권의 기본 임무임에도 우리 정치권은 특히 선거를 앞두고 일만 터지면 그 해결책을 검찰 등 사법권 쪽으로 돌리는 일이 비일비재하다. 이번 토론회에서도 후보자들이 정치의 사법화(司法化)를 막는 타협과 협력의 기본철학을 강조하는 대목은 눈에 띄지 않고 있다.

　주변 4대 강국 틈새에서 우리의 생존과 번영을 추구할 대외정책의 목표와 전략의 선택은 대통령의 가장 중요한 책무의 하나임에 틀림없다. 이에 비추어 볼 때, 남북문제와 부분적인 한미관계에 국한할 뿐 대외정책의 기본틀과 정책수단의 활용방안이 중시되지 않은 점은 추후 보완되어야 할 문제라고 볼 수 있다.

　이번 토론회에서 흥미로운 것은 선거 여론조사에 기초한 양자 대결구도가 3자 토론의 진행 방식을 통하여 다소 희석된 모습으로 비추어졌다는 점이다. 이·노 후보 간의 첨예한 상호 공방 속에서 권영길 후보의 질책성 결론 제시는 여론조사상의 지지율 분포를 무색케 하는 모습이었다.

임기응변식 재치 테스트가 되어서는 안 됨

　1분 30초 단위로 질의·답변·반론·재반론 방식으로 진행된 이번 토론회가 시청자들의 이목을 잡아두는 데는 소기의 성과를 거두지 몰라도, 국정의 핵심사안에 대한 후보자들의 진솔한 입장을 파악하는 데는 미흡할 수밖에 없었다. 이런 점에서 남은 2·3차 합동 토론회에서는 후보자들의 국정비전을 폭넓게 청취할 수 있도록 답변 시간의 기계적 배분과 획일적 반론·재반론식 진행은 부분적으로 수정될 필요가 있다.

　2주일이 지나면 후보자 중 한 명이 16대 대통령으로 탄생함은 불변이다. 그러나 '훌륭하지는 않더라도 제대로 된 대통령'은 20년에 한 번 나올지도 확실하지 않다. '제대로 된 대통령'에 대한 불확실성을 조금이나마 줄일 수 있는 유일한 방법은 유권자들이 정치적 무관심, 구태의연한 지역정서와 '누구는 안 된다'는 막연한 배타주의에서 과감히 벗어나는 것이다.

실없는 '정치게임' 중단하라

[문화일보 포럼 - 2001.01.05]

정권재창출에 연연하지 않고,
마무리에도 만전을 다하는 '준비된 대통령' 이 되어야….

소수파 정권은 어느 시대나 국가를 막론하고 서러울 수밖에 없다. '잘해봐야 본전'식으로 국정운영의 성과가 뚜렷할 때에도 후한 점수를 주는 데 인색하기 때문이다.

국제통화기금(IMF) 경제위기와 때를 맞춰 준비된 대통령으로서 국내외의 화려한 시선을 끌며 출범한 김대중 대통령 정부였지만 또 다른 위기적 경제상황과 맞물리면서 예사롭지 않은 난국에 직면하고 있다. 소수파로 출범한 김 대통령 정부는 'IMF의 칼'을 활용, 환란위기에 효과적으로 대처하고 남북관계의 진전 등 소수파 정부의 한계를 뛰어넘는 모습을 보여주었다. 그러나 경제위기의 재현 조짐은 잠복되었던 지역감정과 더불어 현 정권의 국민적 지지기반을 한계적 상황으로 만들어가고 있는 양상이다.

▌ 냉혹한 국민여론 직시해야

 이제 김 대통령 정부는 '2년'이라는 분명한 시간적 제약 속에서 부분적이나마 경제난국을 수습하고 국정운영의 새로운 돌파구를 열지 않는 한 '수평적 정권교체'의 의미도, 노벨평화상 수상의 국민적 자부심도 발붙일 곳이 없는 중대한 기로에 처해 있음을 간과해서는 안 된다. 혹자는 현재의 국민적 우려를 다수 야당의 발목잡기나 국정홍보의 미숙, 지역감정의 족쇄 탓으로 돌리고 있으나 정치가 현실이듯이 따가운 국민여론은 냉혹한 현실이라는 점을 직시해야 한다.

 국정운영의 평가에 있어 잘못했는가, 잘했는가의 이분법적 판단은 적절하지 않고 국민적 기대욕구에 얼마나 부응했는가, 더 잘할 수 있었는데 왜 미흡했나에 대한 냉철한 비판에 초점이 맞추어져야 한다.
 현 정부의 국정운영시스템은 유능한 운전자가 노쇠한 엔진을 끌고 있는 자동차로 비유할 수 있다. 운전자가 목표지를 잘 설정하고 차를 끈다고 해도, 엔진이 성능을 정상적으로 발휘할 수 없다면 목표지에 제대로 도달하기 어렵다. 더욱 유능한 운전자라면 평소에 자동차의 엔진을 정비하여 그 성능을 유지해야 하는 책무로부터 자유로울 수 없다.

▍ '할 수 없는 일' 과감히 포기

　엔진을 구성하는 수천 개의 부품이 하나의 효율적 시스템으로 연계되지 못할 경우 가동이 어려운 것처럼 국정운영의 난맥은 시스템 가동의 실패로 집약할 수 있다. 이런 점에서 세계시장에서의 김 대통령의 정치적 자산과 소수파로 정권을 장악할 수 있었던 시대정신을 유동화(流動化)하여 국민적 에너지를 균형있게 결집하는 데 왜 실패했는가에 대한 냉엄한 자기성찰이 향후 2년 간 국정목표 설정의 출발점이 되어야 한다.
　불리했던 대통령선거 과정에서 뉴DJ플랜 등 유권자를 감싸안고 쇄신적 국정비전을 발굴했던 그 정성스러운 노력을 밀레니엄 시대의 국정쇄신으로 재현시켜야 하는 시대적 소명이 집권층 내부에 확산되어야 한다. 무엇보다도 국정운영시스템을 개선하기 위한 핵심적 전제조건은 '정권재창출'을 위해 통치에너지를 소진하거나 동진정책, 야당 의원 이적 등 소위 정치적 안정을 도모한다는 명분하에 부질없는 정치게임을 답습해서는 안 된다. 산적한 국정문제를 신속히 다루어도 경쟁국가를 따라가기 어려운 상황에서 섣부른 정치적 목표달성을 위한 한가로운 영역이 존재할 겨를이 있을 수 없다.

▌ 정권재창출 의지가 정책선택의 왜곡으로 나타나

최근 안기부국고자금의 정치권 유입 의혹을 예로 들지 않더라도, 집권층의 정권재창출 의지는 상당 부분 정책선택의 왜곡으로 나타나 국민자원의 낭비를 초래했던 적지 않은 예를 볼 수 있다.

정권재창출은 결과로서 이루어질 수 있는 것이지 목표로서 설정되어서는 안 된다는 점에 한치의 양보가 있어서는 안 된다. 정권의 후반기에 있어서는 정부가 '할 수 있는 일'과 '할 수 없는 일'을 엄격히 구분하면서 가용자원의 범위 안에서 과욕을 삼가고 할 수 있는 일의 우선 순위를 확실히 챙기는 절제된 정책선택 노력이 필수적이다.

▌ 마무리에도 '준비된 대통령' 되어야

국정운영의 혼선과 정책조율의 실패를 막기 위해서는 대통령부(府)는 물론이고 내각과 정당의 컨트롤 타워가 제 기능을 다할 수 있는 역할분담과 그에 상응하는 힘이 부여되어야 한다. 잔여기간 동안 내각이 책임감을 갖고 일관성있게 마무리할 수 있는 분위기를 조성하는 것도 대통령의 책무 중의 하나이다. 핵심 직위에 대한 편중인사 시비를 완화하기 위해 광범위한 인력풀의 활용과 명실상부한 적재적소 배치를 실천해야 한다는 요청도 어제오늘의 일이 아니다.

국민은 김 대통령의 대명사이기도 한 '준비된 대통령'이 국민의 삶의 향상에 기여하면서 국가발전의 연속선을 마무리하는 데에도 준비에 차질이 없는 대통령으로 남기를 기대하고 있다.

국가 인사시스템 바꾸라

04

[문화일보 포럼 - 2001.02.13]

국정운영의 인적 시스템을 시대정신과 국가발전 목표에 부합하도록
재결집함으로써 국민에너지를 확산해야 한다.

　　엄동설한이 걷히면서 인사(人事)의 계절이 서서히 다가오고 있
다. 조만간 정권 후반기를 마무리할 내각진용이 선보일 것으로 예
상되며, 임기가 만료될 각종 공기업과 정부 산하기관의 장(長) 인사
가 이루어질 것으로 보인다. 연이어 정부 및 공기업의 고위직 인사
가 연쇄적으로 이루어질 것으로 예상되기 때문에 이와 관련이 있는
다수의 공직자는 좌불안석일 것이다. 특히 '낙하산인사', '편중인
사' 시비가 지속적으로 회자되고 있는 상황이기에 국민은 이번이야
말로 총체적 난국을 극복할 수 있는 참신하고 역량있는 인사가 이
루어지기를 갈망하고 있다.

　　또한 새 정부 들어서 6번의 교육부장관 교체를 지켜보고 있는 국
민은 '인사가 만사'라는 정치지도자들의 언급이 부분적이나마 가시

화되기를 바라고 있다. 공공 부문 경쟁력의 뿌리는 '헌신'과 '창의'에 매진하는 공직시스템의 총체적 역량에 있음은 새삼스레 강조할 필요가 없다. 정권교체가 갖는 소프트웨어적 의미도 국정운영의 인적 시스템을 시대정신과 국가발전 목표에 부합하도록 재결집함으로써 국민에너지를 확산시키는 데에 있다.

부시 대통령, 클린턴 정부의 CIA 국장 재신임, 서독의 외무상 17년 재임

최근 미국의 부시 행정부가 클린턴 정부의 CIA 국장을 재신임하고 있음은 정보기관의 국정개입에 이골이 난 우리 국민으로서는 이해하기 힘들 정도이다. 서독 에르하르트 총리가 경제장관으로 10년 이상 재임했던 것이 독일 경제부흥의 씨앗이 되었음은 이미 고전에 해당되는 사실이다. 서독 브란트 총리 시절 에콘 바르 장관이 10년 이상 장기재임을 통해 동방정책의 뿌리를 내렸고, 콜 총리와 연정을 구성했던 소수파 자민당 출신 겐셔 외무장관이 17년간 장기재임하면서 일관된 통일정책을 추진했던 사실은 통일정책이 정파적 쟁점이 되고 있는 우리의 현실과는 너무나 거리가 있다.

이들 정치·경제대국은 설령 인선을 잘못해도 국력으로 국가이익을 방어할 여지가 있음에도 국가 중요 포스트에 대한 인선이 당파적 이해를 초월, 범국가적 비전과 정책의 연속성을 고려하여 주도면밀하게 이루어지는 예를 자주 볼 수 있다.

적재적소 배치에 대한 국민적 위임

하물며 치열한 국제경쟁의 틈바구니에서 실수 없이 2배 이상의 역량을 발휘하여 국가이익을 모색해도 힘겨운 우리의 현실에서는 국정홍보의 미흡 등 저간의 사정이 어떻든 간에 낙하산인사, 편중인사 시비 같은 국민에너지의 유실이 초래되어서는 안 된다. 인사권이 통치권의 고유권한이라는 법리상의 원칙을 부인할 수는 없지만 인사권의 행사는 분명 백지위임이 아니고 인재의 적재적소 배치에 대한 국민적 위임이라는 점이 간과되어서는 안 된다. 그동안 국가공무원의 16%, 지방공무원의 20%를 줄인 바 있는 감축중심의 공공부문 구조조정 노력도 인적자원의 적재적소 배치와 운영시스템의 개선이 수반되지 않는 한 그 성과가 반감될 수밖에 없다.

인사쇄신은 크게 정치권 인사의 과도한 공직 진입차단과 주요 포스트에 대한 선임방법의 혁파로 집약될 수 있다. 어느 시대를 막론하고 정권을 창출하는 데 기여한 수많은 인사 중 정권을 잡은 후 국정운영에 유용한 경우는 그렇게 많지 않았다. 정치적 유대감과 충직도가 긴요한 일부 정무직을 제외하고는 정치권 인사의 공직포스트 진입을 통치권 수준에서 제어할 수 있는 성숙된 기풍이 확립되어야 한다. 더구나 공동정권의 속성상 지분경쟁이 치열한 만큼 역설적으로 공직인사는 더욱 절제되고 엄격해야 한다.

▌ 선임시스템 아직도 낙후

우리 사회에서 두드러진 낙후 부문의 하나는 주요 포스트에 대한 적임자의 선임시스템이라고 해도 과언이 아니다. 공기업 사장 선임의 예를 들지 않더라도 정치권 줄대기나 보상·입막기식 전리품 배분 차원의 인선 방식이 국민의 정부에서도 근절되지 않고 있다.

주요 기관장의 선임과 관련한 규정이 존재하고 있으나 유명무실한 경우가 많다. 따라서 적임자 선임을 위해 중앙인사위원회가 구축하고 있는 인력풀을 광범위하게 개발하고 명실상부한 공론화 과정이 보강되는 등 경쟁적인 최고관리자(CEO)시장이 구축되어야 한다.

인사 분야의 컨트롤 타워에 해당되는 청와대 비서실, 중앙인사위원회, 국가정보원 등은 '선임되어서는 안 될' 네기디브 리스트를 길러내는 작업에 치중하지 않고, 역량있는 인재 발굴과 아울러 해당 포스트를 얼마나 잘할 수 있는지에 대한 본원적인 검증 메커니즘을 체계적으로 형성해야 한다.

새 내각에 바란다

[매일경제 테마진단 - 2001.03.26]

김대중 대통령 정부 후반기를 사실상 마무리할 내각진용이 선을 보였다.6) 외교안보팀의 전면 교체와 해당 분야의 실전 경험을 중시한 이번 개각에서 정치권 인사의 진입에 대한 따가운 여론을 의식, 공동정부 정치권 인사 중 추진역량과 전문성이 뚜렷한 인사를 배려한 흔적을 엿볼 수 있다.

한편 경제부총리와 기획예산처장관, 경제수석의 유임은 현대사태를 비롯한 금융·기업 구조조정과 공공 부문 개혁을 현 경제팀으로 마무리하겠다는 의지의 일면으로 읽을 수 있는 대목이다. 동시에 이제껏 추진해온 4대 부문 개혁을 중단없이 추진하겠다는 의지를 내비친 것으로 해석된다.

▌팀플레이로 국정난제 풀어야

다양한 정치적 색깔과 심도 있는 국정운영 경험이 배합된 이번 내각은 무엇보다도 팀플레이 정신을 통하여 산적한 국정난제를 균형있고 슬기롭게 풀어나가야 한다.

특히 국민의 정부는 이미 전선(戰線)이 지나치게 넓을 정도로 다방면에 걸쳐 일을 벌여 놓았으므로 새 내각은 새로 일을 벌이기보단 개혁 중인 사안들을 깔끔하게 처리하는 데 역점을 둬야 함은 물론이다.

각 장관은 소관업무를 꼼꼼히 챙기되, 국무회의를 구성하는 국무위원으로서 국가목표의 우선순위와 정책선택의 완급을 조화하는 성숙된 국정 최고의결기구로서의 역할에 초점이 맞추어져야 한다. 내각이 정책조정의 일선에서 소신을 갖고 헌법상의 책무를 다함으로써 과부하된 대통령의 직무를 덜어주어야 한다. 의료보험 재정파탄 위기와 같은 정책실패를 답습하지 않기 위해서도 내각이 해당

---

6) 2001년 3월 26일 국민의 정부는 장차관급 인사 14명을 교체하는 대폭적인 개각을 단행했다. 신건, 임동원, 박지원, 김영환 등 대통령의 측근을 청와대와 내각의 주요 포스트에 배치하였고, DJP 공조를 강화하는 차원에서 자민련 의원 중 장재식 산업자원부·오장섭 건설교통부·정우택 해양수산부 장관 등 3명이 입각했다. 또한 민국당의 한승수 의원이 외교통상부 장관으로 임명되어 민주당, 자민련, 민국당의 3당 연합을 공고히 하였다.

부서의 섹터 이기주의를 극복하고, 상충되는 이해관계를 조정할 수 있는 시스템을 갖추어야 한다.

▌ 충성 · 아이디어경쟁은 빈축 살 것

후반기 국정운영은 전반기 국정기조의 연속선상에서 이루어져야 함은 두말할 필요가 없다. 따라서 대통령 신임받기 차원에서 비롯된 산발적인 아이디어경쟁은 분명 절제되어야 할 것이다.

남북관계를 비롯한 안보정책이나 경제위기 재발방지를 위한 경제정책의 포지션은 분명 당파적 선택영역이 아닌 이상, 정권 후반기라는 특수한 정치역학구도의 변화를 초월하여 일관성있게 조율되어야 한다.

▌ 정권재창출 위한 용병 역할은 아예 생각 말아야

더 나아가서 차기정권에서 마무리되거나 승계되어야 할 정책의제의 선별도 이번 내각의 몫이라는 점을 지나쳐서는 안 된다. 특히나 정파적 쟁점이 뚜렷한 국내정책 사안에 대해서는 선택을 유보할 수 있는 용기를 아끼지 않아야 한다.

1년 반 후의 정권경쟁을 앞두고 해당 분야의 베테랑으로 보강된 이번 내각은 개별 장관의 정치적 성분이 어떻든 간에 그 운영에 있어서는 중립내각의 성격에서 벗어나기 어렵다. 이는 이번 내각이 정권재창출을 위한 가시적 역할은 자제해야 한다는 국민적 시각을 말해주는 것이다. 이런 시각에서 정권재창출을 위한 용병 역할을 자처하는 처신이나 장관직을 자신의 정치적 발판으로 삼는 행태는 국민의 빈축을 살 것이 뻔하다.

정권 후반기를 마무리해야 하는 한계가 있음에도 이번 내각은 난마처럼 얽힌 국정현안의 돌파구를 마련하고 '생활의 질 향상'에 대한 국민적 기대에 부응해야 하는 딜레마에 처해 있음은 부인하기 어렵다. 이런 측면에서 이번 내각은 흩어져 있는 국민에너지를 결집하는 작업이 시급하며 이를 위해 정부정책에 대한 국민적 신뢰와 해외시장으로부터의 공신력을 복원하는 데 주력해야 한다.

아울러 새 내각의 하부구조인 관료제의 무기력을 치유하고 그 역량을 활성화하기 위해 편중인사 시비를 근원적으로 제거함은 물론 활기 있는 공직 분위기를 조성하는 데 세심한 배려를 아끼지 않아야 한다. 곧 있을 후속 차관인사나 공직자 연쇄이동 인사에서 편중시비를 불러일으킬 소지를 없애야 할 것이다.

▌ 주권자인 국민에 대한 의무 이행

많은 국민들은 화려한 이력을 갖고 등장한 장관들이 유종의 미를 거두지 못하고 퇴진하는 모습에 익숙해져 있다. 이런 일이 반복되지 않도록 자신의 화려한 이력에 걸맞는 헌신적인 공익 매진과 철저한 자기성찰 노력에 만전을 기할 때, 임명권자인 대통령과 주권자인 국민에 대한 의무를 이행하는 것이라는 점을 추호도 잊어서는 안 된다.

후반기의 레임덕 현상은 정치적 지역대결구도와 맞물리면서 증폭된 우려가 있을 수 있는 바, 이런 현상이 자칫하면 권력의 속성상 내각의 강공기조를 유발할 여지가 있다. 이런 점에서 이번 내각은 더 없는 인내와 포용을 발휘해야 하며, 이러한 노력이야말로 역설적으로 말해 흩어진 민심을 추스릴 수 있는 방안의 하나라는 점이 결코 과소평가되어서는 안 된다.

새 내각에 대한 고언(苦言)과 비판 못지않게 새 내각이 안정감을 갖고 일할 수 있도록 내각의 경미한 실수에 집착하지 말고 인내심을 가지고 격려하는 성숙한 자세 역시 필요한 부분이라고 본다.

'썩은 칼자루'론 개혁 못한다

금융감독원 직원의 비리에 접하면서

[문화일보 포럼 - 2000.10.31]

06

금융계를 감독할 금융감독원의 일부조직이 '비리의 온상'이었다는 소식에 접한 국민들은 금융당국의 도덕불감증에 경악을 금치 못하며 총체적 혁신이 불가피하다고 생각하고 있다.[7] 많은 사람들이

---

[7] 당시 '정현준 게이트'라고도 불린 동방·대신금고 불법대출 및 로비의혹 사건이 터져 떠들썩했다. 2000년 10월 한국디지털라인(KDL) 사장 정현준 씨와 동방금고 부회장 이경자 씨 등이 수백억 원대의 금고 돈을 횡령한 혐의를 받는 과정에서 정치인과 금융감독원, 검찰간부 등이 개입됐다는 의혹이 제기되었다. 사건의 열쇠를 쥔 장래찬 전 금감원 국장은 10월 31일 스스로 목숨을 끊는 사건이 발생했다. 핵심 관련자들 역시 해외로 도피해 사건의 종말이 제대로 매듭지어지지 못했다. 한편, 시장 감시와 금융기관의 건전성 감독이라는 본연의 임무 외에 기업·금융구조조정의 이행 여부를 점검·감독하는 추진본부의 역할을 담당해온 금감원은 국장이 연루된 뇌물 스캔들이 터지면서 구조조정 작업에 상당한 차질을 겪었다.

이번 사태가 그렇지 않아도 위기적 국면에 처하고 있는 금융시장을 더욱 경색시켜 제2 경제위기의 단초가 되지 않을까 하는 우려에서 벗어나지 못하고 있다.

▌ 부도덕 집단이 구조조정 할 수 있나

'총체적 금융감독'과 '금융구조조정'이라는 쌍칼을 쥐고 출범한 공룡기관이 작금의 도덕적 해이에 직면한 것은 어떻게 보면 결코 우연이 아니다. 왜냐하면 관치금융과 도덕적 해이로 이미 금융기관의 이름을 붙이기 어려울 정도의 난맥상에 절어든 다수 금융기관을 혁파해야 할 금감원이 개혁시대에 걸맞은 도덕 재무장은커녕 최소한도의 직업윤리를 뿌리내리려는 진지한 고민의 흔적도 엿보이지 않았기 때문이다.

이 정부는 대통령만이 준비되었을 뿐 개혁사령탑도 공신력조차 확보하지 못하고 있다. 금융기관과 기업의 생사여탈을 좌우할 수 있는 초강도 권력기관 구성원 한 사람 한 사람이 추상같은 자기혁신에 임하지 않는 한, 그 기관의 종말이 어떠했는가는 옛 중앙정보부의 권력남용, 박종철 군 고문치사 사건, 부산 초원복국집 사건을 예로 들지 않아도 쉽게 짐작할 수 있다.

▌ 금융감독기관은 경미한 도덕적 해이도 없어야

이번 사건에 다수의 선량한 금감원 직원들은 고위직이 연루된 구조적 부패를 원망할지 모른다. 그러나 존립의 생명선이라 할 수 있는 공신력과 투명성, 공정성이 훼손된 이상 이 조직을 동정할 사람은 아무도 없다. 극소수의 경미한 도덕적 해이도 결코 용납될 수 없는 감사기관의 기풍이 견고하게 뿌리내리고 있지 않는 한 '국민의 정부'가 외쳐온 개혁은 구두탄에 그칠 것이다.

미국 연방공무원의 경우, 관련 인사와 불가피하게 회식을 할 경우라도 15달러를 초과할 수 없다는 윤리강령을 지키기 위해 메뉴 선택에 긴장감을 늦추지 않는 모습을 자주 볼 수 있다. 독일 병원의 경우, 의사·간호사의 채용 시 환자로부터 어떤 형태의 유상적 보상을 받더라도 적발 여부에 관계없이 즉시 자동해고된다는 고용계약서에 서약하도록 되어 있음은 작금의 우리 사회에 타산지석이 되고 있다.

금감원 통합·출범시 촉박한 일정을 핑계로, 채용 과정에서 노력적 검증장치가 실종된 채, 옛 기관들의 봉합이 어정쩡하게 이루어졌던 것이 아닌가 반문하고 싶다. 더구나 새 거대조직의 전문성과 안정성 확보라는 구실 아래 끈끈한 금융인맥과 관록, 정치적 안분이 인사배치의 기준이 되었던 것은 아닌지 의구심을 갖게 한다.

금융감독시스템 전면 손질을

 철저한 직업윤리와 개혁마인드가 실종된 전문성은 자칫 자신들의 독점적 지위를 유지하기 위한 방패막이로 악용되어 자신들의 권역 내에서 나눠먹기식 관행이 온존될 수 있는 소지가 있다. 금감원이 쥐고 있는 경제 권력은 외부적 감시시스템이 결여된 채 소위 봐주기식 인사행정과 결부될 경우 재량권의 행사가 일탈될 가능성이 높다는 점은 불 보듯 뻔하다.
 금융가 일각에서 제2, 제3의 사태 가능성이 유포되고 있는 것도 사실 금감원의 취약한 인적구조와 불안정한 감시시스템과 무관하지 않다고 할 수 있다.
 이제라도 경제적 사형선고에 준하는 금융기관 퇴출 등 준엄한 권한에 상응하도록 기관운영의 투명성을 확립하고 중립적 견제기구를 제도화하는 작업이 이루어져야 한다. 무엇보다도 투철한 직업윤리로 무장한 핵심 임직원의 선임과 전보가 보장되도록 통치권 차원의 외풍차단 노력이 수반되어야 한다.
 차제에 공무원도 아니고 민간인도 아닌 애매한 신분을 가지고 있는 금감원 임직원을 전면적으로 공직화하는 방안도 검토해볼 가치가 있다. 이번 사태에 대한 반사적 대응으로서 금감원의 권한축소 또는 일부 권한이양 등이 거론될 수 있으나, 이러한 외과적 처방이 당면한 금융 구조조정 과업에 효험이 있을지 신중한 검토가 요망된다.

▌ 경제정책당국의 조속한 신뢰회복을

 금감원이 소탐대실의 우를 다시 범하지 않기 위해서는 검찰 등 공권력의 외부적 수술에 앞서 뼈를 깎는 자율규제의 노력은 물론이고 금융감독시스템 전반에 대한 리엔지니어링에 착수해야 한다.
 이제 금융위기 가능성에 대한 국민적 우려에 비추어 금감원에 대한 매질에 그치지 않고 금융시장의 조속한 안정을 위한 경제정책당국의 신뢰회복과 더불어 당면한 금융 구조조정이 국가경쟁력 강화의 초석이 될 수 있도록 범정부적 차원의 중지를 모아야 할 시점이다.

'개방형 임용제' 정착되려면

[중앙일보 시론 - 1999.11.17]

정부가 내년부터 실시키로 한 고위공직자 개방형 임용 방식이 서경원 사건 재수사, 이근안 고문수사 등 권위주의 시대의 잔재 정리에 가려져 여론의 관심에서 비켜나고 있는 것이 안타깝다.8) 그러나 이 제도는 그동안 '철옹성'으로 불릴 만큼 견고했던 관료기구의 폐쇄성을 타파하고 역량있는 외부인재 등용의 물꼬를 틈으로써 국민

---

8) 개방형 임용제는 김대중 정부가 출범하면서 추진한 정부개혁 중 하나로 기획예산위원회의 주도로 2000년 2월 실시되었다. 39개 정부중앙기관 실·국장급(1~3급)의 20%, 즉 131개 직위가 개방형 임용직위로 지정되었다. 정부 내 직책을 공개경쟁을 통해 임용하는 것으로, 공직사회의 생산성 제고와 경쟁력 강화를 위한 개방적인 제도로 평가받고 있다. 임용기간은 당초 3년이었으나 퇴직 후 신분보장이 되지 않는다는 문제점이 제기되어 2000년 11월, 5년으로 확대되었다.

적 관심의 표적이 되고 있는 정부경쟁력 향상의 전기가 될 수 있다. 이런 점에서 이 제도의 성공적 정착을 위해 행정부 안팎이 함께 중지를 모아야 할 때다.

▋ '열린 정부'의 초석으로

그러나 이 제도가 담고 있는 전향적 측면에도 불구하고 일부 국민과 공직자들은 과연 이 제도가 공명정대하게 운영되어 명실상부한 '열린 정부'의 초석이 될 수 있을 것인지에 대해 눈길을 떼지 않고 있다. 특히 지역편중 인사에 대한 논란이 그치지 않는 풍토에서 이 제도가 혹시라도 정권의 전리품으로 이용될 수 있을 것이라는 일각의 우려를 불식하기 위해서도 광범위한 인력풀의 활용과 정치권의 영향력 배제, 그리고 투명한 운영 과정이 주도면밀하게 보장돼야 한다.

개방형 임용제도는 다수 고위공직이 이제 더 이상 고시제도와 내부승진 관행, 그리고 내부 경쟁만을 타고 상승부에 진입해온 전통적 기득관료층의 전유물이 아니라는 메시지를 던져주고 있다.

따라서 이 제도의 신선함 이면에는 상당수 공직자들의 미래에 대한 불확실성, 경쟁에 대한 강박관념이 자리잡고 있음을 부인할 수 없다. 이 제도가 안고 있는 반사적 불이익을 상쇄하고 관료제도가 갖추어야 할 최소한의 안정적 기축을 보강하기 위해서는 공무원의 승진 및 경쟁시스템의 재구축과 함께 능력개발 프로그램이 다각도로 탐색돼야 한다.

▌좋던 시대는 끝났다?

개방형 방식을 받아들여야 할 처지에 있는 기존의 공무원들 역시 이제 '공무원 좋던 시대는 다 지나갔다'는 냉소적 자괴심에서 벗어나야 한다. '경쟁'과 '개방'이라는 불가피한 시대적 환경 속에서 자기성찰과 능력배양에 매진할 때에만 공직수행의 윤리적 토대가 마련될 수 있다는 겸허한 공직관의 확립이 요망된다.

앞으로 1~3급 고위공무원의 20%가 개방형 인사로 채워질 공직사회의 조직문화가 쇄신돼야 개방형 인사 방식이 소기의 성과를 거둘 수 있다는 점은 새삼 강조할 필요가 없다. 아직도 우리의 공직사회는 직책과 인간관계가 오묘하게 얽혀질 때 맡은 바 직무를 매끄럽게 수행할 수 있는 측면이 적지 않다.

▌6시 이후의 인간관계가 더 중요?

"오후 6시 이전까지 일을 잘해야 하는 것 못지않게 6시 이후의 인간관계도 중요하다"는 어떤 공무원의 넋두리처럼 소위 '끈'으로 통하는 끈끈한 인간관계의 형성을 중시하는 우리의 조직문화는 개방형 인사의 입지를 좁힐 수밖에 없다. 인간관계로 승부를 거는 풍토가 아닌 본원적인 일로 승부를 거는 조직문화의 정착을 위해서는 현실성있고 객관적인 공직업무 평가 방식의 개발과 아울러 철저한 직위분류제의 도입이 긴요하다.

앞으로 정부부처 경쟁력의 일정한 몫은 개방형 인사를 기존 관료제가 얼마나 대승적으로 감싸안으면서 그들의 역량을 유효 적절히 활용하느냐에 달렸다고 볼 때 기존 관료제의 성숙된 융화노력이야말로 개방형 인사제도 정착의 선결요소라고 말할 수 있다.

▌ 외화내빈의 운영이 되지 말아야

개방형 인사 방식이 내년 중 선을 보인다고 하더라도 다수 개방형 직책에 경쟁할 수 있는 민간인사들의 인력풀이 그렇게 넓지 않아 경우에 따라서는 형식적인 경쟁이나 관료제의 내부경쟁 등 외화내빈의 양상을 띨 수도 있다. 이런 점에서 중앙인사위원회 당국은 개방형 직위에 대한 광범위한 대(對)국민홍보와 아울러 적극적 충원독려 노력에 만전을 기해야 한다.

역대 정권을 통해 '인사(人事)가 만사(萬事)'라는 점을 따갑게

들어왔던 국민은 개방형 인사 도입을 계기로 어느 기업인의 말처럼 한국의 공무원이 3류가 아닌 2류, 1류로 격상되기를 갈망하고 있다. 2000년을 가르는 대(大)전환기에 고위직 공무원뿐 아니라 장관·차관·공기업의 장 등 대통령의 통치권에 속하는 직위들에 있어서도 개방형 인사제도의 취지와 시대정신에 맞게 인사권 행사가 이루어지기를 주권자들은 고대하고 있다.

대통령 할 일 지금부터   08

[조선일보 시론 - 1998.08.26]

이제 김대중 대통령은 '한시적 인기'에서 벗어나
"하늘이 나라 위기를 구하라고 대통령선거에 나를 내보냈다"는
마지막 TV 유세 때의 신념을 다시금 되새겼으면 좋겠다.

경제국난의 와중에 국내외의 주목을 받고 출범한 김대중 정부가 어느 사이 취임 6개월을 맞고 있다. "시작이 반"이라는 말이 있듯이 '준비된' 대통령의 국정운영의 방향을 가늠하기에 충분한 기간이다.

▌ 이제 '6개월 실험' 끝나

김대중 정부 출범 첫 해의 국정과제는 경제난국의 극복을 위한 토대를 엮어내는 일이다. 민주주의 역정에 있어 세계 챔피언 수준인 김대중 대통령이 난파선과 같은 한국경제를 치유·복원하는 데 있어 어떤 지도력을 발휘하느냐를 우리 국민들은 물론 세계시장이 예의주시하고 있다.

'국민의 정부'는 경제난 극복을 위해 최선의 노력을 기울였는가? 한국경제의 회생 가능성에 대한 세계시장의 평가는 얼마만큼 진전됐는가? 이에 대한 평가는 사람에 따라 다르겠으나, 한 가지 분명한 점은 김 대통령 스스로가 내각과 관료들의 수수방관하는 듯한 자세, 그리고 재벌의 이기주의를 질책하고 있다는 점이다.

사실 많은 국민들은 이론과 실무로 무장한 김 대통령이 경제회생을 뒷받침할 국정개혁을 챙기느라 노심초사하는 모습을 미덥게 생각하고 있다. 그러나 대통령의 전방위 노력이 행정부와 정치권의 변화와 개혁을 통해 국정쇄신으로 귀결되고 있는지는 의문이다.

'국민의 정부'는 정책결정의 투명성, 정치력을 통한 문제해결과 모양새 갖추기 면에서 분명 과거 정권에 비해 진일보한 듯한 모습이다. 하지만 현재의 국난에 대응함에 있어서는 그에 못지않게 국가경제의 복원에 필요한 우선순위를 명료하게 선택하고, 선택된 정책목표를 일관된 원칙에 따라 추진하는 것이 무엇보다 중요하다.

▎일관된 정책기조 보여주어야

현대자동차 정리해고 사태처럼 외관상으로 타협의 모습을 갖춘 분규 수습일지라도 국민들은 이러한 수습의 이면에 자리잡고 있는 정부의 일관된 정책기조가 무엇인지 답답해하고 있다. 불가피하게 겪어야 할 일부 국민의 고통을 정치적 이유로 뒤로 미룬다거나 모호한 정책 선택으로 경제주체가 혼선을 겪게 된다면 국정개혁은 표류하게 된다.

아무리 김 대통령이라 할지라도 우리나라의 대통령제가 안고 있는 권력집중과 독선의 습성에서 완전히 벗어나기는 어렵다. 따라서 대통령 스스로 배전의 포용력과 자제심을 갖고 언로를 활짝 열어놓음으로써 정책왜곡이나 불필요한 '정치력' 행사의 여지를 없애는 데 세심한 노력을 기울여야 한다.

▍대통령은 과거의 인연에서 벗어나야

대통령에 당선되기까지의 수많은 인연(인간적, 지역적, 이념적)은 오늘의 김 대통령을 우뚝 솟게 한 원동력임에 틀림없다. 역사에 남는 대통령은 역설적으로 말해서 그러한 과거로부터의 인연을 어떻게 지혜롭게 단절·극복하느냐에 달려 있다. 김 대통령은 이런 인연들을 끊고 모든 에너지를 국가경제 회생의 디딤돌이 될 국정개혁에 돌리는 냉정함을 발휘해야 한다.

▎국난극복을 위한 재출발 보여줘야

　천신만고 끝에 대통령에 당선된 것만으로도 김 대통령의 인간적 성공은 한 시대의 획을 긋는 것이다. 이제 김 대통령은 '한시적 인기'의 덫에서 벗어나 "하늘이 나라 위기를 구하라고 대통령선거에 나를 내보냈다"는 마지막 TV 유세 때의 신념을 다시금 되새겼으면 좋겠다. 국난극복의 시대적 소명을 어떻게 완수할 것인가를 백지상태에서 생각하고 재출발해야 할 시점이다.

09 구상 따로 추진 따로
말만 앞섰던 공기업 개혁

[중앙일보 시론 - 1998.06.24]

▎공기업 개혁 발표에 아직도 반신반의

공기업 부문은 공공 부문 개혁의 성패를 가름할 시금석이다. 정부는 포철, 한국중공업 등 5개 주요 공기업과 이들의 21개 자회사를 내년까지 매각하고, 한전, 한국통신, 담배인삼공사 등은 2002년까지 단계적으로 민영화하겠다는 방침을 밝혔다.

이미 5년 전 김영삼 정부가 출범하면서도 거창한 공기업 민영화 계획을 공표한 적이 있다. 그러나 일부 공기업의 지분매각을 제외하고는 지지부진한 상태를 면치 못했다. 이를 기억하고 있는 사람들은 이번 정부의 공기업 개혁에 대해서도 반신반의하고 있다. 정치권과 행정부가 정치적·관료적 이해관계를 떨쳐버리고 노조의 반발을 극복하면서 공기업 개혁을 끝까지 추진할 의지와 역량을 갖고 있는지에 대해 확신을 갖지 못하기 때문이다.

▌ 말만 앞섰던 지난날의 공기업 개혁

공기업 개혁은 공룡으로 비유되는 공공 부문을 혁파하고 국민경제의 경쟁력을 복원하는 데 선결과제라는 점에서 공기업 개혁의 방향과 내용에 대해서는 이미 국민적 공감대가 형성돼 있다고 볼 수 있다. 따라서 공기업 개혁에 관한 한 구도를 어떻게 짜느냐도 문제지만, 그러한 구도를 어떻게 실천하고 난관을 극복하느냐가 그 요체라고 할 수 있다.

정부투자기관, 정부출자기관, 재정지원기관, 자회사, 공단 등은 불황을 모르는 관료산업군의 외곽으로 정치권·행정부와 함께 '철의 삼각지대'와 같은 공생(共生)관계를 구축하고 있다. 이로 인해 공기업 개혁 과정에서 해당 부처와 정치권은 총론에는 찬성하지만 자기 손가락 자르는 아픔을 감내하기를 거부하면서 해당 공기업과 한편이 돼 '자기 새끼 챙기기' 식으로 감싸고 도는 감이 없지 않다.

이런 상황에서 민영화를 포함한 공기업 개혁의 틀은 기획예산위원회에서 마련하고, 추진을 주무부처에 일임토록 한 것은 과거의 공기업 개혁 실패를 반복하지 않을까 하는 우려를 자아내게 한다. 개혁 구상과 그 추진을 별도의 기구에서 다루도록 하는 것은 마치

'밑그림 따로, 색칠 따로' 식으로 그림을 그려 작품을 망치는 것과 같다.

이해관계를 공유(共有)하고 있는 주무부처로 하여금 산하 공기업의 개혁을 추진토록 할 때 '다음 정권 때까지 버티자'는 식으로 개혁 추진이 지연되거나 축소될 것은 불을 보듯 뻔하다.

▌중립기구가 개혁 집행을

결국 개혁 추진의 성패는 해당 공기업의 이해관계를 초월한 중립적 공기업 개혁추진기구가 개혁의 집행 과정을 얼마나 직접 챙기고 지속적으로 점검하느냐, 그리고 이를 정치권이 제대로 뒷받침해주느냐에 달려있다. 특히 한국적 정치문화 아래서는 대통령이 공기업 개혁에 대한 저항의 바람막이 역할을 자임하고, 개혁 과정을 끝까지 확인하는 리더십을 발휘하는 것이 무엇보다 중요하다.

공기업 개혁을 추진하려면 정부 보유주식의 국내 매각에 집착해서는 안 되고, 해당 기업에 대한 정부의 간섭과 관여를 배제하는 가운데 자율경영에 기초한 책임경영시스템을 구축해야 한다. 특히 전문경영인이 제대로 선임되고, 이들이 정치권의 변화로부터 자유로이 경영혁신에 매진할 수 있는 장치와 여건이 마련돼야 한다.

이와 함께 공익산업 부문에 도사리고 있는 경영진과 종업원의 '도덕적 해이'를 제어할 수 있는 제도적 장치를 보강해야 한다. 가령 적자경영을 면치 못함에도 높은 보수 수준을 유지하거나 빚으로 퇴직금을 지불하는 등 국민들이 납득할 수 없는 일을 방관해서는 안 된다.[9]

김대중 대통령이 투혼을 쏟아부었던 민주화 여정처럼 공공 부문 개혁이 경제적 난국에 처해있는 한국의 새로운 히트 상품으로 세계 시장에 진출할 수 있도록 노조를 비롯한 공기업 당사자들의 슬기로운 대처가 긴요한 때이다.

---

9) 공공기관의 도덕적 해이 중 두드러진 불합리한 보수체계는 이 시작으로부터 10년이 지난 이명박 정부에 이르러 공공기관 선진화 계획의 일환으로 대폭 개선되고 있다.

한국식 공기업 민영화 창조

[한국경제 다산칼럼 - 1998.07.06]

▌김영삼 정부의 실패 전철 밟지 않아야

국민들은 금융 개혁, 재벌을 포함한 기업 구조조정과 함께 공공부문 개혁의 핵심이라고 말할 수 있는 공기업 민영화가 어떻게 전개될 것인지 주목해왔다.

이미 지난 1993년 김영삼 정부가 출범하면서 '신경제 5개년 계획' 구도하의 거창한 민영화계획이 용두사미로 흐지부지 되있던 것을 기억하고 있는 국민들은 혹시라도 이번의 공기업 개혁이 과거의 전철을 밟지 않을까 하는 의구심을 불식하지 못하였기 때문이다.

김대중 대통령이 실무진의 민영화계획 보고를 접하면서 '혁명적(?)' 수준와 발상 전환이 필요함을 강조하면서 자신이 공기업 민영화 추진을 직접 점검하겠다는 의지를 표명한 것은 이번의 민영화계획이 과거의 청사진 제시 수준처럼 호락호락 넘어갈 사안이 아니라는 점을 읽을 수 있는 대목이다.

특히 대통령에 대한 사전보고 과정에서 몇몇 핵심 공기업의 민영화가 추가되었고 민영화 시기가 당초보다 앞당겨졌다는 사실은 이번이야말로 공기업 개혁을 관련 행정부처 등 관료기구에 방치하지 않겠다는 의지의 표현으로 해석할 수 있다.

실천과 세부 추진이 성공의 관건

사실 우리나라의 공기업 민영화 과제는 시장경제의 기조 확산과 대외개방의 물결 속에서 이미 1990년대 전반에 그 밑그림이 그려진 바 있다. 그렇기 때문에 민영화를 중심으로 한 공기업 개혁은 그 구상과 계획보다 실천과 세부 추진이 개혁성공의 관건일 수밖에 없다.

이러한 문제점을 인식한 탓인지, 기획예산위원회는 5개 공기업과 그 자회사들을 즉각 매각하고 나머지 공기업의 경우도 구체적 시간계획을 제시하고 있어 이제야말로 논의만 무성했던 공기업 민영화가 본 궤도에 진입한 셈이다.

▌ 해외매각에 대한 편협한 시각은 배제되어야

　이번 공기업 민영화 방안의 두드러진 특징은 정부보유주식의 과감한 해외매각 개방에 있다고 볼 수 있다. 일부 논자들은 한국경제가 전반적으로 저평가되고 있는 경제위기 상황 속에서 외국자본에게 헐값으로 넘김으로써 경제주권이 침해되는 것이 아니냐는 우려를 제기하고 있다.

　물론 이러한 충정어린 비판에도 귀를 기울임으로써 우리 사회의 다양성을 확인하고 보다 주도면밀한 민영화 방안을 짜내야 할 필요가 있다. 그러나 개방화, 정보화, 세계화가 급속도로 전개되고 있는 시점에서 경영권의 국적이 어디에 있느냐에 집착할 필요가 없다는 점에 대한 인식의 전환이 선행되어야 한다.

　설령 외국자본이 우리의 소중한 공기업의 지분을 확보해서 경영권을 일부 행사한다 할지라도, 그 이면에 외국자본의 참여가 가져오는 국민경제적 이점을 내다볼 수 있는 안목이 간과되어서는 안 된다. 'JAPAN IBM', 'TOYOTA USA'의 예를 굳이 들지 않더라도, 외국자본의 한국기업 진출은 우리의 대응노력 여하에 따라서는 해당 기업의 현지화(한국화)를 통하여 우리의 이익을 극내화할 수 있는 여지가 있다.

▍시장의 생동성과 현지화에 주력해야

 현시점에서 우리에게 긴요한 것은 정부 보유주식의 매각을 통한 외자유치와 재정수입 확보뿐 아니라, 우리 내부의 역량만으로는 변혁의 투입이 힘겨운 선진국의 길들여진 경쟁체질과 경영의 투명성 등 시장의 생동성(vitality)을 한국경제에 접목시켜야 하는 고통스러운 선택이다. 역설적으로 말해서 당장은 우리의 자존심이 손상될지 몰라도 한국경제의 세계화를 촉발함으로써 궁극적으로는 경제위기 극복과 경쟁력의 토대 구축을 앞당길 수 있다는 점에 착안해야 한다.

▍주도면밀함 잃지 않아야

 다만 정부가 스스로 설정한 민영화 시간계획이나 혹시라도 있을 수 있는 강박 분위기에 쏠려 민영화 추진 과정에서 짚고 넘어가야 할 주요 쟁점이나 정책 점검을 놓치는 우를 범해서는 안 된다. '지체하지 않되 주도면밀함을 잃지 않는' 성숙된 추진 노력이야말로 민영화에 부정적인 일부 식자들의 우려를 반감시킬 수 있을 것이다.
 특히 민영화 집행 방식을 마련함에 있어서 특정 선진국의 성공사례에 집착한 나머지 성공의 토양과 여건을 신중히 고려하지 않은 채, 공기업 개혁을 일반적 벤치마킹으로 수용하는 자세는 지양해야 한다. 비록 우리가 어쩔 수 없이 외국의 사례를 배워야 하더라도 한국 경제의 비전과 새로운 역량에 부합하는 민영화의 틀을 창조함으로써, 수년 내로 우리의 민영화사례가 여러 나라들의 벤치마킹 대상이 될 수 있도록 제도경쟁력을 일구어내는 지혜를 모아야 할 때다.

예산기구 개편 재논의해야

[중앙일보 시론 - 1998.02.19]

국민들은 국회가 정부조직 개편안을 다루면서 일부 정파의 정략적 의도에서 국가재정기구의 위상을 혼란에 빠뜨린 데 대해 실망을 금치 못하고 있다. 이번 정부조직 개편에서 가장 이목을 끈 분야는 행정개혁과 재정개혁을 강력하게 드라이브할 수 있는 조직체제를 어떻게 갖추느냐였다.

이중 예산기구는 개악

당초 '정부조직개편심의위'가 성안한 개편안에서는 재정경제원의 예산실을 격상시켜 이 기구로 하여금 행정·재정 개혁을 범정부적 수준으로 추진케하는 것이었다.

이 구상이 국가예산기구의 개편에 있어 최선의 대안인가에 대해서는 논란의 여지가 있을 수 있으나, 그 이면에는 초유의 국가적 경제위기에 직면해 정부활동의 토대가 되는 예산작용에 대한 개혁을 포함, 정부 개혁을 조속히 정착시키기 위해서는 대통령의 강력한 의지와 견고한 제도적 기반이 뒷받침돼야 한다는 판단이 자리잡고 있다.

그런데 대통령 직속의 기획예산위원회와 재경부 산하의 예산청으로 이원화된 최종 개편안은 현행 재정경제원 소속의 예산실을 유지하는 방안보다 개선되기는 커녕 개악(改惡)의 여지가 있다. 왜냐하면 국가예산기구의 이중(二重)구조와 더욱 복잡해진 예산결정 절차로 인해 국민적 개혁의지가 실제 예산편성에 수용되기 어려움은 물론이고 재정운영의 탄력성과 정부 부문의 생산성을 떨어뜨릴 우려가 있기 때문이다.

예산 개혁과 편성이 분리돼선 안 돼

기획예산위와 예산청의 분리 방안이 초래할 수 있는 문제점은 두 가지로 집약할 수 있다.

첫째, 정부 개혁 프로그램과 예산집행의 분리가 외견상으로는 그릴 듯해 보이지만, 예산 과정의 순환적 특성과 '항상 부족할 수밖에 없는' 예산의 특성을 간과한 것이다.

예산은 본질적으로 정책기조, 예산편성·집행·평가 등이 수레바퀴처럼 굴러가는 순환적 특성을 띠고 있다. 따라서 예산 개혁 담당부서 따로, 예산편성 및 집행부서 따로 식의 접근으로는 예산 개혁의 목표가 편성·집행으로 순환되기 어렵다는 점이 간과돼서는 안 될 것이다. 이는 결과적으로 정부 개혁 프로그램의 차질과 재정개혁의 지체를 초래하게 될 것이다.

둘째, 경제위기 상황 속에서 정부활동 그 자체이면서도 정부의 본원적인 정책수단인 예산을 능동적으로 활용하기 위해서는 경제부서와의 유기적 조정이 긴요한 바, 이를 위해서는 대통령의 강력한 지지가 있든지, 아니면 백보 양보해 종전처럼 재경부 소속으로 있는 것이 차라리 나을 수 있다. 그런데 이 두 가지 중 어느 것도 아닌 예산기구의 외청화(外廳化)와 옥상옥으로서의 기획예산위원회 설치는 최악의 선택임이 분명하다.

김대중 차기 대통령은 고질화된 예산구조의 경직성과 정치적 선택으로 이뤄진 기존의 비효율적 사업계획을 타파하기 위한 예산구조의 대청소 작업을 임기 초기에 단행해야 할 것이다. 이러한 작업은 국제통화기금(IMF) 긴급지원에 대응하기 위한 재정의 긴축기조 확산 작업과 맞물려 새 대통령의 위기관리능력의 첫 번째 시험대가 될 것이다.

개혁 위해서는 예산기구 재수술돼야

사실상 선거를 거치면서 추가적 재정수요가 폭주하는 속에서 재정규모를 IMF 요구대로 상당 수준 감축해야 하는 작업은 현행 예산구조에 대한 '혁명적 수준'의 개혁의지가 수반되지 않고는 불가능에 가까운 일이다. 그런데 이러한 절박한 상황 속에서 불안정하고 추진력이 분산된 국가예산기구로 힘겨운 당면과제에 접근해 나가기는 어렵다.

혹자는 설령 조각(組閣)을 늦추는 한이 있더라도 예산재정기구를 다시 바로 잡아야 한다고 주장하고 있다. 성형수술을 했더라도 흉물스러운 모습으로 나타나면 재수술할 수 있는 것처럼, 문제점이 뚜렷이 노정됐다면 이를 시정하는 것이 어설픈 제도개편의 실험을 방관하는 것보다 훨씬 더 국민적 이익에 부합한다는 점을 잊어서는 안 된다.

제4장
'문민정부'의 개혁 어디까지?

"자신을 선택한 국민의 뜻이 과연 무엇이었는가를 냉철히 짚어보면서, 새로운 정부출범에 갈음하는 국정쇄신 노력을 기울여야 한다."

김영삼 정부의
남은 1년… 남은 과제

[조선일보 시론 - 1997.01.13]

▌권력의 영속성에 대한 집착 버려야

올해로 '문민'의 기치를 들고 출범한 김영삼 정부가 만 4년이란 고개를 넘는다. 김영삼 정부는 흘러간 4년과 남아 있는 1년이란 시간의 골짜기 속에서 국정운영을 균형있게 마무리 지으면서도 시간적 한계를 넘어서서 21세기 한민족 공동체의 진로를 설정해야 하는 과제를 걸머지고 있다.

우선 남은 임기 중 '해서는 안 될 일'과 '확실히 할 수 있는 일'을 명확히 구분하고 '할 수 있는 일'의 우선순위를 겸허하게 재점검해야 한다. 이를 위해서 무엇보다도 '권력누수를 허용치 않겠다'는 집착과 퇴임 후 '권력의 연속성'에 대한 미련을 떨쳐버려야 한다.

혹시라도 '권력누수를 용인치 못하는' 노여움이 검찰권과 세무조사권 등 일부 공권력의 선별적 행사로 나타나서는 안 된다. 우리 국민들은 집착과 미련, 그리고 노여움에 사로잡혔던 전임자들이 걸어갔던 길의 끝에 무엇이 기다리고 있었던가를 확실히 목격했다. 가뜩이나 특정지역 편중인사에 대한 일각의 비판이 불식되지 않고 있는 상황에서 대통령이 인사권을 행사할 수 있는 마지막 기회라고 생각하여 행정부, 공기업, 산하단체 등에 빚을 갚는 식으로 자기 사람을 심는다는 오해를 받을 수 있는 인사를 해서는 안 된다.

1980년 초 카터 대통령이 공화당 레이건 후보와 대통령 자리를 놓고 경쟁을 벌일 때, 임기 만료된 맥나마라 세계은행(IBRD) 총재의 후임자를 현직 카터 대통령이 레이건 후보 진영과 협의하여 결정하였던 예는 귀감으로 삼을 만하다. 우리는 전두환 전(前) 대통령이 어이없게도 임기 말에 즈음하여 단순히 '법적' 권한에 기댄 채 대형 인허가사업이나 국책사업을 무리하게 결정하였던 일들을 생생히 기억하고 있다.

▌ 대승적 자세를 통한 개혁 작업 마무리를

공론화 과정이 결여된 채 차기 정부와의 정책 갈등이 뻔히 내다보이는 사업들이 발표·착수됨으로써 정책선택의 혼선과 국력의 낭비를 초래하는 일이 반복되어서는 안 된다. 집권당 총재의 지위를 아울러 가지고 있는 대통령이 차기 정권의 재창출에 의욕을 갖는 것은 지극히 자연스러운 일이다. 다만, 개인적 선호와 낙점에 의한 후계자 선임에 연연한다면, 문민 리더십의 가치를 스스로 훼손하게 될 것이다. 차라리 국민의 뜻에 부응할 수 있는 후보자 선출이 가능토록 공정한 경쟁의 룰을 담보함으로써 지배적 영향력을 지닌 현직 대통령의 프리미엄을 최소화하려는 대승적 노력이 기대된다.

▌ 초반의 개혁의지가 대선 과정에서도 발휘되어야

현직 대통령은 집권당 총재에 그치지 않고 '여야 간 공정한 경쟁의 장'을 마련하여야 하는 국정관리자로서의 막중한 책무를 아울러 안고 있다. '정치자금 수수 거부', '금융실명제 실시', '통합선거법 제정' 등 임기 초반의 개혁의지가 대선 과정에서도 그대로 발현되어, 국민에너지가 순조롭게 결집되는 전통을 확립하는데 소명의식을 발휘해야 한다.

최근 악화일로로 치닫고 있는 경제상황을 어떻게 치유힐 것인가의 과제는 과열될 것으로 전망되는 대선 과정에서 초미의 관심사로 떠오를 것이 분명하다.

이러한 국면에서 정치권이 개별 경제주체들의 뼈를 깎는 체질개선이나 고통분담 노력을 등한시한 채 '표'를 의식한 인위적인 경기

진작이나 무리한 정책 선택의 유혹에 휘말릴 때, 대통령은 이를 제어하는 데 주저함이 없어야 한다.

▍국력 낭비 안 된다

남은 임기를 감안할 때 개혁성 프로그램의 제시나 국면전환용 카드 활용에 통치에너지를 배분해서는 안 된다. 그동안 김 대통령이 선도한 세계화, 교육 개혁, 사회복지 개혁, 노사 개혁 등을 실천 가능한 범위 내에서 차분히 마무리하고, 미완성 부분은 차기 정부 몫으로 돌리는 데 세심한 배려를 아끼지 말아야 한다.

특히 지역 간, 계층 간, 노사 간 갈등을 그대로 차기 정부에 이월해주지 않도록 잔여임기 동안 국민화합 도모에 김 대통령 특유의 결단과 정치력을 발휘하여야 할 것이다.

'정치 개혁' 할 때다

02

[조선일보 시론 - 1997.04.16]

▌ 한보사태에 국민들 좌절

국회 한보청문회를 지켜보면서 울화통이 치밀어 올랐던 국민들은 금품수수 의혹을 받고 있는 정치권 인사들의 표리부동한 태도에 다시금 분노를 삼키지 못하고 있다.10) 한결같이 본인과는 무관하다고 강변하던 소위 '한보 리스트'에 거명된 정치인들이 검찰조사 결과 유관함이 드러나면서 당초의 말을 바꾸거나 변명으로 책임을 모면하려 하고 있기 때문이다.

애당초 정치권 인사들의 신뢰성에 높은 점수를 주지 않았던 국민들이지만, 한보 관련 정치인들이 '정직함'은 고사하고 국민들에게 사과하는 정치적 제스처나 책임을 자처하는 모습을 보여주지 않음에 대해 일말의 기대마저도 허물어지고 있는 형국이다.

한보 의혹을 받고 있는 정치권 인사들의 표리부동한 태도 저변에는 '과연 누가 우리에게 돌을 던질 수 있는가?' 라는 식으로 한보사태의 속죄양이 될 수 없다는 거부감이 깔려있음을 부인할 수 없다. 분명 금품수수 의혹이 사실인지의 여부, 정치자금 명목인지의 여부, 그리고 이들 정치권 인사들이 한보사태의 본체인지 아닌지의 문제는 사법당국이 밝힐 문제이다.

▎거짓말은 정치적 범죄

그러나 설령 금품수수 목적이 정당하고 자신들이 한보사태의 본질과 거리가 멀다고 주장한다고 할지라도 이들의 이의제기가 위기

---

10) 한보사태 청문회는 1997년 4월 7일부터 시작되어 5월 1일까지 진행되었다. 당시 헌정 사상 처음으로 서울 구치소에서 청문회가 TV방송으로 생중계돼 화제를 불러일으켰다. 국회 한보 국정조사특위는 정태수 한보그룹 총회장을 비롯해 거물급 인사 41명을 증언대에 세워 비자금 조성 여부와 당진제철소 건설 과정에서의 정치권 로비 여부 등을 집중 추궁했지만 증인들은 거듭되는 추궁에 침묵으로 대응하는 등 무성의한 태도를 보였다. 한편 김영삼 대통령의 아들 김현철 씨 등 국회의원 4명, 장관 1명, 은행장 3명 등이 구속되었지만 현직관료는 단 한 명도 구속하지 못했다. 당시 홍인길 의원은 "나는 깃털에 불과하다"고 밝혀 수사결과가 미진했다는 여론이 고조되었다.

모면식 거짓말을 결코 정당화할 수는 없다. 오히려 관련 인사들의 거짓말과 남의 탓 돌리기식 변명은 국민대표자로서 갖춰야 할 최소한도의 상식적 요건을 스스로 거부함으로써 대표자에 대한 국민적 신뢰감을 기만하는 또 다른 정치적 범죄를 만들어 내고 있다.

사실상 정치인의 부정직은 자신의 부덕과 명예손상에 국한되지 않고 그들의 광범위한 국정활동을 통해 국민 모두에게 그 비용이 전가된다는 점에서 평균적 국민 수준을 능가하는 정직성의 잣대로 평가되어야 한다. 그럼에도 불구하고 불행하게도 우리 사회가 어느덧 정치인이나 지도층의 '말 바꾸기'에 대해 무감각해지고 있으며, 대표자에게 요구되는 '정직성'의 잣대를 과소평가하는 경향이 있는 것이 사실이다.

▌서독 수상 브란트의 용기 본받아야

닉슨 대통령의 워터게이트 사건을 굳이 예로 들지 않더라도 국민의 대표자나 공직자가 공무수행이나 직업윤리와 관련하여 거짓말을 한 것이 판명될 경우, 반공익적 행위로 간주, 그 직을 떠나도록 하는 등 공직자의 부정직을 용인하지 않고 가혹하게 다스리는 전통이 확립될 때 정치권에 대한 국민적 신뢰가 구축될 수 있다는 점을 잊어서는 안 된다.

서독의 동방정책을 주도하여 독일 통일의 기반을 구축한 바 있는 서독 수상 브란트가 정보당국으로부터 자신의 비서 '기욤'이 동독 출신 간첩혐의를 받게되자, 높은 국민적 지지와 동·서독 화해라는 시대적 소명에도 불구하고 즉각 총리직을 사임했던 예는 지도자의 덕목이 무엇인지를 우리들에게 일깨워주고 있다.

▌사회적 불신비용 너무 커 - '무신불립'의 확립

최근의 한보사태에서 보여주는 정치인들의 부정직한 형태와 식언은 '신뢰라는 사회적 자본'을 잠식하고 있는 것으로 해석된다. 이로부터 비롯된 '사회적 불신비용'은 우리 사회의 발전을 가로막는 장애요인임에 틀림없다.

공자가 무릇 "신뢰가 없으면 일어설 수 없다(무신불립, 無信不立)"고 말한 것처럼 신뢰가 정치·경제 모든 영역에서 국민에너지 결집의 가장 본질적 요소라는 점에서 이번 사건을 통해 정치권의 뼈아픈 자성은 물론이고 신뢰회복에 바탕을 둔 투명하고 정직한 국정운영의 계기로 삼아야 한다.

만일 다수의 실세 정치권 인사가 관련된 것으로 추정되는 이번 사태가 자칫 정치권의 위기를 초래할 수 있다는 우려를 앞세워 이들에 대한 응분의 책임을 희석시키려는 시도가 있다면 정치 개혁의 물꼬를 틀 수 있는 기회를 또 다시 실기(失機)하게 될 것이고, 국민들 역시 이를 결코 좌시하지 않을 것이다.

  이제 다수의 유권자들은 누가 정직하고 거짓말쟁이인지를 똑똑히 기억하여 국민의 신뢰를 저버리는 정치인이 다시는 정치무대에 서지 못하도록 냉철한 마음으로 투표에 임하는 다짐을 게을리하지 말아야 할 것이다.

'지자제 2년' 반성

[조선일보 시론 - 1997.06.13]

▋ 대권 정치의 그늘에 가려져서는 안 돼

민선 지방자치가 출범한 지 2년이 흘렀고, 내년 초 다시 지방선거를 맞게 된다. '생활정치'로 비유되는 지방자치가 후보경선과 대선경쟁 등 소위 '대권(大權)정치'의 그늘에 가려져 여론의 이목에서 벗어나고 있는 양상이다. 혹자는 2000년대 국가의 명운을 짊어질 대통령을 선출해야 하는 마당에 한가롭게 지방자치문제를 들먹일 수 있느냐고 반문할지 모른다.

그러나 이는 대권 중심의 수직적인 통치구도에 익숙한 결과이며 '풀뿌리 민주주의'가 깊게 뿌리 내려질 때 민주주의가 지향하는 자율성과 다양성은 물론이고 국민에너지의 효율적 결집이 용이하다는 점을 과소평가한 것이다. 국가경쟁력 향상에 부합하는 자치제도 개선에 관한 문제는 대선주자들의 국정수행 능력에 대한 국민적 평가 과정에서도 도외시되어서는 안 되는 부분이다.

2년여의 자치 실험 기간을 거치면서 우려했던 '당파성'이나 지역주의가 '지역발전'이라는 주민의 공통이익 앞에서는 무력했다는 사실을 확인할 수 있다. 그나마 임명제 관선시대의 상명하복 위주의 획일적 행정에서 탈피하여 고유의 지역발전을 도모코자 불철주야 '발로 뛰는 노력'을 기울이고 있음은 고무적이다.

그러나 자율적 영역의 협소함, 중앙의 미온적 정책협조와 재원상의 제약, 변화에 대한 관료제의 저항 등 미진한 자치여건에 직면하면서 민선자치가 지역역량을 결집하고 국가발전의 토대를 공고히 함에 있어 만족스러운 입헌적 장치로서 가동되었다고 말할 수는 없다.

국가 목표와 유기적 연계 정착

따라서 내년 지방선거에 앞서 현행제도의 미비점을 보완, 자치여선 개선을 도모할 관련법령을 개정하려면 오는 9월의 정기국회가 마지막 기회라는 점을 간과해서는 안 된다. 자치제도가 제 빛을 발하기 위해서는 중앙의 관여나 우려에 앞서 지방의 자율성을 촉진하되 국가목표와의 유기적 연계가 원활하도록 상호균형적인 관계가 정착되어야 한다.

우선 분명한 자치영역의 설정을 위해 국가와 지방, 광역과 기초 간의 기능배분이 명확히 재정립되어야 한다. 지방자치법의 개정도 중앙과 지방 간의 상호불신을 해소하고, 통제보다는 지원을, 감시보다는 협조를 중시하는 기조 하에서 이루어져야 하며, 지방의 종합적 문제해결능력을 넓힐 수 있도록 지방에 대한 규제가 완화되어야 한다. 중앙·지방 간 기능이 중복됨으로써 국가자원의 비효율적 배분과 정책결정의 마찰이 노정되고 있는 건설교통, 농림, 보사 부문 등에서 중앙·지방 관계의 개선이 긴요하다. 이 기회에 자치 이후에도 계속 증설되고 있는 중앙부처의 특별지방행정기관에 대한 축소가 이루어져야 한다.

중앙의 특별지방행정기관 정비 긴요

지방자치의 깃발을 건 이상 자치에 부합하도록 지방재정제도가 재편성되어야 한다. 일부 국세의 지방 이양을 포함하여 지방교부세, 국고보조금 등 중앙의 지방에 대한 이전 재원이 합리적인 예산배분을 보장하고 지방관료제의 혁신과 지역 간 경쟁을 유발할 수 있는 과감한 제도개편이 있어야 한다.

지방에 자율을 부여하는 만큼 자치단체의 책임과 이를 선의로 담보하는 중앙의 조정장치가 실효성 있게 보강되어야 한다. 전국의 자치단체는 공히 첨단산업, 국제행사, 사회간접자본시설 등을 경쟁적으로 유치하고 있다. 이러한 노력이 지역보유자원의 특성과 지역산업의 비교우위를 고려하지 않은 채 '무엇이든 우선 따고 보자'는 백화점식 추진 양상을 띠게 된다면 국가자원의 낭비는 불 보듯 뻔하다. 이런 점에서 자치단체가 자율조정 또는 중앙정부의 여과를 거침으로써 국민경제적 효율과 지역균형발전의 조화를 가능케 하는 제도적 장치의 마련이 긴요하다.

▎ 백화점식 사업 추진은 지양돼야

내년 선거를 앞두고 현직 단체장들과 지방의원들이 지역사업을 선별하고 예산을 편성함에 있어 선심성 행태를 보일 수 있다는 점에서 외부의 객관적 평가 작업과 지역주민과 언론의 자율적인 견제 활동이 활성화되어야 한다.
여·야 정치권은 단체장과 지방의원의 현행 정당공천 방식이 그대로 유지되는 것이 바람직한지, 무보수하의 과다한 의원정수를 어떻게 개선할 것인지, 그리고 지치단체의 계층구조를 어느 시점에서 축소할 것인지 등 자치제도의 근원적인 과제에 대한 밀도있는 공론화 작업에 임해야 할 책무를 안고 있다.

규제가 정경유착의 뿌리

[주간조선 - 1997.05.15]

지방행정조직 3단계에서 2단계로 축소 조정되어야….

▌아직도 '지배하고 다스리는 정부'에 집착

한국경제가 직면하고 있는 '고비용 저효율'이라는 위기상황 이면에는 비만해진 정부조직과 취약한 정책 관리능력으로 집약되는 정부기구의 총체적 비효율과 무능력이 자리잡고 있다.

문민정부는 출범 초 효율적인 정부 구축을 앞세우며 개혁적 차원에서 정부조직 간소화와 규제완화를 다짐했지만 정부조직 축소는 몇 개 경제부처를 물리적으로 통합한 것을 빼놓고는 구두탄에 그치고 말았다. 또 경제주체들이 체감하는 규제완화가 기대 수준에 못 미친 탓에 또 다시 '규제개혁위원회'를 가동할 정도로 답보 상태에 머무르고 있다.

1960~1970년대 개발경제를 주도한 것으로 자부심을 자랑하던 한국 관료제가 어느덧 가장 뒤떨어진 산업군으로 눈총을 받고 있다. 국가경쟁력 뿌리는 사실상 정부 부문 경쟁력 수준에 좌우된다고 해도 과언이 아니다. 그럼에도 아직 '지배하고 다스리는 정부' 개념에 집착할 뿐 새로운 국내외 환경 변화에 부응, '장려·조장하는 정부'로 전환하지 못하고 있는 실정이다.

불필요 조직이 일과 규제를 만든다

많은 공공경제학도들은 정부를 구성하는 공무원들이 기구 확대와 예산 팽창을 통해 '권력 및 위세 극대화' 목표를 끊임없이 추구한다고 비판하고 있다.

이런 정부 부문 팽창 속성을 차단하고 동맥경화적 정부운영을 타파하기 위해서는 국민적 공감대 형성을 무기로 관료이익과 집단이익을 뛰어넘는 강력한 쇄신의지와 살을 깎는 실천력을 보여줘야 한다. 이런 노력이 미진할 경우 정부 부문 존립 정당성이 훼손됨은 물론이고 민간경제 활력을 결집하는 국민적 과제가 요원할 수밖에 없다.

국민경제 활동과 연계된 지나친 규제기구가 경제주체의 창의와 민간 부문 활력을 고갈시키면서 관·경유착 고리의 뿌리가 된다는 사실은 어제오늘의 이야기가 아니다. 예컨대 재경원의 금융정책실과 은행감독원·증권감독원·보험감독원 등 이중적 감독기구가 금융자원을 효율적으로 배분하는 데 걸림돌이 되는지를 현시점에서 냉철히 평가해봐야 한다.

▎지방행정 구조 3단계에서 2단계로 조정해야

국민들은 한보사태를 지켜보면서 다단계 규제 장치는 멀쩡히 살아있는데 반해 국민경제 목표 설정과 정책수단 선택, 그리고 부문별 갈등을 조정하기 위한 책임있는 조정기구는 과연 가동하고 있는지에 대해 불안해하고 있다.

'중앙정부→시·도→시·군→읍·면·동'으로 연결되는 4단계 행정구조가 개방화·지방화 시대에 있어 의사결정 비용을 가중시키고 권위주의적 정부운영을 조장한다는 문제의식은 행정구조 개편에 있어 새로운 패러다임 정립을 요청하고 있다. 특히 지방자치조직을 현행 3단계에서 2단계로 축소 조정하는 것이 행정을 효율화하는 지름길이라는 점을 그냥 지나쳐서는 안 된다.

점증하고 있는 중앙부처 소속 지방특별행정관청은 '집행 효율화'라는 그럴싸한 명분을 걸고 있으나, 정부조직 비대화는 물론이고 지방자치조직과의 기능 중복 등 비효율적 정부운영의 표본이 되고 있다.

　무릇 불필요한 조직이 국민세금으로 불필요한 일과 규제를 만들어 낸다는 경험에 비추어 정부조직 쇄신은 공공 부문 개혁의 출발점이어야 하며, '정부 규제 혁파'라는 정책목표와 결부되어 지체 없이 착수되어야 한다.

국정감사 본연의 책무

[한국경제 논단 - 1997.10.13]

05

여당의 야권 대통령 후보 비자금 폭로와 관련하여 정치권의 사활을 건 공방이 전개되는 시점에 정기국회의 국정감사가 진행되고 있다.11)

안타까운 것은 국회의원들의 '흔적 남기기식' 질문이나 막연한 질타성 추궁에 치우쳤던 종전의 국정감사가 최근 들어 쟁점사안에 대한 실증적인 문제제기와 대안제시형 비판에 주력하는 등 국정감사가 다소나마 자리를 잡아가는 듯한 시점에 특정 대선 후보를 저

---

11) 한나라당의 전신인 신한국당은 1997년 10월 7일 "김대중 후보가 친인척 계좌로 670억 원의 비자금을 관리하고 있다"고 폭로하고 김대중 후보를 검찰에 고발했다. 이에 대해 김대중 후보는 적극적 대응을 피하던 중 검찰이 10월 20일 '대선 이후로 수사 유보' 결정을 내렸다.

지하려는 정치세력과 이에 맞서는 세력 간의 이전투구식 대결이 국정감사장으로 옮겨온 느낌이다.

사실상 국민의 대의기구인 국회의 국정감사에 관한 한 여야를 구분하는 의미는 그렇게 크지 않다. 왜냐하면 감사원의 감사기능이 존재하고 행정부처 및 주요 공공기관에 내부 감사시스템이 제대로 가동하고 있는 한, 국회의 국정감사는 3권 분립 취지와 국민대표기구의 특성에 맞게 대통령을 정점으로 하는 행정부의 정책수립과 집행상의 부당·위법·미진한 부분을 지적, 향후 바람직한 국정수행의 좌표를 도출하는 입헌적 수준의 국가작용이기 때문이다.

▌ 정쟁 무대로 변질

행정부는 국민직선의 대통령을 정점으로 하고 있더라도 그 운영은 임명직 국무위원과 직업관료제에 의해 이루어진다는 점에서 국회의 국정감사는 이들이 추구하는 자기이익적 행태를 제어하고 이들이 간과하기 쉬운 국민적 공동이익을 투입해야 하는 책무를 시고 있다.

만일 국회의 국정감사가 특정 대통령 후보의 병역문제 시비나 '비자금 조성설' 등 정치적 공방에 휘말려 소모적 정권장악 투쟁의 무대로 활용됨으로써 국정감사의 본질을 외면한다면 국회의 국정

점검의 책임이 유실되며, 이로 인한 대가는 국민들이 치르게 된다는 점을 간과할 수 없다.

나머지 국정감사 기간만이라도 행정부가 추진한 시책에 대한 주도면밀한 사후점검을 통하여 추후 법령의 개폐와 내년도 예산안 심의에 반영함으로써 국정의 질을 한 단계 높이는 데 국회의 역량이 모아져야 한다.

그동안 상임위별 국정감사를 지켜보면서 국정감사가 소관부서가 수행하는 '모든 일'을 사안의 경중을 가릴 것 없이 반복적으로 다루고 있음을 볼 수 있다. 그러나 한정된 시간과 인력을 감안할 때 주요 국책사업이나 쟁점사안에 감사에너지를 집중시키면서 의원별로 분담 영역을 설정, 팀플레이를 구사하는 것이 효율적인 감사의 첩경일 것이다.

이와 같은 효율적인 국정감사가 정착될 경우 무차별적 요구자료와 답변 준비에 전전긍긍하는 대다수 간부직 공직자들의 부담을 줄이게 됨으로써 감사로 인한 행정공백을 최소화할 수 있다.

▎ 국가자원의 비효율적 배분 지적되어야

사실상 감사원이 이미 회계검사와 직무감찰을 종료한 상태에서 국회는 각종 시책과 예산집행의 원천이 되었던 행정부의 정책선택이 과연 국가적·국민경제적 목표에 부합했는가를 검증하면서 정책변경의 가능성을 제기하거나 사업시행의 완급을 판별하는 노력을 전개해야 한다. 막연히 여당이라고 해서 행정부를 두둔하고 야당이라고 해서 비판을 위한 비판을 할 것이 아니다.

국회는 행정부의 차원을 뛰어넘어 그동안 국가자원의 비효율적 배분(지방 공항 등 대규모 국책사업 등)의 뿌리가 되었던 왜곡된 정책선택과 타당성이 미흡한 소관사업을 시정하는데 초점을 맞추어야 한다. 만일 행정부의 왜곡된 정책선택이나 미진한 시책추진이 국회의 감사권능을 거치면서도 시정되지 않는다면 국회는 추후 이로 인한 국리민복의 훼손에 대한 공동책임에서 벗어날 수 없다.

곧이어 착수될 새해 예산안심의와 국정감사가 결코 무관할 수는 없다. 왜냐하면 국정감사에서 지적되는 부적정한 정부활동이 사실상 예산의 과소책정이나 무리한 예산배분에 기인한다고 볼 수 있기 때문이다. 따라서 국정감사를 통하여 확인된 비효율적 자원배분을 예산심의 과정에 반영하는 노력이 긴요하다.

지엽적인 집행문제는 지양되어야

혹시라도 국회의 국정감사가 말초적인 집행 수준의 문제에까지 뻗쳐질 경우 공무원들의 무사안일한 행태를 조장할 우려가 있다.

이런 점에서 적극적 공직수행에 매진하는 공무원들의 사기진작을 위해 옥석을 가리면서 국정감사를 진행하는 성숙된 모습이 뒤따라야 할 것이다.

▌ 시정·개선 사항 문서화 필요

국정감사가 일과성 정치행사에 그치지 않고 국정수행의 권위있는 평가작업과 향후 국정수행의 향도가 될 수 있도록 국정감사 결과 도출된 시정의견과 개선사항을 상임위별로 문서화하고 사후 점검하는 세심한 배려를 아끼지 말아야 한다. 국정감사에 임하는 국회의원들이 행정부를 상대로 호통을 치고 있는 순간에도 그들을 선출한 국민들은 감사활동의 진면목을 엄중히 평가하고 있다는 사실을 잊어서는 안 된다.

지방정부의 경영화

[대전일보 금요칼럼 - 1996.01.05]

▌지역경쟁력이 국가경쟁력의 출발

정보통신기술의 혁신적 발전으로 시·공간의 한계가 극복되면서 단위국가 간 경계와 장벽이 무너지고, 국제화·세계화가 급속한 속도로 확산되고 있다. 이와 같은 국제화·세계화의 물결 속에서 종전의 단위국가 간 경쟁이 점차 '지역단위'의 경쟁으로 전환되고 있다. 또한 경쟁을 제한하는 인위적·제도적 장벽이 제거되면서 경쟁의 무대가 세계로 확대되고 있다.

세계화의 물결이 심화될수록 지역의 경쟁력이 국가경쟁력의 근간을 이루게 된다고 할 수 있다. 이런 점에서 지역경쟁력의 핵심이 되는 지역경제의 활성화와 지방정부운영의 경영화가 지난해 출범한 지방자치의 성공적 정착을 좌우하는 중요한 요소의 하나이다.

지방자치 2차연도를 맞는 시점에서 지역주민들의 기대욕구는 괄목할 만하게 증가할 것이 분명하다. 그럼에도 불구하고 현행 지방자치단체의 재정력이나 주민부담 수준을 감안할 때 기존의 관리 위주의 정태적인 지방정부운영 방식으로는 세계화와 명실상부한 지방화에 효과적으로 대응하기 어려운 실정이다.

따라서 지방자치의 실시가 지역주민들의 '삶의 질'을 개선하는데 보다 적극적으로 기여할 수 있도록 지방정부운영 과정에서 지역의 잠재력을 효과적으로 결집하고, 행정의 효율화를 도모하는 것이 긴요한 것으로 인식되고 있다. 이러한 배경에서 지방정부운영의 경영화 요구의 물결이 거세게 일고 있다.

▎지방정부운영의 경영화 - 공익과 효율의 조화

지방정부운영의 경영화는 종래 관치 행정시대의 타율성, 독점성, 권력성, 경직성, 획일성 기조에서 과감히 탈피하여 자율성, 경쟁성, 탈권력성, 효율성, 탄력성 등의 새로운 가치기준을 추구하는 것이다. 자치시대 정책목표의 설정은 자치기구의 중심적 역할 속에서 정치적 선택을 거치게 되나 이러한 목표에의 접근은 '대안적 사고하에서 우선순위의 설정', '공급비용 최소화', '공공서비스의 시장성 분석', '재원의 사회경제적 비용고려' 등 공익과 효율을 균형있게 배합하는 기조 하에서 이루어져야 한다.

종전의 지방정부 운영의 평가 기준은 공익성과 효율성이라는 두 개의 잣대가 혼용됨으로써 정부운영의 비효율성이 공익추구 노력으로 상쇄되는 경향이 강했다. 그러나 지방정부운영의 경영화를 도모함에 있어서는 효율성을 공익성 추구의 수단적 가치 또는 과정으로 간주하는 이념적 구도의 설정이 필요하다. 즉, 정치적 선택에 의해 이루어진 정책목표 자체가 이미 공익가치를 수용한 것이어서 그러한 공익목표에 접근하기 위해서는 효율적인 정책수단의 배합과 운영이 긴요한 것이라는 인식의 전환이 이루어져야 한다.

▌ 사기업의 이윤추구와는 구분되어야

물론 지방정부운영의 경영화를 도모하는 과정에서 지방자치단체가 수단적 가치로서 효율성에 매진한다 하더라도 사기업 고유의 이윤극대화 목표와는 분명히 구분되어야 한다. 공공 부문의 효율성은 주어진 목표 하에 비용을 극소화하고 지출의 성과를 극대화하는 운영원리일 뿐 아니라, 효율성 추구 결과 이루어진 예산절감 또는 공공서비스의 양적 증대 · 질적 개선은 모두 궁극적으로 지방정부의 구성원들인 주민에게 귀속되는 것이다. 환언하면, 수단적 가치로서의 효율성 추구 자체가 공익목표에 기여하게 된다는 인식을 염두에 두어야 한다.

국민적 기대 수준에 부합하는 지방정부의 경영화가 촉진되기 위해서는 무엇보다도 실천적인 중·장기 사업계획의 수립과 재정계획·운영의 유기적 연계체제가 형성되어야 한다. 특히 민선 자치단체장 재임기간 동안의 지역경제의 구조조정 노력과 경영수익사업의 중·장기적 비전을 담은 실천계획을 수립함으로써 지방정부활동과 이를 뒷받침하는 부담을 예측 가능케 함은 물론이고 합리적인 자원배분의 기틀을 마련하도록 해야 한다.

이를 위해서 과학적인 분석 기법을 활용한 사업의 타당성 분석과 가용재원의 규모를 감안한 사업추진의 우선순위를 설정하는 관행이 제도화되어야 함은 물론이다. 연동계획의 수립과 내실 있는 심사분석제도의 운영을 통한 중·장기 재정계획과 예산편성의 유기적 연계를 지속적으로 도모해야 한다.

▎민간활력의 수용과 지방의 자기혁신 지속적 전개

지역의 민간활력을 수용하는 취지에서 자본·기술·인력 분야에 대한 민간참여의 확대가 이루어지고 민관합동 경영방식이 과감히 추진되어야 한다. 지방화·세계화의 진전은 지방자치단체 또는 지역경제에 위협요소로 등장하게 됨과 동시에 새로운 발전의 기회를 제공하고 있다.

따라서 지방공공서비스의 공급과 지역경제 진흥의 책임을 분담하고 있는 지방자치단체, 지방기업, 지역주민들은 지방화·세계화라는 새로운 변화의 물결이 해당 지역의 정부활동이나 산업활동에 있어서 어떠한 위협요소와 기회요소로 작용하고 있는가를 면밀히 분석하여, 이에 대응해 나가는 자세가 필요하다. 특히 민선자치시대의 장(長)과 중간관리층이 지방화·세계화에 수반되는 도전을 타개해내기 위해서 조직내부운영의 효율화를 이룩해냄은 물론이고 총체적인 자기혁신노력이 지속적으로 전개되어야 한다.

07 기권은 안 된다
1996년 4·11 총선을 맞아

[조선일보 시론 - 1996.04.11]

▎20세기 마지막 총선

이번 총선은 20세기 마지막 총선일 뿐 아니라 내년에 치러지는 대선의 전초전적 의미를 함축하고 있다. 이러한 점에서 4·11 총선을 통한 국민적 선택은 21세기를 향한 국가비전의 정립과 국정방향의 설정, 그리고 향후 권력구도의 형성에 있어 하나의 분수령으로 기록될 것이다.

선거는 무릇 국민의 공통이익을 여과해 국리민복(國利民福)을 실현해야 할 대의기구의 틀을 짜는 국민 모두의 집약적 과업이다. 그러함에도 정치판의 파행에 진절머리가 난 상당수의 국민들은 선거무관심 증후군을 보이고 있는 형국이다.

그러나 국민들로부터 외면받고 경쟁력을 유실(流失)한 대의기구와 정치판은 국민에너지의 효율적 결집을 도모하기는커녕 사회 각 부문의 자생적 발전을 제약할 수밖에 없으며, 결국 그러한 비용이 국민 모두에게 전가된다는 점을 '직시'하면서 선거에 임하여야 한다.

▌기권은 정치 보스들의 지배를 합리화하는 꼴

4류정치를 3류, 2류로 끌어올리는 책무는 유권자인 국민 스스로의 몫이며 선거가 초래하는 사회·경제적 낭비와 정치적 부작용을 상쇄하는 유일한 대안은 바로 유권자의 참된 선택을 통해 경쟁력 있는 정치권을 복원하는 것이다.

만일 많은 유권자가 기권하여 공복선임에 참여할 기회조차 갖지 않는다면 대의기구 구성의 왜곡을 자초함으로써 국민 스스로가 정치불신을 가중시키게 되었다는 비판에서 벗어날 수 없다. 특히 주요 정당의 후보자가 정당 보스에 의해서 일방적으로 선택된 사례가 많아 국민의 대표선임권을 사실상 제약하고 있다고 볼 때, 기권자가 많을수록 보스들의 일방적 낙점이 국민적 선택으로 둔갑하게 되는 결과를 초래한다는 점을 잊어서는 안 된다.

이번 선거가 지난 수차례의 선거에서처럼 마치 유권자의 출신 지역별 호구조사 결과를 방불케 하는 결과가 나와서는 안 된다. 지역감정이나 지연·학연·혈연에 의존하여 국민의 대표자가 되겠다는 사람이 무한경쟁 시대의 복잡다난한 국정을 향도할 수 없음은 자명하다.

▎ 후보자의 행동과 실천력 검증해야

유권자들은 후보자가 지금 내세우고 있는 '말' 뿐 아니라 과거의 '행동과 말'을 검증해야 하며 후보자의 머리(합리적 판단력)와 마음(공직에의 열정)은 물론이고 그 실천 능력을 종합적으로 판별하여야 한다.

유권자들이 상대적으로 바람직한 후보자를 식별하는 최소한의 요건은 과거 반(反)공익적 행태를 보였거나 보스에 대한 맹목적 충성과 보스로부터의 신임을 근거로 자신이 지역현안을 일거에 해결할 수 있다고 장담하는 후보를 배제하는 것이다.

병역관계가 불투명한 사람, 국가발전을 외치면서 세금은 한 푼도 내지 않은 사람, 공직을 이용하여 사리를 취한 적이 있는 사람들이 공직에 진입하는 것을 적극적으로 막아야 한다. 관변단체를 맴돌면서 입신한 사람, 생산적 활동무대에서는 도저히 뿌리를 내리지 못하고 공직진출이 자신의 유일한 취업기회라고 믿으며 사생결단으로 선거에 임하는 후보는 국가적 공동이익 실현에 매진하는 일꾼이 되기 어렵다. 특히 당선 후 자신의 의원직 수행에 의거한 반대급부

약속을 빌미로 선거자금을 조달한 사람은 분명 당선 후의 정책선택이나 입법활동이 왜곡될 것이기 때문에 경계해야 할 후보이다.

가장 바람직한 후보는 국정현안 해결의 우선순위를 진솔하게 제시하면서 재원대책의 청사진을 유권자에게 보여주는 사람일 것이다. 다수의 굵직굵직한 사업을 공약하는 후보보다는 현재의 조세부담 범위 내에서도 우선순위를 재조정하고 국민의 편익을 증진시킬 수 있는 소박한 방안을 찾아내는 후보가 국가예산의 효율적 관리자로서 보다 적합할 수 있다는 점이 간과되어서는 안 된다.

▌ 비쇼베츠 축구 감독의 성공사례 배워야

유권자들이 후보자의 선거유세를 접하면서 후보자의 순발력이나 재치에 의존해서는 안 되며 원맨쇼에 능숙한 사람이 인내심과 진솔함을 요구하는 의정활동에 적합하다고 말할 수 없다. 유권자는 후보자가 과연 정부가 '해서는 안 될 일'에 대해서도 명확한 신념을 가지고 있는지, 더 나아가서 '정부가 꼭 해야만 될 일'을 어떤 순서에 따라 어떻게 잘 할 것인가를 유심히 관찰해야 한다.

지난 올림픽 축구 예선전에서 수위로 진출권을 따내는 데에는 한국 사회의 고질적 지연·학연·혈연으로부터 아무런 연결고리를 가지지 않은 비쇼베츠 감독의 선임과 무관하지 않다는 일부의 평가는 한국정치가 이번 선거를 통해 지역감정 등 귀속적 선택기준으로부터 벗어날 수 있는 하나의 유용한 시사점이 될 수 있을 것이다.

ASEM 개최의 의미

[조선일보 시론 - 1996.06.06]

▌국제정치 · 경제적 위상 제고의 전기

오는 2000년 개최되는 아시아 · 유럽정상회의(ASEM) 서울 개최의 시대사적 의미와 국민경제적 효과는 괄목할 만하다고 할 수 있다. 아시아경제권 선두주자의 하나로서, 유럽의 선진산업국가들이 주축을 이루는 경제협력개발기구(OECD)가입을 앞두고 있는 한국이야말로 유럽경제권과 아시아경제권을 접목시킬 수 있는 역할을 수행하는 데 적임국가의 하나라고 볼 수 있다.

이런 점에서 ASEM회의를 단순히 30여 개국 정상이 참석하는 양적 · 이벤트적 의미에 국한해서는 안 되며, 유라시아경제권 내 동서 간의 가교적(架橋的) 역할을 확인 · 확산시킴으로써 한국의 국제

정치적·경제적 위상을 확실히 한 단계 올릴 수 있는 현장이어야 한다.

이와 같은 기념비적 현장을 자임(自任)하고자 그동안 6개 지역이 치열한 각축을 벌인 결과 대규모 회의시설과 숙박시설의 수용능력과 채산성 그리고 공항여건 등에서 상대적 우위를 지니고 있는 서울이 개최지로 결정됐다.

특히 국제행사를 정권홍보용이나 대외과시용으로 활용하고자 했던 과거 권위주의 시절에서는 찾아볼 수 없었던 민간자문위원회의 자율적 심사 과정을 거쳐 ASEM 사업주체로서 민간단체인 무역협회가 선정됐음은 우리의 총체적 민간 역량의 신장을 확인해주는 것이다.12)

▌ 서울 개최의 불가피성과 지방에 대한 배려

다만 'ASEM 2000' 유치를 지역발전의 전기로 삼고자 했던 제주·경주를 포함한 5개 지역 주민의 여망이 무산된 점은 ASEM 서울 개최 결정이 갖는 반사적 상처임에 틀림없다. ASEM 지방 개최는 해당 지역의 발전 잠재력을 점화할 수 있는 전기가 될 뿐 아니라

---

12) 필자는 민간자문 위원회 위원 및 간사로서 선정 작업에 참여하였으며, 최종 개최지를 발표한 바 있다.

수도권 중심의 국토불균형 개발구조를 극복하기 위한 정책의지를 상징적으로 보여줄 수 있다는 점에서 개최의 타당성이 인정될 수 있었다.

이와 같은 지방 개최가 함축하는 이점에도 불구하고 서울 개최로 귀결된 것은 3년여밖에 남지 않은 기간 중에 국민부담을 최소화하면서 ASEM의 차질없는 개최가 보장돼야 한다는 현실적 당위성이 우선적으로 고려됐기 때문이다. 이와 같은 서울 개최 결정의 취지를 살리기 위해서는 인·허가문제 등과 관련해 서울시의 대승적(大乘的)지원이 긴요함은 물론이고 컨벤션센터 인근 주민을 포함한 서울시민의 성숙된 고통분담 노력이 수반돼야 할 것이다.

차제에 '국토균형발전'이라는 장기적 정책목표에 의거, 정부는 지역발전의 전기를 찾고자 노심초사(勞心焦思)하고 있는 해당 지역 주민의 여망을 감안해 해당 지역의 특성에 부합하는 회의장 및 관련 부대시설의 건설을 촉진하고, 각종 국제회의를 유치할 수 있는 여건조성 노력을 아끼지 말아야 하겠다. 이런 점에서 고위 실무자 회의, 분야별 각료회의, 비즈니스 포럼 등 ASEM 관련 부속회의, 아·태 경제협력체(APEC)정상회의, 세계무역기구(WTO)각료회의 등 주요 국제회의를 이번 ASEM 유치 희망지역에 분산 개최토록 한 준비위원회의 건의는 조속히 가시화(可視化)돼야 할 것이다.

성공적 개최를 위한 국민·정부·기업의 노력

좋은 무대가 만들어졌다고 해서 훌륭한 연극이 될 수 없듯 ASEM 회의라는 찬란한 무대가 성공적인 개최를 보장하는 것은 아니다. 성공적 개최는 우리의 국가이익에 부합하는 주도면밀한 의제 설정 노력은 물론 정상회의를 통해 유럽·아시아 간 경제적 공통이익을 얼마나 효과적으로 도출하느냐에 달려 있다.

개최국인 한국이 이해관계와 경제적 여건이 제각기 다른 아시아·유럽 제국의 현안을 균형있게 다루면서 한국경제 세계화의 또다른 전기가 될 수 있도록 정부·민간의 면밀한 노력이 진행돼야 할 것이다.

서울무역센터의 컨벤션센터가 치솟는 것처럼 국내의 각종 난제를 지혜롭게 풀어나가는 내실화의 토대 위에서 우리 역량을 결집하는 노력이 더욱 뚜렷해져야 할 것이다.

09 뽑아선 안 될 후보들

[조선일보 시론 - 1995.06.21]

▌과거의 언행 검증

이번 실시될 지방자치선거는 세계화로 향하는 명실상부한 지방화 노력의 출발점이라는 점에서 유능한 후보를 우리 지역의 공복으로 선출하는 국민적 축제가 되어야 한다. 국민적 기대에 부응하는 자치단체장과 의원들을 선출하는 것은 바로 유권자의 몫이다. 만일 많은 유권자가 기권함으로써 공복선임에 참여할 기회조차 갖지 않는다거나, 자치시대의 지방을 이끌어 갈 적임자가 누구인지를 냉철히 판단하지 않고 투표에 임한다면, 주민의 머슴이 아닌 지역의 '주인'이 군림하게 될지도 모른다.

선거철을 맞아 후보자들은 '말의 잔치'를 벌이고 있다. 유권자들은 후보자의 '입'에 귀를 기울이되, 그 내용이 참된 것인지를 파악하려는 노력을 아끼지 말아야 한다. 이번 선거가 마치 유권자의 출신 지역별 호구조사 결과를 방불케하는 결과가 나와서는 안 되며, '지역의 맹주'를 옹립하는 무대여서도 안 된다. 더군다나 일부 지역이 특정 정당의 철옹성이 되어서는 안 된다.

수조 원을 육박하는 국민경제적 선거비용을 상쇄할 수 있는 유일한 대안은 마치 병아리 감별사가 앞으로 부화할 달걀을 감별하는 심정으로 과연 우리 지역의 살림을 바르게 이끌어 갈 충실한 공복이 누구인지를 판단하여 투표에 임하는 것뿐이다. 그러기 위해서는 유권자들은 후보자가 지금 내세우고 있는 '말' 뿐 아니라 과거의 '행동과 말'을 검증해야 한다. 아울러 후보자의 머리(합리적 판단력)와 마음(공직에의 열정)은 물론이고 실천능력을 종합적으로 판별하여야 한다.

유권자들이 참된 후보자를 식별하는 첫 번째 해법은 반(反)공익적 행태를 보였거나 "나만이 이 지역의 유일한 대안"이라고 자처하는 후보자를 철저히 배제하는 것이다.

▌반공익적 인물배제

혹시라도 출마지역의 모든 현안을 빠짐없이 열거하면서 임기 내에 해결하겠다는 '봉이 김선달식' 공약주창자는 어떤 문제 하나에도 확실하게 접근할 수 없는 후보라는 점에서 논의 대상이 될 수 없다. 차라리 감표의 위험을 무릅쓰더라도 지역문제를 해결하기 위해서는 주민들에게 고통분담을 호소하는 후보를 밀어주어야 한다.

가장 바람직한 후보는 지역문제 해결의 우선순위를 진솔하게 제시하면서 재원대책의 청사진을 유권자에게 보여주는 사람일 것이다.

▌'허풍공약' 경계를

다수의 굵직굵직한 사업을 공약하는 후보보다는 현재의 예산규모 내에서도 우선순위를 재조정하고 주민의 편익을 증진시킬 수 있는 소박한 방안을 찾아내는 후보가 '생활정부'의 관리자로서 보다 적합할 수 있다는 점이 간과되어서는 안 된다. 지방의 현안문제를 중앙정부의 힘을 빌려 해결하겠나거나 인근 지역과의 갈등을 '주민의 힘'으로 풀어보겠다는 후보는 균형과 타협이 중시되어야 할 자치시대의 대표자로서 부적합하다.

유권자들이 후보자의 신문대담이나 TV토론, 선거유세를 접하면서 후보자의 순발력이나 재치에 의존해서는 안 된다. 유권자는 후보자가 과연 '지방정부가 해서는 안 될 일'에 대해서도 명확한 신념을 가지고 있는지, 더 나아가서 '지방정부가 꼭 해야만 될 일'을 어떤 순서에 따라 어떻게 잘할 것인가를 유심히 관찰해야 한다. 자치문화가 아직도 척박한 우리나라에 있어 이번의 지방자치선거가 결코 국민적 실험의 대상이 될 수 없다.

일부에서 우려하는 지방자치의 시행착오를 줄이고 지방자치를 정치발전과 국민경제의 구조조정에 순조롭게 접목시키는 책임은 유권자들의 한 표 한 표에 달려있다. 선거참여의 포기나 '잘못된 선택'에 대한 대가는 국민들이 스스로 치러야 된다는 점을 결코 잊어서는 안 된다.

경쟁력의 출발점

[조선일보 아침논단 - 1995.07.15]

10

세계화를 지향하는 우리의 국정목표 하에서
지방화는 세계화의 수단적 가치일 뿐 아니라
우리 사회의 본질적 문제해결 능력을 향상시키기 위한
목표적 가치를 함께 포함하고 있다고 말할 수 있다.

▎지방화는 세계화

지방자치선거 직후에 발생한 삼풍백화점 참사는 4대 지방선거 결과를 냉철하게 평가할 기회를 봉쇄하고 말았지만 이제부터라도 지방자치가 지방화·세계화를 향한 하부구조로서 국민적 기대에 부합하도록 향후 지자제의 원활한 정착을 위한 범국민적 지혜가 탐색되어야 할 시점이다.

정보통신기술의 혁신적 발전으로 시·공간의 한계가 극복되면서 단위국가 간 경제와 장벽이 무너지고, 국제화·세계화가 급속한 속도로 확산되고 있다. 이와 같은 국제화·세계화의 물결 속에서 종전의 단위국가 간 경쟁이 점차 지역(지방)단위의 경쟁으로 전환되고 있다.

경쟁을 제한하는 인위적·제도적 장벽이 제거되면서 경쟁의 무대가 세계로 확대되고 있다. 세계화의 물결이 심화될수록 지역의 경쟁력이 국가경쟁력의 근간을 이루게 된다.

특히 지방자치가 출범한 시점에서 지역경쟁력의 핵심이 되는 지역경제의 활성화와 지방정부운영의 경영화를 위한 가시적 노력이 전개되어야 한다.

세계화의 출발점이 지방이며, 세계화 노력의 현장 자체가 지방이라는 점에서 지방화와 세계화를 동일선상의 흐름으로 파악하려는 시각이 필요하다. 즉, 세계화를 지향하는 우리의 국정목표 하에서 지방화는 세계화의 수단적 가치일 뿐 아니라 우리 사회의 본질적 문제해결능력을 향상시키기 위한 목표적 가치를 함께 포함하고 있다고 말할 수 있다.

지방화는 경제주체들의 활동의 토대가 되고 주민들의 삶의 기초가 되는 지방의 본질적이며 구조적인 능력을 향상시키는 과제로 집약할 수 있다. 특히 자기확신이 가장 뚜렷한 단위가 지방이라고 볼 때 우리 사회의 본질적인 능력을 향상시키는 출발점이 바로 지방화라고 정의할 수 있으며, 이런 맥락에서 지방자치의 발전 방향을 다루는 시각이 긴요하다고 볼 수 있다.

그렇다면 지방화와 지방자치와의 관계는 어떠한가? 지방화와 지방자치가 동일한 것은 아니며 흔히 풀뿌리 민주주의라고 칭해지는 지방자치는 중앙·지방관계의 측면에서 분권화의 룰을 만듦으로써 지방화의 계기를 만드는 하나의 제도적 장치라고 볼 수 있다.

▍ 자활의 토대강화

지방화는 이와 같은 분권화를 기초로 경제적인 측면에서 해당 지역이 자활할 수 있는 토대를 더욱 강화하는 자생화의 측면을 포함하여야 할 뿐 아니라 다원화·고유화라는 문화적·사회적인 가치도 포함되어야 한다. 더 나아가서 주민후생의 측면에서 생활의 질을 높일 수 있는 복지화 문제와 의사결정의 자율화도 포함하는 개념으로 이해하는 것이 필요하다.

이와 같이 지방화·세계화 시대가 본격적으로 전개되면서 단위지역의 정체성이 높아지는 가운데 독자적·자율적 운영단위로서 지방자치단체의 중요성이 부각되고 있다. 지방화·세계화는 지방에 있어서 경쟁의 범위와 수준을 더욱 확대시키고 있다.

기업과 민간자본 등을 유치하기 위한 지치단체 간 경쟁이 보다 치열하게 전개될 뿐 아니라 그 범위가 세계적 수준으로 확대되고 있다. 지역경제의 경쟁 대상이 세계적 수준으로 확대됨에 따라 이제는 단순히 국내에서 비교우위를 유지하는 것만으로는 지역산업의 경쟁력을 확보할 수 없고, 세계적 수준에서의 비교우위를 유지

할 수 있어야 한다. 그야말로 세계적 일류상품, 일류산업만이 경쟁력을 확보할 수 있는 것이다.

결과적으로 지방화·세계화의 진전은 지방자치단체 또는 지역경제에 위협요소로 등장하게 됨과 동시에 새로운 발전의 기회를 제공하고 있다.

따라서 지방공공서비스의 공급과 지역경제 진흥의 책임을 분담하고 있는 개별 지방자치단체, 지방기업, 지역주민들은 지방화·세계화라는 새로운 변화의 물결이 해당 지역의 정부활동이나 산업활동에 있어서 어떠한 위협요소와 기회요소로 작용하고 있는가를 면밀히 분석하여, 이에 대응해 나가는 자세가 필요하다.

▌ 자발적 노력 필요

더 나아가서 지방자치의 실시가 국가발전의 초석이 되는 명실상부한 지방화로 당연히 귀결되는 것이 아님은 물론이고 중앙집권적 행정체계 하에서 야기된 제반문제의 자동적 해결장치로 여기는 안일한 시각에서 벗어나야 한다.

다만 지역주민 스스로의 결정에 의한 해결의 장(場)이 새로이 마련되었다는 인식 하에 자발적인 문제해결 노력과 성공적인 자치정부 운영을 가능케 하는 토양을 가꾸는 지혜가 모아져야 한다.

특히 지방정부 운영이 중앙정치의 연장선상에서 향후 권력구도의 진입으로 이용된다거나 지역할거주의의 원천이 되는 등 생활정부로서의 본질이 훼손되지 않도록 국민적 관심이 지속적으로 경주되어야 할 것이다.

집권 후반기의 과제

[조선일보 아침논단 - 1995.08.19]

▎국민기대에 못 미친 문민정부

김영삼 대통령의 집권 후반기는 OECD(경제개발협력기구)에 가입하여 세계경제 무대에서 국가경쟁력을 검증받기 시작하는 시점이다. 이런 만큼 향후 대통령의 정책선택과 국정운영의 결과는 태양력 상의 2년 반에 그치지 않고 2000년대 한국의 정치·경제적 좌표에 결정적인 영향을 주게 될 것임은 자명하다.

그동안 정권창출의 뿌리가 되었던 군문(軍門)과는 거리가 먼, 아니 그들과 20여 년 가까이 투쟁하면서 정치적 입지를 다진 김영삼 후보가 대통령에 당선되었다는 사실만으로 국민들이 문민정부의 출범에 유례없는 기대를 걸었던 것은 아니다.

문민 출신 대통령의 탄생 자체는 당연한 시대적 흐름의 결과로 받아들였다. 정통성 시비에서 자유로운 문민 대통령이야말로 과거의 무소불위의 권위주의적 대통령 시절과는 판이하게 구별되는 국정운영 방식을 통하여 국민적 역량을 효율적으로 결합함으로써 국가발전의 새로운 전기가 마련될 것이라는 국민적 기대가 오히려 문민정부 출범에 대한 자부심의 원천이었다.

문민정부 출범 2년을 경과하면서 출범 직후의 국민적 지지가 하강곡선을 그리면서 급기야는 지방선거 패배로 압축되는 일부 민심이반 조짐을 보이게 되었다. 이는 대통령의 정치자금 수수 근절, 공직자 재산공개, 금융실명제, 부동산실명제로 이어져온 일련의 기념비적 개혁조치의 본질 자체에 대한 국민적 반발의 결과라고 단정지어서는 안 된다. 오히려 대통령의 정책추진 방식이나 과정, 대외정책 분야에서의 정책선택의 혼선, 한정된 인력풀을 벗어나지 못한 인사정책을 비롯한 국정운영 스타일과 알맹이 없는 정책 산출 등이 문민정부에 걸어왔던 국민적 기대수준에 미치지 못했기 때문이다.

이제 집권 후반기를 맞은 김영삼 대통령은 세계화, 일류국가 진입, 국민화합, 통일시대의 개막, 복지국가 건설, 교육입국 등 국민들에게 제시해온 화려한 국가비전과 총론적 국정과제들을 어떻게 내실있게 추진할 것인가에 대한 구체적인 실천방안과 면밀한 시간계획을 마련해야 하는 책무를 안고 있다.

▮ 인재등용 벽 없애길

 이제 더 이상의 상징성 구호나 국면전환용 카드 활용에 통치에너지를 배분해서는 안 되며, 남은 임기 중 할 수 없는 일과 확실히 할 수 있는 일을 명확히 구분하고 할 수 있는 일의 우선순위를 겸허하게 재점검하는 데 배전의 노력을 기울일 때다.
 대통령의 중차대한 국가적 책무에 비추어 볼 때, 퇴임 후의 보장이나 특정 그룹에 대한 선호에 집착한 나머지, 자신의 낙점(落點)에 의한 차기 정권의 창출에 연연함으로써 국정운영에 부담을 주어서는 안 된다.
 인재등용의 진입장벽을 허물고 집권당의 구조를 리엔지니어링하는 등 철저한 자유경쟁의 토양을 확립함으로써 예측 가능한 리더십의 형성과 정치인력의 질을 한 단계 높이는 데 매진해야 한다.
 남북정상회담 개최 등 남북화해의 물꼬를 트는 작업과 더불어 점차 확산의 조짐이 보이는 지역대결을 치유하고 사회·경제적 계층 간 갈등을 풀어나가는 등 대한민국 내의 동질성을 복원하는 과업이 결코 국정운영의 우선순위에서 벗어나서는 안 된다.

▮ 진정한 민의를 알아야

 이를 위해서 이미 출발한 바 있는 교육 개혁과 사회개발 개혁, 그리고 이를 뒷받침할 수 있는 재정·세제 개혁이 김 대통령 임기 중에 가시화될 수 있도록 국민적 에너지를 결집하는 작업에 박차를 가하여야 한다.

국민들은 의회주의자로 자부하던 김 대통령의 원내총무시절 YH사건[13]과, 국회의원 제명시에 의연했던 대도무문(大道無門) 야당총재의 모습을 아직도 생생히 기억하고 있다. 흉금을 털어놓고 진언해도 끝까지 귀를 기울이리라는 열린 마음과 '오빠'라고 불러도 불경이 되지 않을 것이라는 친근감이 국정운영에 투영될 것으로 기대했다. 그러나 우리나라 대통령제가 내포하고 있는 숙명적 권력집중은 김영삼 대통령의 이러한 정치적 자산을 포위하고 있는 양상이다.

대통령이 과거의 정치적 경쟁자도 솔선하여 선의의 파트너로 수용할 수 있는 정치력을 보여야 한다. 재벌회장[14]의 4류정치, 3류행정이라는 비판에 괘씸죄는커녕 오히려 기업활동을 격려하는 포용력을 몸소 실천해야 한다. 이러한 자세는 분명 문민정부운영의 활력소로 작용할 것이다.

---

13) YH사건은 가발수출업체인 YH 무역 여성 근로자들 170여 명이 회사폐업조치에 항의하여 마포구에 위치한 신민당 당사에서 농성시위를 벌인 사건이다. 시위는 1979년 8월 9일부터 3일간 이어졌으며 마지막 날인 8월 11일 아침, 경찰이 강제 해산하는 과정에서 여공 1명이 추락사하였다. 이 사건을 계기로 김영삼은 당 총재직과 국회의원직에서 강제로 제명되고 가택연금되었다.

대통령의 선임은 국정운영에 대한 무조건적 백지위임이 아니다. 김영삼 대통령은 지방선거의 패배를 출발의 전기로 삼아 문민정부의 대표주자로서 자신을 선택한 국민의 뜻이 과연 무엇이었는가를 냉철히 짚어보면서, 새로운 정부출범에 갈음하는 국정쇄신 노력을 기울여야 한다.

---

14) 이건희 삼성그룹 회장은 1995년 4월, 베이징 특파원들과의 간담회에서 "한국의 경제는 2류, 행정은 3류, 정치는 4류"라는 이른바 '베이징 발언'으로 큰 반향을 일으켰다. 이러한 발언은 정관계에서 별로 달갑게 받아들여지지 않은 것으로 보인다. 국세청은 이 회장의 한남동 자택 주변 부동산을 삼성그룹이 대거 매입한 것과 관련해 부동산 투기 및 변칙매입에 관한 진상조사를 벌였고, 삼성그룹에 대한 은행 대출도 일시적으로 중단되었다. 또 삼성은 영광원전 5·6호기 건설의 응찰에서도 제외되었고, 미국 텍사스 반도체 공장 설립도 일시 중지되었다.

선거 앞두고 인물 뽑아가기 12

외화내빈(外華內貧) 없어야

[조선일보 아침논단 - 1995.10.09]

▌보수적 중산층 구미 맞추기

내년 총선을 앞두고 주요 정당은 중산층 이익의 대변을 자처하는 등 국민들의 구미에 맞는 달콤한 정책개발을 통해 민심 끌어안기에 안간힘을 쏟고 있으면서 총선에 내세울 인물 뽑아가기 경쟁을 벌이고 있다.

이와 같은 정책과 인물경쟁이 국가의 비전과 국정방향을 둘러싼 공정한 경쟁의 틀 속에서 지방선거를 통해 재확인된 지역분할 구도를 뛰어넘기 위한 뼈아픈 자기성찰의 결과라면, 분명 정치권의 질을 한 단계 높이는데 기여할 수 있을 것이다.

그러나 경쟁의 이면에 3김(金) 지역분할 구도와 어우러진 정권

창출에 대한 양보할 수 없는 집착이 자리잡고 있어 정치권이 국력의 전향적 결집에 앞장서기는 커녕 오히려 국가발전의 짐이 되고 있다. 특히 그러한 경쟁이 3김(金)의 무제한적(?) 영향권에서 벗어난 수도권 등 일부 지역과 소위 보수적 중산층을 끌어안기만 하면 박빙의 승리를 거둘 수 있다는 약삭빠른 강박관념에서 비롯된 것이 아닌가 하는 느낌을 떨쳐 버릴 수 없다.

주요 정당들의 정책기조는 급진적이지 않고, 보수적이지도 않으면서 개혁은 안정적이며 점진적인 것으로 추진한다는 것이다. 여권은 개혁보완이란 명분으로 이미 개혁의 목표와 속도를 재조정하고 있고 상대적 진보와 변화주도의 이미지를 보여왔던 야권도 보수·안정 쪽으로 역류하는 모습을 보이는 등 정당 간 정책기조의 차이가 희석되어가고 있다.

▌면피용이 아닌 차별화된 정책대안 제시돼야

이러한 애매모호한 정책기조는 양대(兩大)선거를 앞두고 어느 계층에게도 미움을 받지 않겠다는 고육지책임을 이해할 수 있다. 그러나 고통분담을 수반하지 않고 다수 국민을 동시에 만족시킬 수 있는 정책은 존재하기 어렵다고 볼 때 면피용에 기울어지고 있다는 인상이 짙을 뿐 미래지향적인 국가비전의 제시나 적극적인 구조개혁 노력이 미흡하다고 할 수 있다. 정책경쟁의 본질은 공감대가 형성된 국민적 과제에 어떻게 접근해야 하는가의 방법론 측면에서 차별화될 수 있는 정책대안 제시에 주어져야 한다. 주요 정당이 제시하는 정책 컬러의 퇴색은 국민들의 메뉴 선택의 여지가 적어 역설적으로 투표의 지역성향이 더욱 심화될 우려가 있다.

이러한 상황에서 표를 의식해 특정 지지계층이나 일부 국민에게 시혜적 정책 아이디어(세금감면·지역개발 공약 등)가 속출할 경우 일관성을 결한 국정운영과 정책선택의 혼선은 불 보듯 뻔하다.

▍ 정책 컬러 차이 없어

한편 신진 인사의 정치권 대거 영입은 차기 선거에서 승기를 잡기 위한 책략적 의도에서 출발하였더라도, 외견상으로는 변화를 갈망하는 국민들에게 신선감을 안겨주고 정치인력의 함량제고에 기여할 수 있다는 측면이 있다. 그러나 이러한 기대가 최소한도로 충족되기 위해서는 영입 인사의 지향성이 영입 정당의 비전과 정책목표에 부합하는지, 그동안 일해왔던 영역이 국정관리와 공익목표 접근에 어떻게 연계되는지, 그리고 구체적 실천역량에 대한 소속 정당의 검증과 당사자의 소명이 긴요하다.

만약 이러한 과정을 거치지 않고 한 표, 한 석이라도 더 얻기 위해서는 '지명도(知名度)밖에 없다'는 초조한 승부심리에 의해 옥석을 가리지 못하고 정당 실세지도부의 하향식 낙점에 의존한다면 외부인사 영입이 권력지향형 만년 정치예비군의 무임승차나 정치적 파산선고자의 재기를 위한 무대로 활용될 수 있다. 물론 소위 각계 명망가들이 또다시 대권 예비 주자의 소모적 장식품으로 전락할 가능성이 높다.

검찰·언론 인사의 정치적 진입은 신중 기해야

국민들은 중립성과 전문성이 그 존립의 정당성을 두고 있는 검찰, 언론, 공익사회단체 인사들의 정치권 진입을 바라보면서, 그동안 그들이 국가적·사회적 공익장치 속에서 추구해왔던 형평과 균형에 대한 국민적 신뢰를 손상시킬 뿐 아니라 그들이 소속한 집단의 활동을 왜곡시킬 수 있음을 우려하고 있다.

이들 분야의 공정한 활동 자체가 바로 공익의 잣대라는 점에서, 정치권이 마땅히 이들의 징발을 자제하는 것이 오히려 국가·사회 발전에 보탬이 된다는 사실을 명심해야 한다. 아울러 영입 당사자들도 직책수행에서 축적한 성가를 자신에게 귀속되는 프리미엄으로 간주해서는 안 되며, 삼고초려의 유혹을 뿌리칠 수 있는 직업윤리에 대한 자부심과 의연함을 보여주어야 한다.

▍사법심판 받은 인사 영입은 재고돼야

 정당의 생리상 '당선이 최대의 무기'라는 점을 백 번 감안하더라도 과거 고위직에 있으면서 비리로 사법심판의 대상이 되었던 인사를 끌어들이는 것이 비록 사면되었다 하더라도 과연 공당으로서 해야 할 일인가에 대해 국민들은 의아해하고 있다. 도(度)를 넘어선 인물 끌어들이기 경쟁이나 무절제한 정책공약은 사실상 점차 과열되고 있는 차기정권 경쟁에서 비롯된 것이다.

 국가발전과 국정운영의 종속변수여야 할 정권 경쟁이 암암리에 독립변수로써 작용한다면, 2000년대를 향한 국가발전의 속도는 더디어질 수밖에 없다. 누구보다도 국민들이 이 점을 꿰뚫어보고 있다는 사실을 정치권은 잊어서는 안 된다.

국민 이해시켜야

전직 대통령 구속 후
5·18특별법 제정에 즈음하여

[조선일보 아침논단 - 1995.11.27]

이제 우리 사회의 근원적 경쟁력을 복원하기 위해서는
투명한 정부·기업관계는 물론이고, 정당·정부·기업·사회집단 내에서의
공정한 경쟁의 룰을 재구조화하는 작업이 지속적으로 이루어져야 한다.

▎놀라운 파격결정

전직 대통령 구속이라는 전대미문의 충격을 가져온 소위 비자금 사건이 파헤쳐지는 도중 김영삼 대통령의 5·18특별법 제정 천명이 또 한 번 세상을 놀라게 했다.15) 국민들은 1980년 신군부의 반(反)국민적 정권찬탈에 대한 확고부동한 단죄의지에 사필귀정의 심정으로 뜨거운 지지를 아끼지 않으면서도 김 대통령의 파격적 결정으로 인한 또 다른 충격에서 벗어나지 못하는 양상이다.

그동안 '12·12', '5·17', '5·18' 등 일련의 권력 게임을 쿠데타적 사건으로 규정하면서도, 이를 역사적 평가에 맡기자는 느슨

한 정치적 해법으로 국민정서를 달래던 김영삼 대통령 정부가, 5공(共)의 실체 여부 자체를 특별법 제정이라는 사후적 실정법 차원에서 다룸으로써 군사정권의 잔재를 철거하겠다고 나선 것이다.

사실상 5공(共) 출범의 정당성은 이미 전무한 것이라는 국민적 정서가 팽배했음에도, 정권 존재의 사실만은 인정할 수밖에 없지 않느냐는 곤혹스러운 방어 논리로 인해 김 대통령 정부의 문민성이 훼손될 수밖에 없었음을 부인할 수 없다.

김 대통령의 과거청산 의지는 출범 초기의 정치자금 수수 거부, 금융실명제, 부동산실명제 등 일련의 개혁조치에서 출발됐다고 볼 수 있다. 과거에는 지나가면 모면할 수 있었던 통치권의 관행적 비리가 단죄될 수 있었던 것도 성숙된 민초역량과 함께 그러한 개혁조치의 부산물이었다고 해도 과언이 아니다.

---

15) 1995년 12월 21일에 공포된 5·18특별법은 1979년 12월 12일과 1980년 5월 18일을 전후하여 발생한 '헌정질서 파괴범죄의 공소시효 등에 관한 특례법(법률 제5028호)'과 '5·18 민주화운동 등에 관한 특별법(법률 제5029호)' 등 두 가지이다. 앞의 법률은 헌정질서 파괴범죄와 집단살해 범죄에 대해서는 공소시효 규정을 적용하지 않고, 검찰이 이들 범죄행위에 대하여 공소를 제기하지 않을 경우 재정신청이 가능하도록 하는 것을 그 내용으로 한다. 뒤의 법률은 12·12에서부터 5·6공이 끝날 때까지는 헌정질서 파괴범죄 등을 저지른 자들이 집권하고 있던 시기로서 공소제기가 사실상 불가능했으므로 공소시효의 진행이 정지되었던 것으로 본다는 규정을 핵심으로 하여 재정신청, 특별재심, 배상간주, 상훈치탈 등의 내용을 담고 있다. 이 법은 그동안 손댈 수 없었던 12·12에서 5·18로 이어지는 내란행위자들의 범죄행위를 실질적으로 처벌할 수 있는 계기가 되었다는 점에서 역사적 의미를 담고 있다.

▌ 군정 잔재 청산 - 현대사 왜곡 시정의 전기

　더 나아가서 성공한 쿠데타는 역사적 평가의 대상이 될지언정 법률적 판단과 심사의 대상이 되기는 어렵다는 얼버무리기식 해법은 더이상 설 자리가 없게 되었다. 5·18특별법 제정의 가시화는 일제 잔재 청산의 실패 이후 왜곡되었던 해방 이후의 현대사를 바로잡는 전환점이라고 볼 수 있다.

　앞으로 과거지향적 정당성 시비와 광주 악몽에서 말끔히 벗어나 국민적 에너지를 국가발전과 통일역량 배양에 투입키 위해서는 군사정권의 잔재를 제로 베이스에서 청산할 수 있도록 정치권, 특히 김 대통령 정부의 대승적 자세와 자기평가 노력이 기울여져야 할 때이다. 그러나 몇 가지 짚고 넘어가야 할 문제는 있다.

▌ 특별법 제정의 오해 불식되어야

　우선 국민들은 대통령의 통수권하에 있는 검찰이 이미 불기소 조치를 취함으로써 1980년 신군부 출범에 대한 법률적 심사를 종결한 것으로 기억하고 있는데, 왜 이 시점에서 특별법 제정으로 급선회했는지 그 배경에 대해서 궁금해하고 있다.

　따라서 김 대통령은 특별법 제정의지가 혹시라도 비자금정국에 대응한 국면전환용이나 양김(兩金) 퇴진을 목표로 한 정치권 세대 교체의 전주를 위한 승부수가 아니냐는 일부의 오해를 불식하기 위해서라도 특별법 제정으로의 선회에 대한 자초지종을 국민들에게 설명해주어야 한다.

더 나아가서 민자당 정부출범의 기반이 되었던 3당 통합문제는 5공(共) 출범에 대한 원초적 사법심사 문제와 결코 무관할 수 없다. 따라서 김 대통령 자신도 통합의 한 축을 이루었을 뿐 아니라, 미우나 고우나 정권 창출의 일정 지분을 갖고있는 현 여권의 인적 구조와 특별법 제정의지를 어떻게 조화시킬 수 있을지에 대해 국민들을 이해시켜야 할 책무에 직면하고 있다.

다수 국민들은 이번 특별법 제정에 가리어 노태우 씨 비자금 사건과 주요 국책사업 비리 사건에 대한 공명정대한 처리가 유실되어서는 안 된다는 점에 공감하고 있다. 소수 정치권력과 독점재벌과의 탐욕스러운 정경유착관계에서 비롯된 비리사건이야말로 그 비리의 부담이 사실상 전 국민에게 전가되었다는 점에서 12·12, 5·18과 같은 정치적·역사적 범죄 못지않게 주도면밀하게 처리되어야 한다.

특히 국책사업 관련 비리는 검찰의 사법수사 차원을 넘어, 그리한 비리를 온존케한 정부의 정보독점 및 정책선택에 대한 근원적인 평가가 국회·정부를 포함한 범국민적 차원에서 전개되어야 한다.

공정한 경쟁의 룰 정착을 - 시민도 함께

전직 대통령과 관련 인사들에 대한 처벌은 비리에 대한 객관적 응징 차원에서 필요조건에 불과할 뿐, 충분조건이 될 수 없다. 우리 사회의 근원적 경쟁력을 복원하기 위해서는 투명한 정부·기업관계는 물론이고, 정당·정부·기업·사회집단 내에서의 공정한 경쟁의 룰을 재구조화하는 작업이 지속적으로 이루어져야 한다.

이제 국민들도 더 이상 정권 찬탈이나 정치권 비리의 명분을 주어서는 안 될 뿐 아니라, 국민의 대표자나 공복이 한눈파는 일을 한 치도 허용하지 않도록 시민적 감시와 비판적 역할을 게을리해서는 안 된다. '그 정부에 그 국민'이라는 경쟁국가들의 한국 깔보기를 무색케할 정도로 국민 개개인이 건강하고 강한 주권의식을 실천해야 할 때이다.

선거 후보자 전과 공개

[조선일보 아침논단 - 1995.12.18]

14

▎전직 대통령 구속이 선거개혁의 전기 되어야

　전직 대통령 구속을 비롯한 미증유의 과거청산 작업이 급속도로 진행되는 과정에서의 선거 후보자의 전과(前科)기록 공개에 초점을 맞춘 통합선거법 개정 논의는 국민의 이목을 끌기에 충분했다. 그러나 정치권의 선거법 개정 논의가 슬며시 꼬리를 감추고 있어 정치권 쇄신을 갈망하는 국민들의 기대를 무산시키고 있는 양상이다.
　국민들은 무엇보다도 자신들의 손으로 뽑았던 대통령이 천문학적 비리의 선봉장이었다는 사실에 분노에 앞서 심한 좌절감에서 벗어나지 못하고 있다. 이제 국민적 좌절감을 조금이라도 상쇄할 수 있는 유일한 방법은 한치의 의혹도 없이 과거청산 작업을 공명정대하게 완결함과 아울러 다시는 이러한 국민 깔보기가 이 땅에 뿌리내리지 못하도록 국민역량에 발맞춘 정치 개혁의 제도적 토대를 마련하는 것이다.

특히 앞으로 연이을 총선과 대선 과정에서 국정을 바르게 이끌어 갈 공복을 선출할 수 있도록 공정한 정치적 경쟁의 룰과 투명한 선거 풍토의 제도화 노력이 선행되어야 한다.

그동안 국민들이 선출한 정치지도자들의 면종복배(面從腹背)에 숱한 배신감을 겪어온 국민들은 이제 나라의 살림을 바르게 이끌어 갈 충직한 공복을 선택하기에 앞서, 후보자들의 전력이나 과거의 행동 등 그들의 총체적 사회화 과정을 면밀히 검증하여야 한다는 점을 뼈아프게 공감하고 있다.

▍보스지배의 지역분할구도는 유권자에게 타율적 선택 강요

현재의 보스(boss)지배 정당구조와 지역분할 구도가 조만간 개선되지 않는다면 다음의 선거에서도 유권자들은 정당들이 일방적으로 선택하여 내세운 후보 메뉴 중 하나를 골라야 하는 타율적인 선택에서 벗어나기 어렵다.

지난 지방선거 때만 해도 자치단체장과 지방의원에 당선된 후보들 중 반(反)사회적 행위로 명시적인 사법심판을 받았던 인사가 상당수 있었다는 사실은 선거를 통한 대표자 선출 과정이 과거의 반공익적 행위를 여과하는데 완전무결한 장치가 아니라는 점을 말해 준다고 볼 수 있다.

더 나아가서 반국가적, 반역사적 범죄에 연루되었던 인사들이 피선거권의 제약이 없다고 하여 '우리가 봐주지 않으면 누가 봐주느냐'는 식의 해당 지역 주민의 맹목적 지지를 토대로 면죄부를 받겠다는 구습은 법논리 이전에 상식의 문제로 마땅히 청산하여야 할 것이다.

과거의 말과 행동 검증 필요

따라서 유권자들로 하여금 후보자들이 내세우고 있는 현재의 말과 미래뿐 아니라 과거의 말과 행동을 검증토록 함으로써 그들의 공익관과 국정운영의 비전이 일관성과 실천력을 지니고 있는지를 판별토록 하여야 한다.

과거의 반공익적 행태를 감추면서, 선거철마다 나만이 이 지역의 유일한 대안이라고 자처하는 사람들의 공직진입 가능성을 낮추기 위해서도 후보자의 준법태도, 학력, 경력 등 객관적 배경 그리고 공익목표에 접근할 수 있는 실천적 능력에 관한 정보를 유권자들에게 공개해야 한다.

▎ 개혁 제도화 시급

　일부 논자들은 후보자의 전과 공개 또는 경력 검증제도를 도입하는 것이 사생활 보호의 측면에서 바람직하지 않다는 주장을 펴기도 한다.

　그러나 후보자들의 당선 후 활동이 국정운영에 미치는 지대한 효과가 모두 유권자인 국민에게 귀속되는 것이기 때문에 공직 후보자들의 반공익적 행위나 입신(立身) 과정이 단순히 사생활 영역으로 간주될 수만은 없다. 사실상 그동안 우리나라에서 공개된 검증 절차를 통해 대표자를 선출하고 리더십을 창출하는 전통이 확립되지 못했다. 따라서 전력 공개와 경력 검증의 제도화는 투명한 정치문화의 형성과 법치주의 정착의 계기로 활용될 수 있을 것이다.

▎ 통합선거법 필요 - 국가적 악순환 막아야

　다만 법과 현실의 괴리가 현저한 우리나라의 실정에서는 선의의 범법자가 다수 존재할 수 있다는 점을 감안하여 공개 유형과 범위, 그리고 공개 방법이 결정되어야 할 것이다. 차제에 공직 후보자의 재산형성 과정의 투명성과 납세의무의 성실이행 여부가 후보자 선택의 주요 기준이 될 수 있도록 공직 후보자의 재산 공개와 납세 공개를 의무화하는 규정을 통합선거법에 수용하는 방안이 검토되어야 한다.

　이제 일단 대통령·국회의원을 뽑아서 국정을 맡겨놓은 후 단죄하는 식의 국가적 악순환이 더 이상 일어나지 않도록 정치권의 자성과 함께 주권자인 국민들의 냉철한 판단과 선택, 그리고 감시의 눈초리를 잠시도 멈추어서는 안 된다.

15

1995년 정부조직개편에 즈음하여

[민주당 원고 - 1995.02.14]

▌재정경제원 신설이 하이라이트

1995년에 이루어진 정부의 행정개혁 노력은 경제부처와 지방행정조직개편으로 집약된다.

이번 정부조직개편의 특징은 경제부처의 군살빼기 노력과 소관 기능을 부처별로 재편성해 기능별 특성을 강화했다는 것으로 볼 수 있다. 정부 스스로가 '군살'을 도려내려는 의지는 분명히 보인 것으로 대통령의 임기 중 최소한 조직의 측면에서는 효율적인 정부를 지향하겠다는 의지를 표명한 것으로 평가된다.

조직개편의 하이라이트는 '재정경제원'이라고 볼 수 있다. 재정정책의 유기적 연계를 도모하면서 여기에 금융정책을 관장토록 함으로써 경제정책 수행의 일관성과 정책결합(policy mix)의 이점을 살려 경제정책목표에 효율적으로 접근하고자 하는 것이다.

앞으로 정부의 주요한 경제정책수단은 재정정책 쪽에 주안을 두는 반면 금융정책의 활용범위와 강도를 적정 수준에 머무르게 한다는 함의를 담고 있다고 볼 수 있다. 그렇다면 통화신용정책 수립의 안정성과 중립성을 중시하기 위해 한국은행의 자율적 의사결정 패턴을 보완하려는 노력과 아울러 시장기조에 입각한 금융자원배분을 뒷받침할 관련 작용법의 개편이 전향적으로 검토되어야 할 것이다.

▎적재적소 배치의 인사운영

행정개혁은 기구개편 못지않게 기구를 운영할 공무원을 적재적소에 배치하는 인사운영의 공정성과 전문성이 담보되지 않고서는 소기의 목적을 담보할 수 없음이 자명하다. 이런 취지에서 김영삼 정부의 개혁의지를 반영한다는 상징적 의미뿐 아니라 인사문제에 대한 다수 공직자의 신뢰를 확보하기 위해서도 인사정책의 기준과 인사운영에 대한 자문을 전담할 인사기구안이 제시되지 못한 아쉬움을 던져주고 있다.

지난번 개편에서는 중앙정부 수준의 부처 간 기능조정과 개별부처의 대(對)국민관계를 재검토하는데 초점이 맞추어져 있을 뿐, 중앙과 지방 간의 기능재배분이나 광역단위 정부와 지방단위 정부

간, 그리고 지방정부와 지역주민 간의 관계를 새롭게 설정하려는 노력이 가시화되지 못하고 있다.

이번 개편에서 사실상 누락된 비경제부처(국방부, 법무부, 총무처, 법제처, 국가보훈처 등)의 기능조정과 조직정비도 정부가 약속한대로 조속히 청사진이 제시되어야 한다. 특히 국가안전보장을 이유로 조직분석이나 기능분석이 금기시되었던 국가안전보장 관련 부서의 기능정비나 정부의 기능별 부서의 업무조정과 관련된 조직의 쇄신은 경제부처에 비해 그 개편의 필요성이 더욱 절실했다는 점에서 조속히 정부의 개혁의지에 부응하는 개편대안이 마련되어야 한다.

고위직 줄인다고 효율적 정부가 보장?

고위직의 숫자를 줄이고 부처기능을 조정한다고 효율적인 정부기능을 보장하는 것은 아니다. 정부조직개편은 행정개혁의 출발점이며 필요조건이지 충분조건은 아니다.

따라서 정부와 시장의 역할분담, 중앙과 지방의 기능조정, 규제완화, 민간 부문의 자율 기능 보장 등이 수반돼야 한다. 각 부처가 갖고 있는 수십 년간의 기능을 21세기를 맞아 어떻게 변화시킬 것이냐가 맞물려야 한다.

이런 점에서 각 부처의 대(對)국민 관계를 규율하는 각종 작용법의 개편이 긴요한 바, 이러한 작용법의 개편은 정부조직개편의 취지를 충분히 살릴 수 있도록 엄밀한 분석과 평가·심의노력이 전개되어야 할 것이다.

한편 도농통합과 직할시 권역확장에 초점을 둔 지방행정구역개편은 국민경제 활동에서 괄목할만한 비중을 점하고 있는 대도시권의 경쟁력 향상과 행정효율 또는 국민편익증진 차원에서 이루어진 개혁 노력의 일환으로 평가된다. 단 지방자치가 국가의 장기적 비전과 국민경제의 균형적 발전, 그리고 지역주민의 복리증진에 효과적으로 기여할 수 있고, 더 나아가서 지역의 정치적 대표성을 적절히 반영할 수 있도록 정치논리와 경제논리, 그리고 지역논리와 행정논리가 균형 있게 조정되어야 할 것이다.

지방자치와 기업환경의 변모

[대전일보 금요칼럼 - 1994.05.20]

지방자치의 실시는 기업의 대(對)정부관계가
중앙정부와 지방정부를 대등한 파트너로 삼는
다원적이고 균형적인 관계로 전환시키게 된다고 할 수 있다.

▌기업의 암묵적 비용부담 정리되어야

　권위주의적 정치·행정풍토 하에서 기업이 직면하였던 대표적인 경영외적 난제의 하나가 바로 정치권력의 변화와 정부권력의 행사방식이었다고 할 수 있다. 사실상 많은 한계적 기업들의 경우 정부의 정책적·정치적 선택 여하에 따라 기업활동의 성패와 기업의 존재여부가 좌우되었다. 이러한 사실은 우리나라가 기업의 자생적 기반이 취약한데 일차적 원인이 있다고 하겠으나 정부의 기업활동에 대한 광범위한 개입과 통제에도 그 원인의 일부가 있었음을 말해주는 것이다. 다수 기업의 경우 이와 같은 경영외적 환경이 초래하는 위험부담을 최소화하기 위해 실질적으로 상당한 암묵적인 비용부담을 감수하였던 예를 발견할 수 있다.

기업경영의 관점에서 볼 때 정치환경의 변화가 보다 예측될 수 있으며, 정치권 행사의 중립성이 보장될 경우 합리적인 경영계획의 수립에 일조할 수 있을 것이다. 특히 기업이 장기적이며 대규모의 투자재원이 소요되는 사업계획을 수립할 경우 정치권력의 안정성과 정부정책의 일관성은 사업계획의 성패를 좌우하는 주요한 경영외적 요소의 하나로 간주된다. 문민정부 출발 이후 전개되고 있는 정치권력 민주화와 이를 뒷받침하기 위한 각종 제도개편은 정치적 측면의 기업환경을 개선하는 전기가 되었다. 특히 정치권력의 창출과 이에 기초한 정부구성이 주기적인 선거과정에 의존하게 됨으로써 정치권력 및 정부구성의 국민적 대표성과 정치적 자유경쟁이 일정 범위 내에서 보장되기에 이르렀다. 더 나아가서 지방자치의 본격적 실시는 정치권력의 분권화와 더불어 국민들의 정치적 선택범위를 대폭 확대할 것이다. 지방자치는 단일의 하강적 의사결정 방식에 의존했던 종래의 정부운영이 중앙정부와 다단계 지방정부로 분화·다원화됨으로써 국민들의 정치적 선택범위가 확대되었음은 물론이고 정부활동의 포괄적 정당성이 보장된 것이라고 해석할 수 있다.

▎이제 지방정부도 기업의 파트너

지방자치의 실시는 기업의 경영외적 환경을 변모시키고 있다. 왜냐하면 지방자치는 단순히 '당해 지역주민의 선택에 의한 지방정부의 구성'에 그치지 않고 각 사회집단의 자율적 활동영역을 확대시킨다고 볼 때 기업도 사회적 존재의 한 형태로서 자율적 존재영역의 폭이 넓어지게 되기 때문이다.

기업의 자율적 존재영역의 확대는 기업의 대(對)정부관계에서 확연히 드러난다. 과거의 권위주의적 중앙집권적 통치방식 하에서는 정부의 대(對)기업관계가 일방적·하강적 성격을 강하게 내포하고 있었던 결과, 시장기구를 통한 자율적 경쟁 방식에 기초한 기업발전이 제약받았던 점을 간과할 수 없다. 특히 기업의 대(對)정부관계는 중앙정부에 집중되었을 뿐 기업이나 공장이 소재한 지방자치단체와의 관계는 형식적인 것에 지나지 않았다. 이런 점에서 지방자치의 실시는 기업의 대(對)정부관계를 종전의 중앙정부 우위에서, 중앙정부와 지방정부를 대등한 파트너로 삼는 다원적이고 균형적인 관계로 전환시키게 된다고 할 수 있다.

기업은 지방자치 실시와 더불어 당해 지방정부에 대해 기업의 견해를 투입할 수 있는 통로를 갖추게 됐다는 점에서 일단 중앙집권 하의 대(對)정부관계에 비해 유리한 정치적 기업환경을 갖게 됐다고 볼 수 있다. 그동안 정치적 의사결정장치가 중앙에 집중되어 있었던 관계로 '정치적 결정에 접근함에 있어서' 지방소재 기업들이 겪었던 어려움은 결코 과소평가될 수 없었다. 그러한 어려움은 소위 '권력을 통한 자원배분의 영역'이 '가격기구를 통한 자원배분의 영역'에 비해 클수록, 그리고 기업의 경영내적 자생력이 취약할수록 현저했다고 할 수 있다. 사실상 고도성장 기간 중에 많은 기업들이 소위 정치적 접근이 보다 용이한 서울 또는 수도권에 기업의 핵심적 의사결정장치를 존치시키려고 했었다.

기업의 경영계획 수립에 지방자치 변수도 고려

중앙집권화된 정치·행정체제 하에서 기업은 지방정부에의 대응을 경영전략 수립에 있어 주요 변수의 하나로 고려하지 않았다. 이제 중앙정부 권한의 상당부분이 지방정부로 이관된 가운데 지방정부의 독자적 의사결정영역이 설정됨에 따라 지방정부에 대한 기업의 견해 투입과 지방정부 산출을 기업 경영계획 수립에 반영하려는 적극적·전략적 노력이 요망된다.

지금까지는 지방자치 실시를 준비하는 과정에서 중앙·지방 간 정부기능의 재조정작업이 지속적으로 전개되고 종전에 중앙정부가 수행하던 기능의 상당수가 지방정부로 이양되고 있다. 그러나 아직도 현재 중앙정부가 수행하고 있는 경제행정기능의 추가적 지방 이양의 필요성은 상존하고 있다. 따라서 지방소재 기업을 포함한 지방경제단체, 그리고 지방정부의 지역경제 활성화를 도모할 수 있는 보다 쇄신적인 정책방안의 발굴과 정책결정에의 효과적인 투입이 전개되어야 한다.

삼정 문란 시대인가

인천북구청 세금 착복 사건을 맞아

[조선일보 시론 - 1994.09.18]

▌후진적 수준의 세정관리

김영삼 정부의 개혁 기치를 강타한 인천북구청 세금착복 사건을 접하면서 납세자인 국민들은 배신감을 삼키지 못하고 있다.16) 조선후기의 삼정(三政)문란 시대에서나 볼 수 있는 국민혈세 가로채기가 개명시대에 어떻게 자행될 수 있는가?

백보를 양보해서 이번 사건을 파렴치하고 인격파멸적인 극히 일부 공무원의 소행으로 치부한다 하더라도 인천시의 이중 삼중의 지휘감독과 감사망 속에서 그런 일이 어떻게 수년간 자행될 수 있었는지에 대해 국민들은 더욱 경악을 금치 못하고 있다.

이번 사건은 지방자치시대를 앞두고 "저런 정도의 후진적 관리능력을 가지고 어떻게 민선자치정부가 제대로 운영될 수 있겠는가"라는 불안감을 가중시키고 있다.

이번 사건은 일단 세정의 전산화가 미비한 상태에서 세금의 부과와 징수를 일선 공무원이 자의적으로 주무를 수 있는 제도적 허점에서 비롯됐다고 볼 수 있다.

그러나 세금의 징수와 부과 작업이 수작업으로 이루어지고 업무량이 과다하기 때문에 수년간 계속된 불법행위를 적발할 수 없었다는 변명은 지방행정 관리체계의 무력함과 상급자의 무책임을 자인하는 것일 뿐 결코 국민들의 배신감을 해소해줄 수 없다.

일선 행정기관의 세무 관련 인적자원이 취약할 뿐더러 내부인력의 한계를 보완할 수 있는 공인회계사 등 외부전문가의 활용이 전무했다는 사실이나 자치단체장의 지방세정에 대한 무관심과 방치는 지방세정의 비리를 온존케 한 요인의 일부이다.

---

16) 1994년 인천북구청과 부천시 3개 구청직원들이 등록·취득세의 영수증을 고의로 폐기하고 납세자들이 낸 세금 100여 억 원을 횡령했다가 적발돼 사회적으로 큰 물의를 일으킨 사건으로, 세무공무원 등 모두 78명이 구속되고 인천북구청 사건의 주범은 1심에서 징역 22년 6월에 벌금 40억 원을 선고받았다. 이 사건으로 감사원과 내무부가 특별감사를 실시한 결과 전국 259개 시·군·구 중 3~4곳을 제외한 전 지역에서 세금비리가 적발되었다.

▌김영삼 대통령의 개혁도 공무원의 무사안일주의 제어 못해

가장 치밀하고도 공정하게 다뤄져야 될 세정업무가 난맥상을 보이게 된 것은 더 거두어도 그만, 덜 거두어도 그만이라는 식으로 혈세를 무책임하게 다뤄 왔던 결과, 세금을 공평하고 합리적으로 집행하려는 적극적 노력이 가시화하지 못했던 데 그 원인의 일단이 있다.

이번 사건에는 일선 공무원들이 자신의 직무에 대해 긍지를 느끼지 못하고, 미래에 대한 기대감이 상실된 상태에서 "설령 세금을 착복해 감옥에 가더라도 치부해 놓으면 손해 볼 것 없다"는 한탕주의 의식이 근저에 깔려 있다고 할 수 있다.

그로 인한 피해가 결국은 국민들에게 되돌려지게 된다는 점을 보여주고 있는 전형적 사례다.

그동안 김영삼 정부의 개혁 노력이 국민적 공감대 속에서 추진됐음에도 그 성과가 공직사회 저변으로 확산되지 못하고 있는 것은 상층부의 개혁의지와 사정노력만으로는 일선 공무원의 고착된 비리구조와 반공익적 행태를 타파하기에는 한계가 엄존함을 나타내주고 있다.

일부 국민의 납세의식도 실종

일부 국민의 납세의식이 실종된 데에도 원인의 일단을 찾을 수 있다. 부정한 방법을 써서라도 세금을 적게 내는 것이 좋은 것 아니냐는 식의 소위 '누이좋고 매부 좋다'는 천민적 납세의식이 일부 국민들 사이에 잠복돼 있다면 세금착복이나 탈세와 같은 망국적 행위는 근절되기 어렵다. 이른바 탈세불감증이 먼저 치유되지 않고선 민주적·참여적 납세의식이 설 땅을 잃게 된다.

국가공동체의 결속력이나 대내외적 경쟁력은 그 나라의 납세의식과 조세행정의 수준에 달려있다고 해도 과언이 아니다. 이번 사건은 김영삼 정부에 경종을 울려주기도 했지만, 세정 개혁은 물론이고 광범위한 행정 개혁과 공무원 의식구조 개편을 촉발할 수 있는 전화위복의 계기를 마련해줬다는 점에서 국민들은 향후 정부의 근원적 처방 제시를 예의주목하고 있다.

세금 공개 제도화

우선 사건 발단의 계기를 제공했던 원시적 수작업 위주의 세무행정을 조기에 전산화하고, 세금의 부과와 징수업무를 분리해 상호 견제적 분업체제를 형성하며, 지방의 일선 세정업무를 전문적으로 검증·평가할 수 있는 준독립적인 부서를 보강하는 작업이 필요하다. 공무원들의 능력과 의식구조가 개선되지 않는 한 제도개선의 성과를 거두기 어렵다는 점에서 공직윤리에 투철한 전문인력의 양성과 더불어 다른 데에 눈 돌리지 않고 직무를 성실히 수행케할 수 있는 근원적인 처우개선 대책이 통치권 차원에서 모색돼야 한다.

더 나아가서 공직자 재산 공개와 금융실명제 실시가 우리 사회의 의식구조 전환의 계기를 마련해주었던 것처럼 국회의원, 지방의원 등 선거직 공직자를 포함한 다수 공직자들의 세금 공개를 제도화하는 것은 납세의식 함양과 지도층이 솔선수범을 도모하는 데 기폭제가 될 수 있다는 점에서 이의 전향적인 검토가 요망된다.[17]

---

17) • 공직자 재산 공개 : 공직자의 재산 공개와 깨끗하고 투명한 공직윤리 및 공직사회의 확립을 목적으로 하는 공직자윤리법이 1993년 개정되었다. 이 법은 국민여론뿐 아니라 여·야를 포함한 정치권도 앞장서 국회에서 통과시켰고(1993.05.20), 이 법에 따라 같은 해 9월 7일에 1급 이상 고위공직자 1,167명의 재산 공개가 이루어 졌다.
• 금융실명제 : 금융거래의 정상화, 조세형평의 제고, 부정부패 및 사회 부조리의 제거를 위해 문민정부 출범 이후 김영삼 대통령의 결단에 의하여 1993년 8월 12일 "금융실명거래 및 비밀보장에 관한 긴급재정경제명령"이란 비상수단을 동원하여 금융실명제가 실시되었다.

이런 개혁을 생각한다
자율경영 위해 공기업 장 전문인에게

[조선일보 시론 - 1993.03.11]

대통령 자신이 정치적 외풍이나 관료적 기득이익의 영향력 행사로부터
방패막이 역할을 자임하는 것이 공기업의 자율적 경영체제 확립과
국민경제적 성과향상을 도모함에 있어서 필수적 요소의 하나이다.

김영삼 대통령은 앞으로 24개 정부투자기관의 장(長)을 비롯하여 정부가 영향력을 행사하는 다수 공기업의 장을 임명하게 되어있다. 공기업 장에 대한 김 대통령의 인사 방식은 한국경제의 활력과 경쟁력을 되찾고자하는 새 정부의 경제운영 방식과 향후 정부·기업관계를 가름할 수 있는 전환점으로 간주되기 때문에 그 귀추가 주목될 수밖에 없다.

▌자율경영 확립해야

공기업 장의 선임에 있어서는 국무위원과 정무직 공무원을 임명

했을 때의 오류가 결코 반복되어서는 안 될 뿐 아니라 공기업의 본질상 선임기준이 정부인사와는 판이하게 달라져야 한다. 최고통치권자의 시정목표와 운영 방식에 따라 정책의 선택범위가 넓은 정부 부문과는 달리 공기업은 이미 설립법 또는 정관을 통하여 고유의 역할과 목표가 부여되어 있어 이를 효과적으로 달성할 수 있도록 자율적 책임경영을 보장해주는 것이 무엇보다도 중요하다. 이런 점에서 행정 각 부처와 동일선상에 놓고 공기업의 변화와 개혁문제를 다룰 수는 없으며, 공기업의 인사에 있어서는 정치논리보다는 경제·경영논리에 충실해야 한다.

필자가 연구차 면담기회를 가졌던 어느 원로 공기업 책임자는 "힘있는 외부로부터의 청탁을 거절하고 이를 해명하는 데 거의 매일 일과의 상당 부분을 소모하고 있다"고 토로하면서 공기업 경영의 가장 큰 애로요인으로 외부간섭과 청탁을 지적하고 있다. 공기업 부문에 대한 개혁은 바로 정부의 불필요한 간여를 최소화하고 정치권이나 권부 등 외부의 간섭을 차단함으로써 관료적 운영을 탈피하고 이에 따른 비효율을 제거, 창의적이고 효율적인 경영에 매진토록 자율적 책임경영 체제를 마련하는 것이다.

국무위원이나 정부직에 있어서는 무엇보다도 대통령의 시대정신을 효과적으로 국정에 반영하고 새 정부의 시정목표와 의기투합할 수 있는 인사를 임명하는 것이 책임정치의 구현 측면에서 바람직하며 그러한 과정에서 정치적 임용은 불가피하다고 할 수 있다.

▌ 정치논리로는 안 돼

그러나 공기업 장의 선임에 있어는 그러한 인선 방식이 그대로 적용되어서는 안 된다. 왜냐하면 공기업 최고경영자의 교체나 신규 임용은 기본적으로 해당 분야에 새로운 정치논리를 이식시키는 과정이라기보다는 경영책임의 확보나 전문경영인의 기용 과정으로 이해되어야 하기 때문이다.

그럼에도 불구하고 정부가 대통령의 개혁의지를 반영한다는 명목 하에 정치논리에 익숙한 인사를 공기업 최고경영진에 포진시킨다면 그것은 정치와 기업, 정책과 경영을 구분하지 못한 결과라고 할 수 있다.

따라서 대통령의 신임과 정치적 영향력에 입각한 정치적 인선은 지양되어야 하고, 해당 분야 또는 유사한 분야에서의 경영실적을 통해 전문 경영능력에 대해 철저한 검증을 거친 인사를 임용하여야 한다.

특히 기업윤리와 공익관이 투철하고 대내외적 대응력을 겸비한 인사를 발굴하려는 노력을 게을리하지 말아야 한다.

이번 공기업 장의 선임은 종전의 권위주의적 정부·기업관계를 일신하고 한국기업의 경쟁력을 배양하며 국민경제의 활력을 불어넣는 데 있어서 더할 나위 없이 좋은 기회라고 생각된다.

▌ 개방형 인사 바람직

따라서 내부승진 발탁이나 관련 공기업 전문기업인뿐 아니라 사기업 분야에서 괄목할 만한 경영능력을 발휘한 인사들에게 문호를 넓히는 개방형 인사 방식이 소망스럽다고 생각된다.[18]

특히 이번 인사에서는 정치인들이나 퇴임관료들에 비해 권력추구 동기가 상대적으로 희박해 주무부처의 눈치나 정치권의 압력에 초연하고 소신있는 경영을 수행할 수 있는 민간 부문의 전문경영인을 기용함으로써 사기업 분야의 활력을 공기업 부문으로 접목시켜 공기업 쇄신의 전기를 마련하려는 노력이 중시될 필요가 있다.

끝으로 한국적 상황에서 대통령 자신이 정치적 외풍이나 관료적 기득이익의 영향력 행사로부터 방패막이 역할을 자임하는 것이 공기업의 자율적 경영체제 확립과 국민경제적 성과향상을 도모함에 있어서 필수적 요소의 하나라는 점을 간과해서는 안 된다.

---

18) 개방형 인사제도는 외부로부터의 채용이 허용되는 인사체제이다. 특히 상위직급에 결원이 생길 경우, 내부승진에만 의존하지 않고 조직 외부로부터의 신규채용에 의해서도 충원이 가능하도록 운영되는 것이 핵심이다. 정부는 1999년 5월 국가공무원법과 정부조직법을 개정하여 개방형 인사제도의 운영 근거를 마련하였고, 중앙정부의 190개(고위공무원단 164개, 과장급 26개) 직위에 대하여 공직 내·외의 경쟁을 통하여 적임자를 선발하고 3년 이내의 계약기간을 정하여 한시적으로 임용하도록 규정하고 있는 개방형직위제도를 도입하였다.

정치적 세무사찰

문민정부에서는 달라질 수 있을까?[19]

[동아일보 시론 - 1993.02.]

▌ 포항제철에 대한 세무조사의 충격

새 정부 출범을 앞두고 국세청은 국내 굴지의 대기업에 대한 세무조사를 실시하고 있어 그 귀추가 주목되고 있다. 이번의 세무조사가 특히 국민의 시선을 끌고 있는 것은 국민기업으로서 국내외적

---

19) 1992년 말 대선에서 김영삼 후보가 김대중·정주영 후보를 누르고 대통령에 당선되었다. 당시 김영삼 후보는 포항제철 회장이던 같은 당(민자당) 소속 박태준의 지지를 받고자 노력했으나 성공하지 못했다. 대선에서 김영삼 후보가 당선되자 박태준 회장의 정치적 장래에 대한 불안감이 노정되었고, 같은 맥락에서 포항제철에 대한 박태준 회장의 경영권이 위협받을 것으로 예측되었다. 김영삼 대통령 취임 전후 이러한 예측은 적중하여 포항제철은 강도 높은 세무조사를 받게 되었고, 박태준 회장팀은 전원 퇴진하고 사법처리되는 아픔을 겪었었다.

성가를 높여왔던 포항제철이 포함되어 있을 뿐 아니라 곧 출범할 차기 정부의 조세권 행사방식이나 정부·기업관계의 양상을 가늠할 수 있는 전초(前哨)로 간주되기 때문이다.

우리나라는 지하 경제활동이 어림잡아 국민총생산의 20%를 넘어서고 있을 뿐 아니라 소유와 경영이 분리되지 않고 가족주의적 경영세습이 잔존하고 있어 기업자금이 개인자금화될 수 있는 여지가 넓다. 이러한 이중구조 하에서 다수기업들은 항시 암묵적인 세원탈루의 가능성을 안고 있어 조세권 행사의 선별성 시비가 그치지 않고 있으며, 조세권 행사 자체가 해당 기업에게는 공포의 대상이 될 수밖에 없는 현실이다.

그만큼 조세권의 행사는 국민경제적 목표에 부합하면서 공명정대하고 투명해야 한다. 그럼에도 불구하고 과거 권위주의적 통치체제하에서 조세권 행사가 체제유지적 차원에서 활용되었거나 최고 통치권의 의중에 따라 선별적으로 행사된 경우가 있었음을 부인할 수만은 없다.

'미운털 박힌 기업' 만을 조사한다는 의혹

특히 상당 부분의 정치자금이 양성화되지 못하고 비자금 등 지하경제통로를 통해 투입되는 정치풍토 하에서 정치적 동기에 의한 선별적 조세권 행사의 가능성에 대한 논란이 그치지 않아왔다. 그 결과 조세권의 행사가 많은 국민들에게는 민간기업에 대한 정치적 통제 수단으로 비춰지게 되었으며, 그동안 유명 기업들의 세금포탈사건 또는 세금추징조치의 이면에는 소위 '미운털 박힌 기업'만을 조사하는 것이 아닌가 하는 의혹이 뒤따르게 마련이었다.

이번의 포항제철에 대한 8년만의 세무조사도 정례적인 조사활동의 일환으로 진행되고 있다는 당국의 입장에도 불구하고 혹시나 주주총회를 앞두고 특정 기업인의 퇴진을 기정사실화하기 위하여 흠집내기의 일환으로 전개되는 것이 아닌가 하는 의구심이 사라지지 않고 있다. 이러한 의혹은 세무조사권 행사에 대한 정부의 객관적이고 투명한 원칙이 천명되지 못했던데 기인한다고 볼 수 있다.

이와 같은 조세권 행사의 객관성과 중립성이 보장되지 않는 한 조세권 행사에 대한 국민적 공감대가 형성되기 어렵고, 언제 불똥이 튀길지 모르는 세무조사에 대한 방패막이를 위해 유수기업들이 권부(權府)와 유력인사에 줄을 대려 하는 천민기업가적 행태가 근절되지 못할 것이다.

향후 조세권의 행사 방식은 정부와 납세자인 국민, 특히 정부와 기업과의 새로운 상호균형 관계를 형성해 나갈 수 있는 시금석으로 간주된다. 따라서 '신한국건설'을 다짐하는 차기 성부는, 조세권 행사에 무방비상태에 놓여 있는 다수 기업과 기업인들의 기업의욕을 좌절시키지 않도록 조세권 행사의 객관적 기준과 행사 방식을 국정개혁 프로그램의 하나로서 국민들에게 제시할 필요가 있다.

▌ 응징적 대응 방식에서 벗어나야

주권자인 국민에 대한 과세조치는 물리적 강제력에 의거한 승복보다는 세금의 부과나 조사를 정당한 것으로 받아들이는 당사자의 자발적인 납세협조를 통해 확보되는 것이 조세민주주의 원칙과 국민경제의 활성화라는 당면목표에 부합한다는 사실을 간과해서는 안 된다.

이런 취지에서 정부는 납세환경을 근원적으로 정비하려는 노력과 함께 세무조사를 해당기업의 스캔들로 비화시키는 충격적 응징적 대응 방식에서 벗어나 조세권의 행사가 국민적 입장에서 예측 가능하고, 공정하며, 보편적으로 행사될 수 있도록 조사권 발동의 요건을 프로그램화할 필요가 있다. 특히 납세자 또는 기업이 세무조사의 불확실성에서 벗어날 수 있도록 자신이 조사대상에 포함되는지 여부를 쉽게 예측할 수 있고 어떠한 영향이 미칠 것인지를 평가할 수 있도록 세무조사의 구체적 요건을 명시해야 할 것이다.

▌ 대외신용도에 영향줄 수 있어

세무조사는 경우에 따라서는 한국기업의 대외신용도를 추락시키고 대상기업의 도덕적·사회적 존립기초를 흔들어 놓아 국민경제에 손상을 야기할 수 있다는 점을 감안하여 세무조사가 초래할지도

모르는 사회·경제적 충격을 최소화하려는 성숙한 자세를 보여야 한다. 특히, 경쟁국으로부터의 개방압력과 덤핑판정·수입규제 등 국제경제질서의 변화에 대응하여 국민경제의 국제경쟁력을 회복·향상시키는 명제가 범국민적 정책목표로 부각되고 있는 시점이라는 점이 간과되어서는 안 된다.

따라서 세무조사의 객관적 요건에 해당된다 하더라도 인내심을 가지고 당사자에게 충분한 소명기회를 부여하여, 당사자와의 호혜적 상호협의 방식을 적극적으로 활용하는 지혜가 필요하다.

▎대권적 속성에서 벗어나야

대통령의 시각과 접근태도가 정부 부문뿐만 아니라 민간 부문에 있어서도 그 영향력이 지대한 소위 대권(大權)문화의 속성이 강한 우리나라에서 조세권 행사에 대한 대통령의 인식과 의지는 조세권력의 탈정치화에 있어서 결정적인 변수라고 볼 수 있다.

과거 권위주의체제 하에서 정치적 반대세력에 가해졌던 세무조사를 통한 응징을 뼈아프게 겪었을 것으로 생각되는 김영삼 차기 대통령은 문민화의 진면목을 보여줄 수 있도록 안기부나 기무사의 기능조정 못지않게 조세권 행사가 정치적 목적과 차단될 수 있는 결단을 보여야 할 것이다.

제5장
재정・예산 개혁의
현주소는?

"선심성·정치성 배분은 재정상의 범죄행위,
IMF 환란위기에 직면하여 재정 개혁 긴요,
미래 성장동력원에 과감히 예산배분"

예산안 늑장처리 '고질병' 어떻게 고칠까

[중앙일보 사설칼럼 - 2005.12.29]

당리당략에 국민만 희생, 늑장처리의 주역들이
다음 총선에서 쓴맛을 볼 수 있다는 위기감을 불어넣어야….

▌국회의 헌법위반 행위에 만성적 면역(?)

여권의 사학법 강행처리로 파행을 맞고 있는 국회는 본연의 책무인 2006년도 예산안을 법정기한(12월 2일)까지 처리하지 못하고 연말을 맞고 있다. 한나라당의 태도에 비추어 민주당(여권)의 연내 단독처리가 강행되지 않는 한 내년도 나라 살림살이는 연초부터 표류를 면치 못할 것이다.

이러한 국정위기에 직면하면서도 황우석 파동의 뒷전에 밀려서인지 국민도 내년도 예산안 처리의 파행을 주목하지 않고 있을 뿐 아니라 평소 흔하던 시민단체의 비난 피켓 하나 찾아볼 수 없다. 대통령령이나 시행규칙 하나만 어겨서 정책을 집행해도, 검찰이나 감사원의 사정 칼날이 번득이는데 "국회는 회계연도 개시 30일 전에 예산안을 의결해야 한다"는 헌법의 명시적 조항을 위반하고 있음에도 누가, 어떻게 응징해야 하는지 양식있는 국민은 답답할 수밖에 없다.

상습적으로 빚어지는 예산안 처리 지연 (처리기한 : 매년 12월 2일)

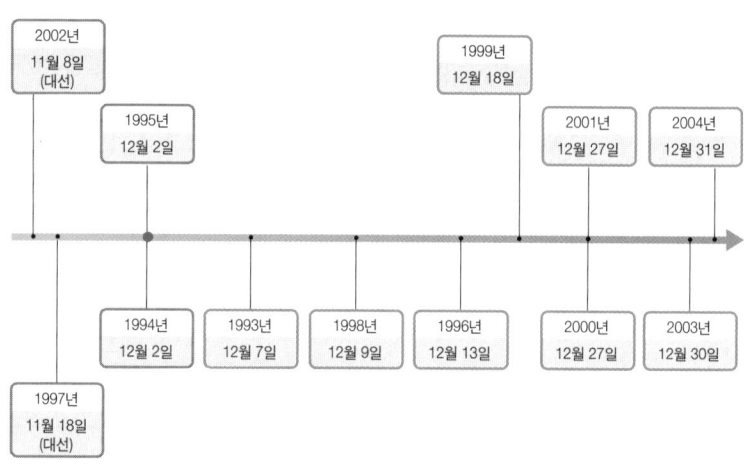

자료: 기획예산처

예산시한, 왜 '12월 2일' 인가

사학법 강행처리에 대한 야권의 전면적 투쟁의 결과로 나타난 예산국회의 파행은 여야의 정치적 입장을 떠나 헌법을 수호해야 하는 대의기구로서 국회의 명백한 정치적 배임행위라 할 수밖에 없다.

예산편성 · 집행 및 결산 절차

구분	시기	내용
예산편성 (직전 연도)	1월 말	중기사업계획서 제출(각 부처 → 기획예산처)
	3월 말	예산안 편성지침 시달(기획예산처 → 각 부처)
	4월 말	분야별 · 부처별 지출한도 통보(기획예산처 → 각 부처)
	5월 말	예산 요구(각 부처 → 기획예산처)
	6~9월	정부예산안 작성(기획예산처 주관) - 기획예산처 내부 조정 - 관계부처, 이해관계자 의견 수렴 - 정당설명회, 예산주문회의, 지자체장회의 등 - 대통령 보고
	10월 2일	정부예산안 국회 제출 - 국무회의 의결, 대통령 재가
	10월 11일	국회예산안 심의 - 각 상임위원회 심사, 예결위 심사 (종합정책 질의, 계수소위 등), 본회의 의결
	12월 2일	국회 본회의 의결 · 확정
	12월 중	예산배정 및 지급배정계획 수립
예산집행 (당해 연도)	1월	예산집행지침 시달(기획예산처 → 각 부처)
	1~12월 중	예산집행(집행상의 신축성 확보 - 이용, 전용, 이월, 이체)

아무리 사학법 개정을 반대하는 당론이더라도 나라 살림살이를 팽개칠 수 없는 것처럼 사학법 개정이 예산국회를 파행으로 몰고 갈 것임을 뻔히 알면서도 강행처리한 여권 역시 국민의 비판으로부터 자유로울 수 없다.

당리당략에 과도한 국민경제의 손실

여야 공히 민생경기 회복과 정부의 시의적절한 대책을 외치고 예산안 늑장처리에 대한 국민의 따가운 시선을 의식하면서도 나라 살림살이를 방치하고 있는 이면에는, 차기 대권경쟁에서 기선을 잡기 위해서는 '이번에 밀리면 안 된다' 는 당리당략이 강박감으로 작용했기 때문이다. 당리당략의 와중에 표류되는 국가이익이나 민생경제는 과연 누가 책임지는가.

예산안 늑장 처리로 인한 국민경제의 손실은 천문학적이라 해도 과언이 아니다. 며칠 후면 신년도 사업을 개시해야 할 수많은 정부부서는 예산안이 확정되지 않은 상태에서 사업준비에 임할 수 없음은 삼척동자도 아는 일이다.

국가예산의 반 이상이 배분되는 지방자치단체, 지방교육자치단체들은 국가지원 예산의 규모를 확실히 파악해야 그들의 예산을 확정할 수 있는데, 국가 예산이 확정되는 내년 어느 시점에 가서야 다시 심의·의결해야 하는 상황이다.

특히 지방선거가 실시되는 내년에는 다른 어느 때보다 지방자치단체의 예산이 적기에 확정돼야 자치단체 살림살이를 마무리하고 선거채비를 갖출 수 있는 것 아닌가.

민생경기가 바닥을 치는 동절기에 그나마 정부의 재정지출이라도 신속히 이뤄져야 경기회복에 보탬이 될 것임을 누구보다도 잘 알고 있는 지역구 의원들은 무엇으로 변명할 수 있을지 의심스럽다.

대선으로 인한 정기국회 일정조정으로 조기 졸속 처리한 2002년을 제외하고는 1998년 이래 단 한 번도 법정기한 내 예산안이 처리된 경우가 없다. 이러한 사실은 국회가 이미 예산안 법정기한 통과 위반에 대한 만성적 불감증에서 벗어나지 못하고 있음을 말해주고 있다. 초선의원이 62%를 넘어서고 정치개혁의 기치를 높이 들고 출범한 제17대 국회가 지난해에 이어 올해에도 법정기한을 넘기고 있음은 더욱 이해할 수 없는 대목이다.

▎법 경시하는 악습 타파돼야

정치 개혁은 뭐니뭐니해도 법을 준수하는 토대 위에서 이뤄져야 한다. 예산통과의 법정기한을 넘어서는 것이 권위주의시대나 제왕적 대통령제 시절의 정치적 관례였다면, 제17대 국회에서는 그러한 악습을 타파해야 한다. '예산안 쯤이야 몇 주 넘겨도 되는 것이 아니냐'는 안일한 대응으로 야기되는 국민경제적 손실을 방치하는 것이야말로 나라 살림살이의 주체인 국민을 우롱하는 처사일 수밖에 없다.

　국민부담의 경감을 외치면서 5조 원 예산삭감을 주장했던 야당의 경우 사학법 개정 반대투쟁을 병행하면서도 내년도 예산만은 꼼꼼히 챙기는 지혜를 발휘한다고 해서 국민이 야당의 투쟁의지를 의심할까. 여권 역시 개정 사학법에 대한 탄력적인 대응을 도모하면서 야권을 예산심의로 끌어들이는 정치력을 발휘할 수 없는지 안타깝기만 하다. 인기몰이에 여념이 없는 대선 예비주자들은 작금의 예산심의 방치사태에 대해 왜 말이 없는지 의아할 뿐이다.

　만성적 예산 늑장처리를 막기 위한 방안은 두 가지로 집약된다. 하나는 예산안이 법정기한을 넘길 경우 정부 제출 예산 원안대로 확정되도록 압박수단을 가하자는 것이다.

　다른 하나는 정부의 예산안 제출 시점(회계연도 개시 90일 이전)을 앞당겨 예산심의 일정을 현재보다 늘려 잡음으로써 심의의 내실을 기하자는 것이다. 이러한 구상은 검토해볼 가치가 충분하지만 헌법에 명시된 조항을 무시하는 풍토에서 하위법인 국회법을 통해 늑장처리 악습이나 부실처리 관례를 해결할 수 있을지 걱정부터 앞선다.

▌ 늑장 처리의 주역, 다음 총선에서 쓴맛을

　따라서 상습화 되어가고 있는 예산안 처리 지연을 막을 수 있는 가장 효과적인 방법은 국민여론을 환기하는 것이다. 무엇보다 중요한 것은 주권자인 국민이 눈을 부릅뜨고 예산심의 과정에 대해 질책을 게을리하지 않는 것이다. 늑장 처리의 주역들이 다음 총선에서 쓴맛을 볼 수 있다는 위기감을 불어 넣을 수 있도록 시민단체와 언론이 지속적인 문제 제기에 임해야 한다.

미래 성장동력에 예산 집중을
2005년 정부 예산안에 대한 국회의 심의 방향

[매일경제 테마진단 - 2004.09.24]

지방정부 지원예산이 설령 균형발전의 목표를 지니고 있더라도 성장잠재력 확충 등 국가경쟁력과 접목될 수 있는 연결고리를 보강하는 작업이 국회 차원에서 이루어져야 한다.

▌내년도 예산안 노심초사 흔적 엿보여

행정수도 이전, 주한미군 재배치, 그리고 국가보안법 폐지 여부를 둘러싼 국론이 양분되어 있는 시점에서 2005년도 정부 예산안이 발표되었다.

일반회계 기준으로 전년 대비 9.5% 증가한 131조 5,000억 원 규모로 편성된 2005년도 예산안이 내수침체로 고통을 겪고 있는 상당수 국민의 경기회복에 대한 염원을 얼마나 적절히 반영하고 있는지에 대한 판별은 이제 국회의 몫으로 넘어가게 되었다.

기획예산처가 국가경쟁력과 삶의 질 향상, 국토 균형발전과 방위력 보강 등 다양한 국민적 기대욕구를 수용하면서도 재정적자 규모를 최소화하기 위해 노심초사한 흔적이 엿보인다.

▋ 재정적자의 우려는 크지 않아

국회심의에 예견되는 첫 번째 논란은 내년도 예산안이 내수 경기 회복에 적합한지, 그리고 8조 원 규모의 재정적자가 불가피한 것인가이다. 경기회복을 위한 재정지출 확대를 의문시하는 한나라당을 포함한 야권은 불요불급지출의 삭감을 통한 균형 예산편성을 촉구하고 이에 덧붙여 세제감면을 도모하는 것이 민간의 경제활력 회복을 위한 첩경이라는 주장이다.

경기회복을 위한 재정의 역할에 대해서는 관점에 따라 양론이 있을 수 있으나 우리가 처한 대내외적 경제상황에 비추어 현재의 양극화된 경기상황을 재정이 방관할 수만은 없다고 본다. 이런 관점에서 GDP 1% 수준의 재정적자는 효율적 자원배분이 전제되는 한 재정의 안정을 저해하는 우려할 만한 규모는 아니라고 본다. 오히려 국회는 예산규모와 재정적자를 둘러싼 지루한 공방에서 벗어나 예산안의 내용과 우선순위를 꼼꼼히 챙겨봄으로써 정부예산안에 잠복될 수 있는 비효율적 요소를 제거하고 자원배분의 왜곡을 시정하는데 전력을 다해야 한다.

▍성장잠재력 부문 꼼꼼히 챙겨야

특히 미래성장동력, 동북아경제중심, 인적자원개발 등 25조 원을 능가하는 성장잠재력 확충 부문의 예산안이 문자 그대로 성장잠재력을 가시적으로 촉발할 수 있는 사업에 우선순위를 고려하여 적절히 배분되고 있는지를 점검해야 한다. 만일 성장잠재력 분야에 있어 우선순위를 검증하기 어려운 사업이 있다면 차라리 경기양극화로 어려움에 처해 있는 중소기업 또는 내수 부문 종사자의 기초경쟁력을 지원하는 데 보다 많은 재원을 배분하는 방안이 검토되어야 할 것이다. 지방교부세, 국고보조금, 균형발전특별회계 등 지방분권·균형발전 부문의 예산이 올해 대비 14.5% 증가한 36조 원 규모로 편성된 것은 참여정부의 국정기조를 여실히 반영하는 것이다.

그러나 일반회계 예산의 30%에 육박하는 지방 부문 지원예산의 효율적 운영이야말로 국가재정에 미치는 영향이 지대한 만큼 지방정부 재정지출의 효율화를 보장하는 제도적 감시 노력이 긴요하다. 지방정부 지원예산이 설령 균형발전의 목표를 지니고 있더라도 성장잠재력 확충 등 국가경쟁력과 접목될 수 있는 연결고리를 보강하는 작업이 국회 차원에서 이루어져야 한다.

▌'삶의 질' 부문은 집행의 효율화 점검해야

25조 원 규모에 이르는 '삶의 질' 부문 예산은 기초생활보장, 취약계층지원, 국민건강증진, 환경개선, 농어촌복지 등 국민의 기초생활과 직결되는 분야이다. 이 분야 예산이 올해 대비 10% 증가된 것은 경제상황과 국민의 기대수준에 비추어 자연스러운 결과로 해석된다.

다만 이 분야 예산은 중앙정부 수준의 예산항목과 규모 자체보다도 주도면밀한 집행이 이루어져야 소기의 성과를 거둘 수 있다는 점에서 범정부적 차원의 집행 효율화 대책이 강구되어야 한다.

▌최초로 부처 자율편성 방식, 부처이기주의 극복이 관건

특히 이번 예산안은 재정개혁의 기조 아래 각 부처가 지출한도 범위 내에서 자율적으로 예산을 편성하고, 기획예산처가 이를 총괄 조정하는 '총액배분자율편성 방식' 하에 편성된 최초의 예산안이다. 각 부처가 기획예산처의 효율적 자원배분 노력을 능가하는 헌신적 예산편성 노력을 경주할 때 새로운 제도의 성과가 거양될 수 있다. 이런 점을 감안할 때 각 부처의 예산편성 및 요구 단계에서 부처이기주의나 특정 이익에 경도된 예산편성 시도가 없었는지 예산심의 과정에서 총괄적인 검증이 필요하다.

2003 예산안 유감

[조선일보 시론 - 2002.09.25]

경기침체에 대처하기 위해서는 외형적 수지균형에 집착하기보다는 최후의 보루로서 재정의 역할이 탄력적으로 모색될 수 있는 방안이 심도있게 논의되어야 한다.

▌ 대선정국에 가려진 국회 예산심의 수박 겉핥기식 우려

일반회계 112조 원 규모에 달하는 2003년도 정부 예산안(豫算案)이 발표되어 조만간 국회심의를 거쳐 확정될 예정이다. 국회와 여론의 주도면밀한 검증을 거쳐야 할 내년도 나라 살림살이가 무차별적 후보 검증에 사력(死力)을 다하고 있는 대선정국의 그늘에 가려져 수박 겉핥기식으로 넘어갈 것이라는 국민적 우려를 불식하기 어려운 형국이다. 만일 예산심의를 주도할 국회 예산결산특별위원회가 상대방 후보 흠집내기로 일관하다가 막바지에 지역구 관련사업이나 대선 미끼용 항목만 끼워넣는 사태가 발생한다면 국민들의 비판을 면치 못할 것이다.

▍ 균형예산 최선인지 따져봐야

우선 내년도에 적자국채의 발행을 중단함으로써 균형재정을 달성키로 한 것은 김대중(DJ) 정부 초기의 대(對)국민 약속을 이행한다는 측면에서 일단 불가피한 차선의 선택으로 보인다. 그러나 내년도 균형예산이 경제계에서 우려하고 있는 대내외 경제여건의 악화에 얼마나 적절히 대응할 수 있을지에 대한 의문은 풀리지 않고 있다.

혹시라도 불어닥칠 경기침체에 대처하기 위해서는 외형적 수지 균형에 집착하기보다는 최후의 보루로서 재정의 역할이 탄력적으로 모색될 수 있는 방안이 심도있게 논의되어야 한다. 유럽국가들이 유럽연합(EU) 통합을 계기로 'GDP 3% 내의 재정적자 유지'라는 족쇄에 묶여 경기진작 수단으로서의 재정정책이 절름발이가 되고 있음은 우리에게도 타산지석이 될 수 있다.

금년 예산 대비 9조 4,000억 원 증가한 103조 2,000억 원의 국세수입의 토대가 된 내년도 경제성장률 8~9%가 어느 정도 설득력 있는 전망인지에 대한 객관적 검토가 뒷받침되어야 한다. 내년도 경기의 불확실성과 이에 연계된 조세수입의 부진 가능성을 염두에 둔다면 재정수지 균형의 당위성은 그만큼 낮아질 수 있다는 것을 간과해서는 안 된다.

더구나 사상 처음으로 1인당 300만 원을 넘게 되는 조세부담이 적절한 조세구조 하에서 정상적 징수 노력으로 가능할지에 대한 판단은 분명 국회의 몫이어야 한다.

▌'생산적 복지' 내실있는 구상인지

내년도 예산안의 구조적 특징은 사회복지 부문(안전·건강분야 포함)이 올해 대비 12.3% 증가한 반면, SOC·과학기술·정보화 분야가 5% 내외의 증가율을 보이고 있다는 점이다. 세계경제 추이를 감안할 때, 성장잠재력 지원 부문에 보다 주력하면서 사회복지 부문의 완급을 조절하는 예산구조의 재조정이 주요 이슈의 하나로 부각되어야 한다. 정부가 강조하는 '생산적 복지'가 작금의 경제여건에 추가적 부담을 안겨주지 않고 명실상부한 국민경제의 총량적 효율에 기여하는 기본축으로서 작동하는 것인가에 대한 면밀한 검증 작업이 뒷전으로 밀려서는 안 된다.

▌지방 부문·공공기금의 재정효율화 시급

지방자치단체와 지방교육자치단체로 자동 이양하는 '지방정부 이전재원'은 일반회계 예산의 50%에 육박하는 50조 원 규모로서 이 분야의 비효율성을 제거하는 작업은 예산개혁의 핵심 사안으로 간주된다. 예산당국은 물론 국회심의과정에서 지방 부문 예산의 우선순위 점검과 효율화를 제고하는 노력이 이번 국회의 또 다른 책무가 되어야 한다.

금융성 기금을 제외하고 150조 원이 넘을 것으로 예상되는 공공기금도 결국 국민의 부담으로 연계된다는 점에서 일반회계, 특별회계 예산과의 세밀한 연계검토가 긴요하다.[20] 특히 신규 채권발행 등 차입이 불가피한 기금의 경우 예산과 연계하여 미래 재정부담을 줄이기 위한 노력이 얼마만큼 반영되었는지 엄격히 평가받아야 한다.

올해부터 기획예산처와 국회의 본격 심의대상이 되는 기금운용계획이 일반회계, 특별회계 예산이 추구하는 정책목표와 효율적인 역할분담이 체계적으로 자리잡고 있는지에 대한 확인 작업을 통하

---

[20] 일반회계 예산(general account budget)은 국가의 중심적인 예산으로서 원칙적으로 조세수입을 재원으로 하며, 국가의 존립과 유지를 위한 기본적 경비지출로 구성된다. 반면, 특별회계 예산(special account budget)은 일반회계 예산과 구분하여 계리(計理)할 필요가 있는 경우 법률에 의하여 설치된 예산으로, 특정 분야의 서비스를 해당 분야의 세입으로 충당하여 제공하는 것이 바람직한 영역의 예산회계 시스템이다. 기금(fund)은 예산원칙의 일반적인 제약에서 벗어나 탄력적으로 자금을 운영함으로써 특정 목적사업의 효과적인 수행을 독립적으로 보장하고자 법률로서 설치된다. 특히, 기금은 보유자금을 잠식하지 않고 회전(revolving)시킴으로서 특정 분야의 사업에 대해 지속적이고 안정적인 자금지원이 필요한 경우에 예산과는 별도로 운용된다는 특징이 있다. 2006년 제정된 국가재정법에서는 기존의 칸막이식 자금운영 또는 일반회계에서 특별회계 기금으로의 일방적 재정지원 방식에서 탈피하여 회계기금 간 여유재원의 상호 전출입이 가능하도록 함으로써 공공재원을 유연하고도 효율적으로 활용하도록 개선하였다.

여 통합적 시각에서 재정지출을 보다 효율화할 수 있다는 점도 간과되어서는 안 된다.

▋ 정부 교체기에 차기 정부의 선택의 폭 넓혀주어야

정부 이양기를 앞두고 편성되는 이번 예산안의 경우 새 행정부가 국민적 선택을 새롭게 거친 정책목표에 따라 우선순위 설정을 조정하고 신규사업을 순조롭게 착수할 수 있는 여백을 마련하는 것이 정치 과정의 본질에 부합하는 것이다. 따라서 2003년도 예산안에 차기정부의 순조로운 국정운영이 가능하도록 일정 부분 유연한 항목편성과 총액배정 방식의 확대가 긴요하다.

세법시행령 개정안 읽기   04

[한국경제 다산칼럼 - 2002.12.06]

민간업계의 경제활동에 거미줄망처럼 얽혀 있는
규제성 조세행정을 혁신하고, 세제집행 과정에서 발생할 수 있는
선별적 조세공권력 행사의 여지를 없애는 노력이
지속적으로 이루어져야 할 것이다.

정부는 2002년 정기국회에서 통과된 9개 세법 개정을 마무리하는 차원에서 18개의 관련 시행령(令)을 개편했다. 이번 시행령 개정의 주된 정책목표는 근로소득계층에 대한 세부담 경감과 부동산 투기억제 세제의 기술적 미비점을 보완하는 반면, 비과세·감면을 축소하고 조세행정과 관련한 규제완화를 도모하는 데 있다고 할 수 있다.[21]

근로소득에 대한 배려

이번 개정에서 근로자들의 관심을 끄는 대목은 건강진단비를 소

득공제 대상에 포함시키고, 간이세액표상 세액계산 시 적용되는 특별공제액을 연 240만 원(가족 수 3인 이상)으로 인상함으로써 근로자들의 실질 세 부담을 다소나마 완화하고 있는 점과 신용카드 소득공제제도를 보완한 점이다. 무기장 사업자의 경우 기준경비율 방식에 의한 소득금액 추계 시 상한액을 설정함으로써 세부담의 가파른 증대를 완충하는 장치를 보완한 셈이다.

부동산세제의 조정

부동산 관련 세제의 경우, 면적과 가액을 함께 고려해 과세하던 고급주택에 대한 양도소득세를 '실가 6억 원 초과'라는 금액기준으로 변경했고, 장기보유 특별공제 대상 고가주택은 전용면적 45평 미만의 공동주택 등으로 범위를 재조정했다. 그동안 비과세해오던 1가구 1주택자의 상속주택을 일반주택과 동일하게 과세함으로써

---

21) • 법개정 관련 시행령(10개)
국세기본법시행령, 국세징수법시행령, 소득세법시행령, 조세특례제한법시행령, 상속세 및 증여세법시행령, 국세조세조정에 관한 법률시행령, 세무사법시행령, 농림특례규정, 관세법시행령, 관세사법시행령
 • 기타 시행령 개정(8개)
법인세법시행령, 부가가치세법시행령, 특별소비세법시행령, 주세법시행령, 농어촌특별세법시행령, 조정관세적용규정, 할당관세적용규정, 양허관세규정

부의 세대 간 이전상의 형평을 보강하려는 조치를 취했다. 아울러 그동안 민원의 소지가 많았던 재개발·재건축 아파트에 대한 과세 방식을 단계별로 구체화한 것은 납세 편의 측면에서 고무적인 조치로 해석된다.

부동산가격 급등지역을 투기지역으로 지정해 기준시가 대신 실거래가액으로 양도소득세를 과세하고, 필요시 탄력세율(기본세율 +15% 범위 내)을 적용하기 위한 입법취지를 살리기 위해 전국소비자물가상승률과 전국주택 및 토지가격 상승률보다 30% 이상 높은 지역을 투기지역으로 정하는 기준을 설정한 가운데 부동산가격 안정심의위원회의 심의를 거치도록 한 것도 강도 높은 부동산 투기 억제세제의 균형있는 집행을 도모하기 위한 조치로 볼 수 있다.

부동산 급등우려 지역에서의 신축주택 양도소득세 감면배제를 규정한 세법 개정을 뒷받침하는 취지에서 신축주택 양도소득세 감면배제 지역으로 서울, 신도시 분당, 일산, 평촌, 산본, 중동 및 과천을 지정했음은 이들 지역의 주택신축 결정에 다소 영향을 줄 것으로 전망된다.

기업세제의 현실화

기업세제의 경우 설비투자의 부진을 고려해 10% 임시투자세액공제 적용기간을 내년 6월 30일까지 연장했고, 중소기업의 '통합정보화 경영체제 인증' 비용을 연구 및 인력개발 준비금의 손금산입과 세액공제에 포함시킴으로써 중소기업의 정보화를 촉진하는 유인으로 활용하려는 의지를 보이고 있다. 해외 자회사로부터 수입배당금에 대한 '간접외국납부세액공제' 범위를 법인세 상당액의 50%로 설정한 것은 배당수입의 국내유입에 대한 걸림돌을 제거한 것으로 해석된다.

또한 중고자동차에 대한 부가가치세 매입세액공제율을 현행 10%에서 내년 7월 1일부터는 8%로 축소했고, '선박관리업' 과 '예선업'을 세제지원 대상에 포함시키고 '전기자동차 충전시설', '절수설비' 등을 투자세액공제영역에 수용한 것은 공히 산업현장의 실상을 반영한 조치로 해석된다.

법인세법 시행령 개정을 통해 비영리법인 수익사업에서 예금보험사업과 부실채권 정리사업을 제외 대상에 포함시켰고, 법인설립 시 첨부서류를 간소화했다. 뿐만 아니라 비상장·비협회 등록법인의 주주도 1% 미만 소유한 경우 소액주주의 범위에 포함시킴으로써 특수관계자의 범위를 재조정했으며, 무형고정자산 감가상각방법의 개선을 도모한 것은 그동안 업계에서 제기해온 개정요청을 반영한 것으로 볼 수 있다.

▌주류산업에 대한 규제완화 괄목

아마도 이번 시행령 개정의 백미는 그동안 탁주는 3도 이상, 약주는 13도 이하, 청주는 14도 이상으로 규제함으로써 주류업계와 소비자 불만의 원천이 됐던 것을 아예 탁주, 양주, 청주에 대한 알코올도수 제한을 폐지했다는 점이다.

이번 주세법시행령 개정을 계기로 민간업계의 경제활동에 거미줄망처럼 얽혀 있는 규제성 조세행정을 혁신하고, 세제집행 과정에서 발생할 수 있는 선별적 조세공권력 행사의 여지를 없애는 노력이 지속적으로 이루어져야 할 것이다.

채무감축 논쟁은 없나

[중앙일보 시론 - 2000.03.27]

▮ 국가채무의 개념은 다양? 단일 수치 표현은 무리

국가채무가 400조 원에 달한다는 야당(한나라당)의 기습적인 문제제기로 야기된 국민적 우려는 100조 원 수준이라는 정부당국의 설명에도 불구하고 쉽사리 진정되지 않고 있다.

사실상 국가채무는 개인채무처럼 딱부러지게 '얼마다'라고 말하기 어려울 정도로 개념과 시각에 따라 규모의 차이가 날 수밖에 없는 사안이다. 따라서 채무의 본질과 성격을 거두절미한 채 이를 단일수치로 표현하는 것은 분명 무리가 있는 것이며 경우에 따라서는 국가채무의 실상을 오도할 여지가 있다.

▌ 총선 앞두고 국가채무 위기론의 진정성

그동안 곱든 밉든 국정운영에 한솥밥을 먹어온 제도정치권 일각에서 총선을 앞두고 갑작스럽게 국가채무 위기론을 들고 나온 것에 대해 상당수 국민들이 의아해하고 있다. 왜냐하면 국가채무가 진정 위기적 상황이라면 연중 개원하다시피한 국회는 그에 상응하는 노력을 기울였어야 마땅하기 때문이다. 하다못해 숱한 국책연구기관이나 민간경제연구소로 하여금 객관적 기준에 따라 국가채무의 범위와 규모를 다양하게 산정토록 함으로써 국민들에게 그 실상을 알리려는 노력을 기울였어야 했다.

▌ 선거전략 이용은 안 돼

더욱 안타까운 것은 국가채무 규모를 좁게 보든, 넓게 보든 채무증가 원인에 대한 냉철한 규명과 이에 입각한 재정·금융정책의 포지션을 제시하는 성숙한 모습은 보이지 않고 외형적 수치로 '국정실패' 여부를 재단하는 것은 선거전략이라는 비판에서 자유로울 수 없다. IMF 기준에 따르면 우리나라의 중앙·지방정부가 직접 상환의무를 지고 있는 확정채무는 1999년 말 현재 108조 원에 달하고 있으며 이는 GDP 대비 22.3% 가량으로 29개 OECD 회원국 중 가장 낮은 수준으로 간주된다. 그러나 야당 일각은 국가채무 규모를 이러한 확정채무에 국한하지 않고 100조 원에 이르는 보증채무와 2030년부터 적자가 발생할 것으로 전망되는 국민연금 부문의 잠재적 적자 등을 망라적으로 포함시키고 있음에 정부 여당과 기본적인 인식의 차이를 보이고 있다.

국민세금으로 상환해야 할 국가채무가 60조 원 수준에 불과하다 하더라도 IMF 경제위기의 극복과 국민연금제도의 확대도입 과정에서 정부의 채무보증과 잠재적 연금채무가 증가되고 있다는 점만은 분명하다. 100조 원 상당의 보증채무의 대부분은 금융산업 구조조정을 위해 발행된 채권과 금융기관의 단기 외화차입금 만기연장을 위한 정부의 지급보증 등 IMF 위기극복을 위한 불가피한 정부 개입 결과 발생한 것이다.

▎ IMF 위기극복에 국채발행은 필수적

IMF위기 당시 2만 3,000여 개의 중소기업이 도산했고 외환보유고가 바닥나는 등 사실상 한국경제가 파산상태에 이르렀던 긴박한 상황에서 만일 국채발행 등 국가재정의 적극적인 개입이 없었더라면 지금 우리 경제가 어떻게 되었을 것인가를 한 번 생각해봐야 한다. 다만 보증채무가 국가채무로 전가되는 것을 최소화하기 위해서는 이를 회수하기 위한 치밀한 노력을 기울여야 할 것이다.

현재, 규모를 확정할 수 없는 국민연금의 잠재적 채무를 획일적으로 국가채무에 포함시키는 것은 장기간의 기여와 세대 간 비용분담을 전제로 하는 연금제도의 기본 취지에 부합하는 것이라 볼 수 없다.

국민연금 관련 채무는 가입기간 20년 미만 자에 대한 특례연금 지급과 '낮은 기여, 높은 급여' 체계 등 제도설계의 미흡으로 도입 당시부터 이미 예견됐던 것이다. 이제 국민연금의 잠재적 심각성이 드러난 만큼 연금제도의 개혁에 정치권과 국민들이 함께 발 벗고 나서야 할 것이다. 이번 논란을 계기로 국가채무의 체계적 관리를 위한 생산적인 정책대결의 장이 마련된다면 전화위복이 될 수 있다.

▌점진적 건전재정으로 나아가야

IMF위기 극복 과정에서 불가피하게 늘어난 국가채무를 순차적으로 줄여나가 건전재정 기조를 조속히 복원하기 위해 공공 부문 개혁을 지속적으로 추진하고 조세정의의 확립을 통한 세입증대 등 재정적자 감축 노력이 강도 높게 전개되어야 한다. 만시지탄의 감이 없지 않지만 재정적자의 감축을 위한 특별조치법의 제정 등 국가채무 축소를 위한 제도적 방안이 가시화돼야 한다.

정치권에서 국가채무의 심각성에 대해 문제제기를 한 만큼 각 당은 이번 총선 과정에서 사탕발림식 공약을 남발해서는 안 되며, 국가채무를 줄이기 위한 포지션을 당당하게 제시해야 할 것이다.

사탕발림 공약과 국민부담

[문화일보 포럼 - 2000.04.08]

표심 얻기에 급급하여 조만간 국민 부담으로 전가될
무더기 공약을 남발한 정당에 표를 주는 것은
앞으로 세금 더 내라는 요구에
스스로 발목잡히는 격이라고 아니할 수 없다.

▌재원대책 없는 수혜성 공약 남발

2000년 총선을 앞두고 유권자들의 표심 잡기에 안간힘을 쏟고 있는 정치권은 연일 달콤한 공약들을 쏟아내고 있다. '원적지 호구조사'를 방불케하는 수준의 지역대결 구도에서 벗어나지 못하고 있는 이때, 일부 유권자들의 마음을 잡아보고자 머리를 짜내 외견상 정책대결의 모습을 보이는 것은 그나마 불행 중 다행이라고 말할 수 있다.

그러나 각 정당에서 급조하고 있는 상당수 공약의 공통된 특징은 재원소요가 불 보듯 뻔한 수혜성 사업이면서도 재원대책에 대해서는 입을 다물고 있다는 점이다.

선거를 '표와 예산의 교환 과정'이라고 설명하고 있는 구미 재정학자들의 표현을 빌리지 않더라도, 정치적 경쟁 과정에서 지지층 확대를 염두에 두고 일부 국민에게 직접 혜택이 돌아갈 수 있는 사업을 언약하는 것에 대해 일방적으로 탓할 수만은 없다. 왜냐하면 투표를 통한 정치 과정의 속성상 국민의 보편적 이익증진과는 거리가 있더라도 일부 계층의 기대욕구를 반영하는 것이 불가피한 측면이 있기 때문이다.

그러나 문제는 재원이다. 재원대책이 수반되지 않은 공약에는 귀를 기울일 필요조차 없다. 설령 재원대책이 제시되었다 해도, 과연 현존하는 다른 사업의 희생을 감수하고서라도 공약을 실현하겠다는 것인지, 아니면 국민의 또 다른 부담으로 귀착될 것인지에 대한 명확한 설명이 긴요하다.

▍재정지출 증대가 뻔한 공약에 대한 선별

더욱 안타까운 것은 국가채무가 우려할 만한 수준이라는 일부 야권의 문제 제기로 국민들이 당혹해하고 있는 시점에서, 나라의 살림살이가 커지게 될 것이 분명한 대(對)국민 약속들이 당당하게 제시되고 있다는 점이다. 설령 국가채무가 그렇게 심각한 것은 아니라는 입장을 취하더라도, 국가채무 감축과 건전재정의 조기정착이라고 하는 정책방향에 대해 이미 국민적 공감대가 형성되어 있다.

이런 마당에 정부의 지출증가를 억제하기는커녕, 국가 재정수지를 악화시킬 소지가 있는 사탕발림식 공약은 국민의 눈살을 찌푸리게 할 뿐이다.

사실 올해부터 발효되는 국민기초생활보장법의 최저생계비 보장에 따른 추가적 재원소요만 해도 재정압박이 뚜렷할 것으로 보인다. 각종 지역사업은 차치하고, 소위 '직불제'로 대표되는 농가 지원대책이나 농가 부채탕감을 위한 각종 선심성 아이디어, 의·약분업의 실시, 민간 중견기업 수준의 공무원 인건비 현실화 약속 등이 제대로 지켜지려면 엄청난 재원이 소요될 것임을 쉽게 짐작할 수 있다.

이럴 경우 재정의 획기적 구조조정이 수반되지 않는 한 국민의 부담증대가 불가피하고, 그렇지 않으면 재정적자 규모의 확대로 귀결될 것이 뻔하다는 점에서 국가채무를 감축해야 한다는 국민정서와도 배치된다.

▍많은 공약 언약하며 세금 감면한다는 '기대의 이중성'

선·후진국을 막론하고 상당수 국민들은 누가 얼마를 부담해야 하는지를 깊이 생각하지 않고, 세금 적게 내고 정부로부터 많은 혜택을 받으면 좋은 것 아니냐는 편리한 생각에 젖어있다. 이러한 소위 '정부활동에 대한 기대의 이중성'은 선거철을 맞아 정치적 목표 달성을 위해 수단 방법을 가리지 않는 정치인의 이기적 행태와 맞물려 증폭되는 경향이 있다.

한 표가 아쉬운 마당이긴 하지만, 솔직하게 국민 부담이 늘어날 것을 천명하거나, 기존 사업을 줄이겠다고 공언한 후보는 눈을 씻고 찾아보려야 찾아볼 수 없다. 최소한 새로운 사업의 제시만이라도 신중하고 설득력이 있어야 한다. 주요 정당의 수뇌부와 정책개발 진영은 전방위적(全方位的) 공약 나열에 급급하지 말고, 최소한 자신들이 공약한 사업의 우선순위와 소요재원의 전망치 정도라도 밝히고 역점사업을 부각시키는 노력을 기울여야 한다.

지금이라도 국민의 선택이 가능하도록 일관성있는 정책 포지션을 선명히 밝히는 것이 지역감정에 포획되어 있지 않은 일부 유권자들의 표심을 사는 데 효과적인 방법이 아닐까.

▍정치성 공약은 재정구조 경직화의 주범

각 정당의 공약은 사실상 국민의 세금을 담보로 한 약속임에 틀림없다. 표심 얻기에 급급하여 조만간 국민 부담으로 전가될 무더기 공약을 남발한 정당에 표를 주는 것은 앞으로 세금 더 내라는 요구에 스스로 발목 잡히는 격이라고 아니할 수 없다. 그동안 교육예산의 국민총생산(GNP) 대비 6% 확보, 42조 원 농어촌 구조 개선

사업 등 선거를 의식한 정치적 의사결정으로 인해 우리의 재정구조가 경직화됨으로써 재정의 대응능력이 약화되어왔다는 점을 직시해야 한다. 정당의 공약과 후보자들의 언약을 단 한 번만이라도 세심히 비교검토해서 책임있는 후보자를 가려내는 작업이야말로 주권자인 국민 자신의 책무라는 사실을 간과해서는 안 된다.

통폐합해야 될 기금 많다

[동아일보 시론 - 2000.08.31]

공공기금 문제를 포함한 재정개혁 과제를 다루는 데 관련부처나
정치권 등은 '자신의 소관업무는 예외이어야 한다'는
이기주의에서 벗어나 국민경제적 관점에서
균형있는 자세를 보이는 것이 무엇보다 긴요하다.

▌200조 원 공공기금의 부실운영 이제 수술되어야

정부 산하 62개 공공기금의 부실운영으로 국민의 주머닛돈이 낭비되고 있음은 결코 새삼스러운 일이 아니다. 운영규모가 200조 원에 육박하는 방대한 공공기금의 부실운영은 1980년대 이래 거의 연례행사처럼 지적돼온 고질적인 개혁과제였다.

그럼에도 불구하고 대부분 땜질식 처방에 그쳤을 뿐 근본적 문제해결 노력은 미루어져 왔다. 그나마 다행인 것은 기획예산처가 중심이 돼 우리 재정의 환부를 치유하기 위해 스스로 공공기금의 부실을 공론화했다는 점이다.

원론적 입장에서 보면 공공기금은 예산과 달리 복잡한 편성과 국

회심의, 의결을 거치지 않아 신축적 운영이 가능하므로 경제정책 또는 사회정책적 목표를 유연하게 달성할 수 있는 이점이 있다.

그러나 이러한 이점을 편법적으로 활용해 재원을 신중하게 고려하지 않고 설치한다든지, 우선 순위에 어긋나는 자금 지원을 하는 등 파행적 자금운영이 근절되지 않는다면 상당수 공공기금의 존재 자체가 국가재정의 이중구조를 심화시키고 국민 부담을 가중시키는 결과를 초래할 것이다.

웬만한 학교 동창회의 기금 조성이나 운용의 경우만 해도 수월치 않은 절차와 검증을 거치고 있다. 이런 추세에 비춰볼 때 방대한 국민 부담으로 직결되는 도덕적 해이가 방치되어왔다는 사실은 국민의 정부가 역점적으로 추진하고 있는 공공 부문 개혁의 의지를 무색케 했다. 이제부터라도 재정, 예산당국은 임기응변적 처방에 그치지 않고 재정개혁의 차원에서 공공기금 문제를 근원적으로 풀어 나가기 위한 구체적 의제설정 작업에 들어가야 한다.

해당 부처의 이기주의 이제 그만

우선 상당수 부처가 자신의 행정목표 달성에 도움이 된다는 명분 아래 설립·운영하고 있는 사업성 기금의 경우 설립목표가 애매하거나 지원의 효과가 미미한 기금들은 과감하게 폐지하고 이와 함께 유사한 기금은 통합해야 한다. 이를 위해 관련 행정부처는 '소관업무를 제대로 추진하자면 재원보조가 가능한 기금 하나 정도는 차고 있어야 할 것 아니냐는 안일한 사고방식에서 벗어나야 한다. 경상적 경비 위주로 운영되고 있는 기금은 이 기회에 철폐하고 그에 상응하는 일반회계 예산으로 전환하거나 각종 융자사업기금을 재정융자 특별회계로 한데 묶는 방안도 검토해야 한다.

국민연금기금, 고용안정기금 등 국민 대다수가 적립하여 운영하는 적립성 기금의 경우 그 기여금은 세금의 형태가 아니지만 사실상 세금에 해당되는 준조세라고 할 수 있다. 이러한 기금의 부실은 즉각 국민 부담으로 돌아가고 장기적으로 기금잠식을 초래해 재정위기의 단초로 작용할 수 있다는 점을 간과해서는 안 된다. 이런 점에서 다수 적립성 기금의 재원조달 방식과 기금잠식에 대한 대처방안, 예산으로부터의 보완 방식 등 기금체계의 토대를 원점에서 재점검할 필요가 크다. 국민경제적 심각성에 비추어 별도의 예산정책적 배려가 불가피한 기금의 경우 현재와 같은 책임소재가 분명하지 않은 어정쩡한 의사결정 양태를 탈피해 국회의 심의를 거치도록 함으로써 국민적 공감대를 형성할 필요가 있다.

▎범정부적 기금평가 보강되어야

공공 부문 개혁의 상징적 노력을 보이기 위해서라도 일부 핵심

적립성 기금의 적립과 운영을 아웃소싱 함으로써 기금의 경쟁성과 투명성을 보강하는 방안도 고려해봄직하다. 이번 예산국회를 앞두고서 행정부 차원에서라도 기금의 조성과 운영을 범정부적 차원에서 실효성 있게 조정·견제할 수 있는 장치를 가동하고, 내년부터 이를 점검하기 위한 상설 기금평가단의 기능을 강화하는 작업이 조속히 진행되어야 한다.

공공기금 문제를 포함한 재정개혁 과제를 다루는 데 관련부처나 국회, 정치권 등은 '자신의 소관업무는 예외이어야 한다'는 이기주의에서 벗어나 국민경제적 관점에서 균형있는 자세를 보이는 것이 무엇보다 긴요하다.

"부모를 상해한 사람은 용서할 수 있어도 자신의 돈을 빼앗은 사람은 용서할 수 없다"는 마키아벨리의 말을 기억하면서.

08 교육비, 방위비 등 예산구조 대청소 하라

[주간조선 - 1998.01.01]

국정 전 분야 긴축·삭감 필요.
선심성·정치성 배분은 재정상의 범죄 행위.
IMF 환란위기에 직면하여 재정개혁 긴요

▌대통령도 IMF 위기 초래의 책임 면할 수 없어

　대통령은 국가재정을 어떤 방향으로 끌고 나갈 것인가에 대해 확실한 소신과 비전이 있어야 한다. 그렇지 않을 경우 국정운영 결과는 바람직스럽지 않다. 국정행위는 작으나 크나 '예산' 형태로 집약되고 집행된다. 예산 자체가 모든 국가행위의 한 단면을 형성하는 것이기 때문이다. 따라서 예산에 대한 대통령의 무지는 곧바로 직무수행의 무능으로 귀결될 수밖에 없다. 예산을 국민의 기대욕구와 국민경제 목표에 부합되게 얼마나 유효적절히 활용하느냐, 바로 여기에 대통령의 성공 여부의 일정 부분이 달려 있다 할 수 있다.

최근 경제위기도 따지고 보면 대통령이 방대한 '재정권력'을 제한적이나마 정치적 목적으로 활용했거나 이를 방치한 데 그 원인의 일부가 있다 할 수 있다. 예산을 포함한 재정정책 수단을 위기 조짐이 보이는 적시에 활용하지 못했던 것이다. 이런 점에서 IMF 긴급개입을 자초한 한국경제의 추락에 대해서 대통령 자신도 책임을 면할 수 없다.

대통령의 예산 권력은 막강하다. 1997년 중앙정부 기준으로 일반회계 70조 원, 특별회계 51조 원, 재정 투·융자 7조 원, 공기업 예산 50조 원(매출 기준) 그리고 운영규모가 50조 원을 넘는 공공기금이 모두 대통령의 국정목표에 따라 배분된다. 또 50조 원 규모의 지방재정에도 대통령의 예산권은 직·간접적 영향을 준다. 더욱이 정부지출은 민간경제 활동에 여러 경로로 민감하게 영향을 준다는 점에서 대통령의 예산권은 실질적 영향력 면에서 외형적 규모를 능가한다.

대통령의 통치를 뒷받침하는 두 개의 축은 검찰·경찰권을 중심으로 한 사법행정권과 세금을 거둬 예산 형태로 지출하는 재정권력으로 대별할 수 있다. 전자는 잘못한 것을 바로잡거나 처벌하는 물리적 강제력에 바탕을 둔 소극적 권력이다. 반면 후자는 개별 경제주체의 경제행위에 직접 영향을 주면서 국민으로부터 재원을 이전하고(세금) 새로운 것을 형성하는(정부 지출) 적극적 권력의 성격을 띠고 있다.

▌ 재정 마인드와 재정권력의 적절한 활용 필수

시장경제가 고도화할수록 '해서는 안 되는 일'을 응징하는 일보다 '해야 할 일'을 미래지향적으로 만들어가는 재정작용이 더욱 의미 있는 것으로 간주된다. 예산을 중심으로 한 재정권력이 적극적, 미래지향적 성격을 띠는 것도 이 때문이다.

'IMF의 경제 신탁 통치 시대'로 비하되고 있는 지금의 총체적 위기상황에서는 재정정책과 예산운영 쇄신이 더욱 긴요하다. 국가경쟁력의 토대가 되는 정부경쟁력을 일신하면서 민간경제의 대외신용을 복원하고 한국 상품의 국제경쟁력을 뒷받침할 수 있는 첩경이 여기에 있기 때문이다.

대통령은 정치인 출신이나 전문 관료집단 출신을 막론하고 일단 재정마인드를 가져야 한다. 이는 대통령이 반드시 예산·재정 분야의 기술적 전문가가 되어야 한다는 것을 뜻하지 않는다. 지도자가 갖추어야 할 최소한도의 요건으로서 재정마인드를 가져야 한다는 뜻이다. 전임 대통령들은 이 점에서 대부분 잘못을 저질렀다.

예를 들어 호남·영동고속전철 공약 등을 보자. 앞으로 계속 국민경제에 주름살을 안겨줄 이 골칫거리들은 재원조달의 한계나 기회비용 등을 치밀하게 고려하지 않았을 뿐 아니라 사업 우선순위를 신중히 따져보지도 않고 발표한 전형적 예라고 할 수 있다. 전두환 전 대통령의 '평화의 댐' 건설, 노태우 전 대통령 시절 '북방외교

성과'라 자처하던 러시아에 대한 경협 자금지원, 차세대 전투기 기종 선정 등 이루 헤아리기 어려운 정책실패 이면에는 예산권을 장악하고 있는 대통령의 무지와 정치적 동기가 자리잡고 있음을 쉽게 짐작할 수 있다.

문민정부 들어 재정의 경직성 높아져

김영삼 대통령도 마찬가지다. '교육 대통령'을 자처하면서 교육개혁 성과로서 GNP 대비 5%의 공교육비 지출을 결정한 데다 42조 원 규모의 농어촌 구조개선 사업을 추진했다. 이로 인해 예산운영의 경직성이 심화되고 자원배분의 비효율이 노정되는 등 재정대응능력이 약화됐다.

그동안 정치권의 대(對)국민 공약이 옥석을 가리지 않고 정부예산에 수용된 것도 문제였다. 대통령선거, 총선, 지방선거 등 정치적 경쟁을 거칠 때마다 이러한 선심성 공약은 부풀려져왔다. 이로 인해 재정의 생산성이 낮아지고 예산의 구조적 경직성이 심화됐다. 우리나라 예산이 전반적으로 동맥경화증에 걸려버린 것이다.

▌'혁명적 수준'의 개혁의지 갖춰야

또 전임 대통령들은 특정 분야 예산배분 규모를 조세 수입 또는 지출 규모와 연계해 사전에 확정하는 경우도 있었다. 특별법 제정을 무기로 특정 분야에 대한 사전적 재원배분을 도모함으로써 '우리 분야가 제일 중요하다', '우리 분야에 지출 우선순위가 주어져야 한다'는 등 소위 '섹터 이기주의' 또는 '재원 할거주의'를 낳았다.

국민경제적 관점에서 지출 우선순위를 균형 있게 고려하지 않은 채 이와 같은 재원 할거주의에 정치권이 굴복하는 것 자체가 바로 자원 배분의 왜곡을 초래할 수 있는 '정치성 예산'의 핵심이라고 말할 수 있다.

또한 이번 대선을 겪으면서 사전적 재원배분 구조가 더욱 공고화되고 확대재생산될 수 있는 여지가 높아졌다는 점에도 유의해야 한다. 다름 아닌 정파 간 정치적 경쟁이 그 어느 때보다도 심화됐기 때문이다. 표의 획득을 극대화하기 위해 정치권이 부문별 이익에 영합한 것이다.

새로 선임된 김대중 대통령은 선거 운동 기간, 표를 의식해 여러 분야에 걸쳐 감당하기 어려운 대(對)국민 공약을 언급한 바 있다. 그럼에도 이제는 정치적 경쟁에서의 후보자가 아닌 책임 있는 '국정지도자'로 그 위상이 바뀌었다는 점을 직시해야 한다. 방대한 추가적 재원이 소요될 수밖에 없는 전방위(all court pressing) 대국민 공약을 재원확보 가능성과 사업추진의 우선순위를 감안해 재평가하려는 노력이 긴요하다.

▍DJ, 임기 초에 제로 베이스 재정개혁 지휘해야

새 대통령은 임기 초기에 예산구조의 대청소 작업을 단행해야 한다. 이를 통해 고질화된 예산구조의 경직성과 정치적 선택으로 이루어진 비효율적 사업 계획을 타파해야 한다. 이러한 작업은 IMF 긴급 차입에 대응하기 위한 재정 긴축기조 확산 작업과 맞물려 새 대통령이 보여줄 위기관리능력의 첫 번째 시험대가 될 것이다.

그러나 이러한 예산구조의 대개편은 무척이나 힘든 일이다. 선거를 거치면서 추가적 재정수요가 폭주하고 있고 한편에서는 재정규모를 통합재정수지 기준으로 10% 수준으로 감축하라는 IMF 요구가 있다. 현행 예산구조에 대한 '혁명적 수준'의 개혁의지가 수반되지 않고는 달성하기 힘든 일이다.

대통령이 취임 초부터 지휘해야 할 예산삭감 작업은 국정 전 분야에서 일정 수준 삭감을 분담하는 방식으로 이뤄져야 한다. 인건비, 방위비, 사회복지비, 사회간접자본을 포함한 경제개발비, 그리고 지방 부문 모두를 망라해야 한다. 이 과정에서 재원을 사전에 사실상 확정하는 그동안의 관행을 백지화해 제로 베이스(zero -

base)에서 새 출발하는 발상의 전환이 이루어져야 한다. 조세수입 또는 정부지출의 일정 비율을 미리 재원으로 확정해 놓는 관행도 재고되어야 한다.

새 출발을 하는 데는 뼈아픈 용기가 필요하다. GNP 대비 5%의 공교육비 예산, 이미 사업계획이 집행되고 있는 농어촌 구조개선 사업, 지방교부세 및 지방양여금 등 지방 부문에 대한 재원 이전, 중앙정부 예산의 일정 비율과 맞물려 있는 방위비, 최근 확대일로에 있는 과학기술 부문, 그리고 대규모 국책사업이 주종을 이루고 있는 SOC 사업 분야 등에 대한 지출규모의 하향조정과 우선 순위의 전면적 재검토가 이루어져야 한다.

IMF 경제위기가 오히려 호기

한 가지 짚고 넘어가야 할 것은 이 과정에서 과거 방식은 지양돼야 한다는 점이다. 과거엔 예산을 줄인다고 삭감비 항목까지 정해놓고 획일적으로 10%씩 삭감토록 지시했다. 앞으로는 삭감될 것에 대비하여 감추어놓은 예산을 찾아내 일정 비율 자율적으로 감축토록 하는 것이 바람직할 것이다. 그 나머지 몫은 지출의 긴급성과 국민경제적 효율성 관점에서 전략적 감축 작업을 도모해야 한다. 이 과정의 성패를 좌우하는 것은 두 가지다. 예산감축으로 인한 상대적 박탈감과 기득권 유실에 대한 반발을 무마할 수 있는 대통령의 강력한 지도력과 국민적 공감대 형성에 기초한 진솔한 설득 작업이 그것이다. 새 대통령은 통상적 상황 아래서는 감히 접근조차 하기 어려운 초유의 예산 구조조정 작업을 벌이면서 신념을 가져야 한다. IMF 경제위기를 호기로 이용해 부문별 저항을 극복함으로써 우리 나라 재정경쟁력이 견고해질 수 있다는 점을 간과해서는 안 된다.

민간 전문가 참여하는 '재정개혁위' 구성 필요

이러한 예산구조 대청소 작업을 추진하면서 새 대통령은 재경원을 포함한 관료기구에만 의존해서는 안 된다. 왜냐하면 예산배분과 관련, 직접적 이해관계를 가진 관료군으로부터 전대미문의 뼈를 깎는 예산감축 노력을 기대하는 것은 가능하지도 바람직하지도 않기 때문이다. 취임 전부터라도 실천적 능력을 갖춘 각계 민간 전문인의 적극적 참여를 보장하는 범국민적 '재정개혁위원회'를 대통령 직속으로 구성해야 한다. 그 역할과 기능을 법제화하면서 재정개혁의 방향 설정과 구체적 집행계획을 수립토록 해야 할 것이다.

차제에 재정경제원의 기능 재정립과 더불어 공공재원의 총체적 흐름을 관장하는 '예산실' 위상을 어떻게 설정할 것인가에 대한 입장 정리가 이루어져야 한다. 그 위상을 어떻게 정립하는 것이 바람직한지에 대한 논의가 선행되어야 한다.

▎조세권력 행사의 정당성 확보가 관건

끝으로 대통령의 예산권 행사는 조세권과 결코 무관할 수 없다. 이는 지출 예산의 토대가 되는 '조세수입의 확보'가 걸린 문제다. 하지만 아직도 대통령의 조세권력 행사를 둘러싸고 선별성, 정치성에 대한 의구심이 불식되지 않는 상황이다. 과거 권위주의적 정치체제 하에서 세무행정권의 행사가 민간경제 활동에 대한 통제수단으로 이용되었기 때문이다.

따라서 대통령은 조세권 행사 과정에서 특정 납세자에게 특별한 혜택을 부여해서도 안 되지만 이를 응징적 수단으로 활용해서도 안 된다. 더욱이 선별적 조사권 발동에 만에 하나라도 정치적 동기가 개입되어 있다면 조세권력 행사의 정당성 확보가 근원적으로 위태롭게 된다는 점에서 대통령의 보편적이며 중립적인 조세권력 행사가 정착되어야 한다.

재벌 주식이동 이제 새삼
국민은 살 집을 사도 자금출처 조사한다

[조선일보 시론 - 1991.11.24]

기업은 창의적인 기업가 정신과 경제정의 실현을 추구하는
시대적 사명을 조화하려는 쇄신적인 노력을 경주하여야 할 것이다.

▌ 조세권력의 원칙 지켜져야

최근 재벌그룹에 대한 대규모의 세금추징조치와 이에 대한 당사자의 불복선언, 그리고 뒤이은 납부 승복결정은 언제 그러한 불똥이 튀길지 모를 것을 우려하는 기업주뿐만 아니라 이를 지켜본 다수의 국민들에게도 충격과 더불어 일말의 당혹감마저 자아내고 있다.[22]

조세권력 행사를 둘러싼 정부·기업 간의 갈등과 대립은 우리나라 기업의 이기주의적 납세의식과 가족주의적 세습 방식이 정부의 권위주의적 조세권력 행사와 충돌하여 빚어낸 산물의 일부에 불과하다. 이번 사건을 계기로 국민과 기업이 공감할 수 있는 정당한 조

세권력 행사의 요건과 이에 상응한 납세자의 책무와 납세도의의 확립, 그리고 부의 이전에 대한 적절한 과세 방식의 정립에 대한 국민적 합의 형성이 요망된다.

▌ 선별적 세무조사권은 무소불위의 권력(?)

자본주의 국가에서 핵심적 국가권력의 하나를 구성하고 있는 조세권력의 행사 방식과 국민들의 납세도의 수준은 국가발전의 척도로 간주된다.

의도적 세원탈루가 현저하고 자발적인 납세협조가 취약한 우리나라의 납세풍토 하에서 정부의 선별적인 조세권력 행사 여하에 따라서는 당사자의 경제적 존립 여부가 좌우되고 도덕적·사회적 기반마저 붕괴될 우려가 있다. 따라서 정부는 조세권 행사 과정에서 특정 납세자에게 특별한 혜택을 부여해서도 안 되지만 응징적 수단

---

22) 국세청은 1991년 11월 고 정주영 현대그룹 명예회장의 일가 9명과 14개 계열사에 대해서 법인세 631억 원, 증여세 60억 원 그리고 소득세 670억 원을 포함한 총 1,361억 원의 세금을 추징하였다. 추징사유는 1986년에 자산가치가 낮은 현대중공업이 자산가치가 높은 현대종합제철을 1대1의 비율로 합병하는 과정에서 상호보유주식 1,799만 주를 소각하는 감자를 실시하였고, 여기서 생긴 감자차익을 무상증자를 통해 대주주인 정주영 명예회장 일가에게 배정하여 결과적으로 2,466억 원의 자본이득을 취득하게 되었기 때문이다. 세금 추징에 적용된 법규정은 법인세법 제20조(부당행위 계산부인)였다.

의 일환으로 활용해서도 안 된다. 그럼에도 불구하고 과거 권위주의적 정치체제 하에서 세무조사권의 행사는 무소불위의 행정권의 하나로서 민간 경제활동에 대한 통제수단으로 이용되었던 점을 부인할 수 없다.

더욱이 이러한 선별적 조사권 발동에 만에 하나라도 정치적 동기가 개입되어 있다면 조세권력 행사의 정당성 확보가 근원적으로 위태롭게 된다. 그렇다면 정부당국은 이번 조치를 포함한 강도 높은 조세 공권력(公權力)의 행사가 분명 보편적이며, 중립적인 권력 행사의 일환임을 명백히 밝혀줄 책무가 있다. 세원탈루의 가능성에 대해 균형있는 과세원칙을 실현할 의지를 보여주어야 할 것이다. 일반국민들이 소형주택 하나를 구입해도 자금출처를 제시하도록 요구하고 있는 상황에서 거대 기업의 주식양도에 기초한 재산의 증여 또는 부의 이동을 이제야 발견했는가에 대한 의문에 대해서도 정부당국의 명백한 설명이 필요하다. 그러지 못할 경우 정부당국은 대기업의 의도적 세금탈루를 묵인하였거나, 아니면 조세당국의 세원관리능력이 취약했음을 자인하게 되는 것이다.

▌ 균형과세의 실현

사실상 정부는 그동안 대기업의 주식이동에 따른 자본이득과 대기업의 2세 승계 과정에서의 부의 이전에 대한 세원포착 노력을 경주하지 않은 결과, 기업과 부의 세습 과정에서 세원의 탈루가 관행화되어왔다고 볼 수 있다.

우리나라의 취약한 납세도의 수준과 고착화된 사회경제적 이중구조를 고려할 때 설령 사후적으로 세금탈루 사실을 확인한다 하더라도 정규적인 절차를 밟아 세무조사권을 발동하는 가운데 인내심을 가지고 당사자에게 충분한 소명기회를 부여함으로써 추가적 세금부과에 따른 사회·경제적 충격을 최소화하려는 성숙된 노력이 아쉽다.

만일 우리의 납세환경을 근원적으로 정비하려는 노력이 수반되지 않은 채 그동안 정부가 취해왔던 충격적·일회적 대응 방식이 반복된다면, 국민들의 민주적인 납세의식의 정착을 더욱 어렵게 함은 물론이고 국민들의 합리적 경제활동을 유도하는 데 실패하게 될 것이다. 따라서 조세권력의 행사가 보다 예측가능하고, 공정하며, 보편적으로 행사될 수 있도록 조세권력 행사의 요건을 프로그램화함과 아울러 기업활동의 결과 창출된 부의 세내 긴 이전에 대한 적정한 과세 방식의 정비가 요청된다.

사실상 정부는 고도성장이라는 정책목표를 추구하는 과정에서 기업의 자본 형성과 부의 세대 간 이전에 대해 폭넓은 세제상의 우대조치를 부여하여 왔다. 따라서 배분적 정의에 부합하는 상속·증여세제의 개편과 실효성 있는 집행 노력의 전개가 요망된다.[23]

이번 세금추징 결정에 접하면서 기업은 이기주의적 납세관행과 가족주의적 경영 방식에서 탈피하여 국민의 기대수준에 상응하는 납세도의와 사회적 책임 구현에 솔선수범하는 겸허한 자세를 국민들에게 보여주어야 할 것이다.

▎경제정의 확립 전기로

기업은 그동안 고도 성장과정에서 묵인해왔던 조세특혜 관행을 거두어들인 사실에 불복하는 자세에서 과감히 벗어나 기업발전의 원동력이 됐던 창의적인 기업가 정신과 경제정의 실현을 추구하는 시대적 사명을 조화하려는 쇄신적인 노력을 경주하여야 할 것이다.

---

[23] 후손의 복지를 위하여 재산을 이전시키는 것은 일응 타당하며, 인류사에서 보편적으로 인정되어 왔다. 그러나 사회적 연대와 공동번영을 위해서는 부의 세대 간 이전은 일정한 제약을 필요로 한다. 왜냐하면 현 세대의 부의 격차로 인해 후세대의 복지가 전적으로 결정되고 그것이 항구적으로 지속될 경우, 단순히 부의 불평등이 심화되는 것뿐만 아니라 사회의 균형된 지속적 발전을 담보하기가 어렵기 때문이다. 그러므로 부의 세대 간 이전은 재산의 일정부분을 사회에 환원한 이후에 그 잔여적 가치를 후손에게 전달하는 것으로 인식되어야 하며, 사회는 구성원의 합의에 입각한 원칙과 제도를 만들고 그것을 지켜나가는데 노력해야 한다.

이러한 과정에서 다수 국민의 근면과 노력으로 형성된 부의 명실상부한 공익화 노력을 전개하여 경제 정의 구현에 앞장설 때 조세권력 행사를 둘러싼 정당성의 시비는 국가발전의 새로운 전기로 기록될 수 있을 것이다.

세금 못지않은 준조세의 정비

[1990년대 초 기고]

10

1980년대 군부의 권위주의 정부 때까지만 해도 반강제적 성격의 준조세가 국민들에게 중압감을 안겨준 바 있다.
문민정부 이래로 이러한 준조세는 상당부분 폐지되거나 제도화되었을 뿐 아니라 이에 대한 정치적·법적 규제가 정비됨으로써 2000년대 들어서는 준조세에 대한 사회적 논란은 두드러지지 않는다고 볼 수 있다.

▌ 부담의 이중 구조 - 조세와 준조세

우리나라의 조세부담률은 GNP의 19% 수준에 머무르고 있다. 국민의 재원 부담은 조세 부문을 중심으로 논의되고 있지만 국가, 공공단체가 반(半)강제적으로 부과하거나 기업 또는 가계가 반(半)자발적으로 부담하는 실질적인 국민부담으로서 조세 이외의 세외 부담(준조세, 準租稅) 영역을 생각해 볼 수 있다. 우리나라의 경우 기업과 가계가 조세 이외의 각종 공과금과 기부금 등 상당수준의 실질적 재원부담을 지기 때문에 우리나라 국민의 공권력에 의한 실질적인 재원부담 수준을 파악하기 위해서는 법정 조세 외에 이와 같은 준조세적 부담을 포함시켜야 한다. 특히, 그러한 준조세적 부담이 사회 통념에 비추어 당연히 정부의 기초적 활동(기초교육, 국가방위, 방재대책 등)으로서의 공공서비스에 대한 재원조달수단의 하나로 활용되는 것이 관례화되어 있기 때문에 그러한 준조세적 부담은 사실상 법정 조세부담과 다를 바 없다. 따라서 조세부담률을 법정 조세부담률로만 산정하지 말고 준조세, 강제소화방식에 의한 국공채발행액, 그리고 사실상 조세부담의 성격을 띠고 있는 각종 강제성 부담금을 포함하여 실질적인 '국민총조세부담률'을 산정할 필요가 있다.

우리나라 국민의 준조세수준은 정확하게 밝혀지고 있지 않으나, 어떤 연구에 의하면 기업의 준조세부담이 기업의 연구개발비(R&D)를 웃돌 뿐 아니라 법인세 부담보다 큰 것으로 밝혀진 바 있다. 준조세부담이 높고 그 종류가 많다는 사실은 부담배분의 공평성과 자원배분의 효율성을 저해할 뿐 아니라 법정 조세부담률에 대한 신뢰를 저하시키는 요소로 작용한다는 점을 간과해서는 안 될 것이다.

▌ 기업의 법인세를 능가하는 준조세부담(?)

준조세부담은 부담의 성격에 따라 흔히 공과금적 부담, 분담금적 부담, 자선적 부담의 셋으로 나누어 설명될 수 있다.

첫째, 공과금적 부담은 법적 기속을 받고 행정수입적 성격을 띤

타율적인 부담으로서 예를 들면 오물수거료, 수익자부담금, TV시청료, 특별법에 의한 각종 부담금 등이 이에 해당된다. 이러한 공과금적 부담금은 부담의 신축성이 적어 조세와 상당히 유사한 성격을 띠고 있다.

둘째, 분담금적 부담은 경제정의 접근과 사회보장 측면에서 근로자의 복지와 기업의 책임을 구현하기 위한 반(半)자율적인 부담금으로서 의료보험, 산재보험료, 저축장려금 등이 이에 포함되며 기업 영역에서 많이 찾아 볼 수 있다. 분담금적 부담은 공과금적 부담과 비교해 볼 때 조세와 경합하는 정도도 상대적으로 낮다고 볼 수 있으며, 부담이 기업의 비용에 포함되는 것이 일반적이다.

끝으로 자선금적 부담은 부담자의 자유의사에 따른 자율적인 부담으로서 체육성금, 원호성금, 방위성금, 이웃돕기성금 등이 이에 해당되며 부담의 신축성이 크고 공권력에 의거한 조세와는 상이한 자발적 부담의 성격을 띠고 있다.

자선금적 준조세 - 공권력 영향에서 벗어나야

이와 같은 준조세부담의 분류기준에 의거할 경우, '공과금적 부담'의 일부는 폐지되거나 조세를 통한 재원조달방식으로 전환하는 것이 바람직하며, 최소한 부담대상자와 부담의 수준에 대한 공적 통제의 범위를 넓히는 것도 고려되어야 할 것이다. 특히 일반적 보상관계의 성격을 강하게 띤 공공서비스에 대한 재원조달의 유형으로 관례화되고 있는 준조세는 조세부담으로 전환되는 것이 바람직하다. 이래야만 재원부담의 응능원칙(應能原則)을 실현하고, 정부활동의 정당성의 기초를 마련할 수 있을 것이다. 그러나 준조세부담의 일정 부문이 재정매커니즘에 포함될 경우, 공공 부문 팽창에 따른 조세부담률 상승에 따른 납세자의 저항, '간소한 정부'라는 정치이념상의 제약이 뒤따르게 될 것이다. 그렇기 때문에 이러한 제약이 극복될 수 있도록 정부기능의 조정과 조세부담율의 설계에 대한 장기적 구도가 마련되어야 한다.

다음으로 '부담금적 부담'의 경우 사회복지 재원을 기업이 일정 수준 분담함으로써 기업의 사회적 책임을 유도할 뿐 아니라, 재정복지재원에 대한 재원부담을 수혜자와 분담함으로써 정부·기업·국민 간의 균형적인 분담구조를 형성할 수 있을 것이다.

끝으로 '자선금적 부담'의 경우 기업이윤으로부터의 부담으로 유도하고 어떠한 경우라도 공권력의 영향력을 통하여 조달되는 것은 금지되어야 할 것이다.

प제6장
갈등관리와 환경가치의
존중 양상은?

"기업의 자기혁신과 정책당국의 쇄신적 대응노력이 요망"

'핵연료 처리' 경주사례 활용을   01

[동아일보 시론 - 2009.07.18]

시민사회 역시 지역이기주의, 집단이기주의, 보상만능주의를 극복하면서
주요 국책사업을 정권적 차원에서 조명하지 않고,
국민의 보편적 이익의 실현에 뿌리를 둔 대응자세를 견지함으로써
최선이 아니면 차선일지라도 순응하는 성숙된 자세를 고양해야 한다.

▋ 공론화위원회의 출범

많은 국민은 '사용 후 핵연료 처리방법 논의를 위한 공론화위원회'가 곧 출범한다는 소식을 접하고 이번의 고준위 방사성폐기물 처분장 사업이 큰 소요 없이 잘 마무리될 수 있을지 불안해한다.

사용 후 핵연료보다 위험 수준이 낮은 중·저준위 방사성폐기물 처분장 입지 선정 과정에서조차 1990년 안면도, 1995년 굴업도, 2003년의 부안 소요사태를 비롯하여 4개 정권을 거치면서 여러 명의 관련 장관이 사임하는 등 심각한 사회적·경제적 비용을 치르고 난 후에야 마무리됐던 악몽을 기억하기 때문이다. 하물며 방사성물질 유출 위험도가 높은 고준위 사용 후 핵연료폐기물 처분장 건

설이 무리 없이 추진될 것이라고 누가 쉽게 예단할 수 있을까?

노무현 정부 시절, 국무총리가 중심이 되어 특별지원금 3,000억 원, 폐기물 반입수수료 연평균 85억 원, 한국수력원자력본사 이전 등 특별법 제정을 통해 방폐장 유치에 따른 혜택을 내걸고, 지방자치단체로 하여금 서로 경쟁하는 구도를 만들어 냈고, 궁극적으로 주민투표를 거쳐 찬성률이 높은 경주로 방폐장 부지를 선정한 바 있다.

▍사용 후 핵연료 처리시설 계획 없음은 부끄러운 일

원자력발전에 대한 환경론적 논란은 차치하더라도 국내 전력생산의 35%를 차지하고 원자력발전 설비용량 기준 세계 6위를 기록하면서 원자력발전 기술 수출국으로 부상하는 우리나라가 아직도 사용 후 핵연료 처리시설에 대한 뚜렷한 계획을 갖고 있지 못한 채 임시 저장한다는 사실은 부끄러운 일임에 틀림없다.

지금부터 사용 후 핵연료 처리시설에 대한 치밀한 계획을 국민적 공감대 형성을 토대로 차질 없이 추진하지 않는다면, 임시 저장시설이 포화상태에 이를 2016년 이후의 원자력발전은 차질을 빚을 수밖에 없다. 이런 상황을 감안할 때 공론화위원회는 만시지탄이라고는 하나 고무적인 출발임에 틀림없다. 우선 이름부터 '추진'이 아니고 '논의를 위한 공론화'로 붙인 것 자체가 무엇보다 사회적 합의를 중시하는 토대 위에서 계획을 수립하겠다는 의지가 엿보이기 때문이다.

▌ 토론과 설득을 근간으로 한 국민적 동의 끌어내야

사실 핵 폐기장 건설문제는 효율성, 경쟁력 등 경제논리보다 토론과 설득을 근간으로 한 합의 도출에 이르는 과정의 정당성이 국민적 동의를 끌어내는 핵심적 요소임이 지난번 경주 방폐장 선정 때 우리가 얻은 교훈이었다. 특별법 제정과 재정지원 약속 등 지원에 치중할 뿐 시민사회가 참여한 자율적 민간기구가 전적으로 입지 선정을 주도함으로써 반대 단체의 주장을 경청하고 국민적 지지를 확보했던 성공사례를 고준위 핵연료 처리시설 공론화 과정에서도 십분 활용해야 한다.

시민단체가 상대적으로 우호적이던 노무현 정부 시절과는 대조적으로 시민사회가 정부의 노선에 곱지 않은 시선을 보내는 점도 현 정부가 시민사회와 같은 눈높이로 진정성을 갖고 대화하기 위한 배전의 노력을 기울여야 함을 말해주는 대목이다.

▌ 국책사업 선정에도 글로벌 수준으로 진입해야

　시민사회 역시 지역이기주의, 집단이기주의, 보상만능주의를 극복하면서 주요 국책사업을 정권적 차원에서 조명하지 않고, 국민의 보편적 이익의 실현에 뿌리를 둔 대응자세를 견지함으로써 최선이 아니면 차선일지라도 순응하는 성숙된 자세를 고양한다면 국책사업 수행에 있어서도 세계 중심국가로 진입할 수 있는 전기를 마련할 수 있다.

　최악의 시나리오는 작금의 국회에서처럼 개원 자체를 저지함으로써 논의의 장(場)마저 봉쇄하는 사태가 국책사업 공론화 과정에서 발생하는 모습이다. 우리의 성숙한 국민의식은 '국민 모두가 패자(敗者)가 되는 무한대결'을 철저히 외면할 것임에 틀림없다.

갈등해결 새 모델 '방폐장 투표' 02

[동아일보 시론 - 2005.11.04]

우리 사회가 좀 더 성숙해지고,
'국민 모두가 패자(敗者)가 되는 무한대결'을 지양하는
국민의식이 훨씬 견고히 뿌리 내려야 한다.

▎방사성폐기물 처리장 경주 선정

4개 지역 주민투표를 통해 20년 가까이 '해묵은 숙제'인 중·저준위 방사성폐기물 처분장(방폐장) 부지 선정이 일단락됐다.[24] 천

---

[24] 방사성폐기물은 방사능의 정도(준위)에 따라 중·저준위 폐기물과 고준위 폐기물로 나눌 수 있다. 중·저준위 폐기물은 원전 내 방사선관리구역에서 사용했던 작업복, 휴지, 덧신, 장갑, 폐부품 등이며 방사성 동위원소를 사용하는 산업체 연구기관이나 병원에서 배출되는 시약병, 주사기도 역시 중·저준위 폐기물에 포함된다. 반면에, 고준위 폐기물은 원자력발전에 사용한 '사용 후 연료'가 대표적으로 꼽을 수 있다. 경주시가 유치하기로 결정한 처분장은 방사능의 준위가 낮은 중·저준위 방사성폐기물을 대상으로 하고 있다. 방폐장 투표는 1978년 고리1호기가 최초로 가동한 이후 지역주민의 반대로 쌓여만 가던 중·저준위 방사성폐기물을 체계적으로 관리·처리하게 되었다는데 의의가 있다.

년고도(古都) 경주가 이제 방폐장을 수용한 첫 번째 도시로 대내외의 주목을 받게 된 것이다.

주민투표를 통한 방폐장 입지 선정은 국책사업 추진에 있어 갈등해결의 새로운 모델을 보여줌과 동시에 경쟁의 결과를 흔쾌히 수용하는 성숙한 시민의식의 유무를 시험하는 분수령이라고 볼 수 있다. 얼마 전 국회의원 재선거 때의 평균 투표율 39.7%를 월등히 능가하는 평균 60.3%의 투표율과 67.5~89.5%의 높은 찬성률을 보였다는 사실은 앞으로 국책사업 수행 시 발생할 수 있는 사회적 갈등요소를 완화, 해결할 수 있는 새로운 통로가 있음을 보여주는 것이다.

새만금 간척사업, 천성산 터널공사, 경부고속철도 노선결정 등 주요 국책사업을 추진할 때마다 많은 난항을 겪은 결과 국가자원의 낭비가 천문학적 수준에 이르게 된 사례가 우리의 기억에서 사라지지 않고 있다. 원자력발전소를 가동하는 세계 31개국 중 폐기물처분장을 건설하지 못한 곳이 우리나라뿐이라는 사실은 선진국 클럽이라는 경제협력개발기구(OECD)에 가입한 국가로서 면목이 서지 않는 일이다. 현실적으로 보아도 전체 발전의 40% 정도를 원자력에 의존하는 우리나라가 원자력발전을 당장 중단하지 않는 이상, 발생되는 폐기물은 어느 곳에서라도 처리되어야 한다.

▌ 격렬한 유치반대 후 이번에는 유치경쟁 과열

흥미로운 것은 1990년 안면도, 1995년 굴업도, 2003년 위도 사태 때는 유치반대가 격렬했는데 이번에는 일부 반대 여론에도 불구하고 유치경쟁이 과열되었다는 점이다. 물론 특별지원금 3,000억 원, 폐기물반입수수료 연평균 85억 원, 한국수력원자력본사 이전 등을 특별법으로 명시했던 것이 지역경제 활성화를 도모하는 지방자치단체들에게 매력으로 작용했을 것이다. 하지만 위도의 경우에도 특별법 형태는 아니었지만 '3,000억 원 지원금, 양성자가속기 설치, 한국수력원자력 본사이전' 등 거의 비슷한 내용의 혜택이 제시된 바 있었다. 달라진 것이 있다면 '혜택을 놓고 지자체들이 서로 경쟁하도록 새로운 판을 짰다'는 것이다.

물론 특별법 제정과 경쟁시스템을 통해 국책사업을 해결하는 방식이 최선인지 의문을 제기할 수는 있다. 따지고 보면 주민의 동의가 선행된 지역을 대상으로 기술적·경제적 타당성을 고려해 선정하는 것이 더 효율적인 방식이다. 그러나 지역이기주의, 집단이기주의, 금전보상주의가 팽배한 우리 사회에선 투표와 찬성률로 결론을 내지 않으면 결정에 승복하지 않는 일이 빈번히 발생했다. 이번 해법은 현실적으로 가능한 차선의 선택이었으며, 이를 통해 해묵은 사회적 갈등이 해결되는 물꼬가 트인 것이다.

▍찬성률에 의한 입지 선정은 차선

일각에서는 유치경쟁에서 탈락한 전북 군산시, 경북 영덕군, 포항시 등 3개 지자체 주민들의 불복을 우려하기도 한다. 하지만 우리나라 국민의 민주적 성숙도에 비춰볼 때 탈락 지자체 주민들도 결과를 존중할 것이라 믿는다. 방폐장 유치를 지역발전의 계기로 삼고자 했던 이들 지자체에 대한 배려도 고려해 봄 직하다.

그보다 더욱 우려되는 것은 반원자력 단체가 관권투표, 부정투표 등을 거론하며 투표 무효화 투쟁을 벌인다는 소식이다. 하지만 이들 단체의 의도는 '관권투표의 문제를 제기하려는 것'이 아니라 '어떤 결과에 대해서도 반대함으로써 아예 판을 깨려는 것'으로 보인다.

이는 민주사회에서 통용될 수 없으며 선진화를 가로막는 걸림돌이다. 반핵·반원자력이 해당 단체의 신념일 수 있지만 이런 방식으로는 안 된다.

▍국책사업 추진에서 무한대결은 지양되어야

이미 언급했지만 이번에는 '차선의 해법'이 선택됐다. 앞으로 '최선의 해법'이 받아들여지기 위해서는 우리 사회가 좀 더 성숙해지고, '국민 모두가 패자(敗者)가 되는 무한대결'을 지양하는 국민의식이 훨씬 견고히 뿌리 내려야 한다.

또한 이번 주민투표를 계기로 보상만능주의가 국책사업 추진의 유일한 갈등 해결 방식이 되지 않도록 향후 국책사업 추진의 절차와 보상의 객관적 기준을 설정하는 노력이 전개돼야 할 것이다.

서울대 방폐장 유치의 참뜻

[조선일보 시론 - 2004.01.10]

국립대학으로서 한국사회에서 많은 국민적 혜택을 받은 서울대가
곤궁에 처한 국책사업의 원만한 수행에 앞장서는 것이 기본 책무의 하나이다.

▌ 교수들의 관악산 유치 주장의 충정 - 국민에 대한 호소

원전(原電)수거물 시설을 서울대가 위치한 관악산으로 유치하자는 서울대 교수들의 성명은 그 제안의 의외성(意外性)에 비추어 원전수거물 시설 입지 결정에 새로운 논란의 단초를 제공하고 있다.

일부 국민들은 교수들의 제안이 수년간 표류하고 있는 원전수거물 관리시설 입지문제에 경종을 울릴 수 있는 '신선한' 제안이라는 생각을 갖고 있는 듯하다. 반면 관련 지방자치단체, 환경단체 등은 이번 제안을 '아닌 밤중에 홍두깨' 격이라며 현실을 모르는 학자들의 순진한 발상으로 폄하하고 있는 양상이다.

관련 단체들의 반발은 실로 정당한 것일 수 있으나, 이번 제안의 이면에 담긴 교수들의 충정과 참뜻을 이해한다면 달라질 수 있다. 원전수거물 시설의 입지가 당초 안대로 순조롭게 진행되었거나, 그것이 여의치 않을 경우 사회적 소요가 발생하지 않고 다른 차선의 입지를 물색할 수 있다면 서울대 교수들의 제안은 애당초 존재하지도 않았을 것이다.

이번 서울대 교수들의 제안은 원전수거물 시설은 무조건 관악산에 유치해야 한다는 당위성을 표현한 것이 결코 아니다. 원전수거물 시설을 수용할 입지 선정 노력이 더 이상 진전되지 않는다면, 서울대가 위치한 관악산도 최후의 입지 대안의 하나로 검토해달라는 국민에 대한 간절한 호소의 성격을 띤다.

서울대 교수들이 반환경주의자이기에, 원자력발전 자체를 옹호하기 때문에 이번 제안을 주도한 것이 아니며, 폐기장시설 유치에 상응한 반대급부를 의식해서 의견을 표명한 것도 결코 아니다.

▍국책사업의 합리적 추진 전기되어야

서울대 교수들은 원전폐기물 처리시설은 물론이고, 새만금 사업, 댐 건설, 행정수도 이전, 고속전철 노선결정 등 일련의 주요 국책사업 추진 과정에서 노정(露呈)된 지역이기주의, 집단이기주의, 보상만능주의 그리고 정치적 이해갈등으로 인한 국력낭비를 방관한다면 우리 사회의 미래가 결코 밝을 수 없다는 데 그 뜻을 함께했기 때문이다.

우리 사회의 공통이익 실현을 제약하는 각종 병폐를 치유하는 데 지식인이 앞장서야 한다는 '시대정신'을 실천하는 데 있어 한 톨의 밀알이 되어야 한다는 심정에서 많은 반발을 예견하면서도 제안에 임한 것이다. 특히 국립대학으로서 한국사회에서 가장 많은 국민적 혜택을 받은 서울대가 곤궁에 처한 국책사업의 원만한 수행에 앞장서는 것이 기본 책무의 하나라는 점도 이번 성명을 가능케 한 원동력이었다고 본다.

▌ 과학적 검증 중시되는 성숙한 국민의식 일깨워야

교수들의 이번 제안은 서울대 총장을 비롯한 공식기구가 관련 기관과 협의 및 여론수렴을 통해 진행 여부를 판단해야 할 사안이다. 설령 이번 제안이 공식적 의제설정 과정을 벗어나더라도 우리가 다시금 되새길 수 있는 대목이 있다.

첫째, 원전수거물의 위해(危害)정도와 관련하여 전문가의 과학적 검증과 판단이 중시되는 풍토가 조성되어야 한다. 우려할 만한 위험도에 대한 과학적 검증이 등한시되는 반면, 사회적·정치적 요인이 이를 대체한다면 최종 입지 선정 결정은 더욱 멀어질 수밖에 없다.

둘째, 각종 국책사업 수행과 관련한 보상체계, 협상기구, 쟁송(爭訟)기구 등이 국가적 공통이익에 부합하는 방식으로 재편되어야 하고, 이러한 기구를 통해 도출된 결과를 이해당사자가 존중하는 성숙된 국민의식이 정착되어야 함을 다시금 일깨워주고 있다.

절약과 풍요

[서울대 행정대학원 국가정책과정 총동창회보 - 1993.02]

근검을 통한 경제적 가치의 축적은 자연스럽게
사회의 경제적 약자에게 이전되거나
사회적 편익의 수준이 보다 높게 창출될 수 있는 분야에 활용됨으로써
궁극적으로 균형있는 국민경제의 발전을 앞당길 수 있다.

이 글은 필자가 독일 통일 직후 독일 베를린 자유대 초청 교수로 베를린에 체재할 때 쓴 것으로, 여기에 제시된 상당 부분의 내용(쓰레기 분리수거, 쇼핑백 별도 구입, 복도 전등의 자동소등장치 활용 등)은 우리나라에서도 이미 활용 중이기에 다소 시대에 뒤떨어진 언급일 수 있다는 점에 유념하기 바란다.

우리가 풍요로운 사회로 진입하기 위해서는 소득의 상승을 포함한 경제성장의 산물이 국민경제 발전에 효율적으로 재투입될 수 있는 제도적 장치가 마련되는 가운데 절약과 저축의 기풍이 국민의 경제생활 깊숙이 뿌리내려야 할 것이다. 한마디로 근검절약의 기풍이 뿌리내리지 못한 상태에서 국민경제의 건실한 발전을 기대하기

란 어렵다.

특히 부존자원이 빈약하여 주요 원자재를 대부분 수입에 의존하는 가운데 대외교역의 지속적 확대를 통한 성장기반 구축이 중시될 수밖에 없는 우리나라에 있어, 건전한 소비행태의 정착과 자원절약형 경제구조의 정립은 지속적 경제발전의 필수적 전제조건이라고 말할 수 있다.

절약은 단순히 경제적 효율성의 측면에서만 고려할 것이 아니고, 사회적, 인격적 차원에서 접근해야 할 과제라고 생각된다. 왜냐하면 절약의 생활화, 일상화를 통한 경제적 가치의 축적은 우리의 성장잠재력을 배양함으로써 지속적인 경제발전에 기여할 뿐 아니라, 보다 높은 사회적 가치를 형성할 수 있는 경제적 기초를 마련함으로써 복지사회로의 접근을 앞당겨주기 때문이다.

특히 그와 같은 경제적 가치의 축적은 자연스럽게 사회의 경제적 약자에게 이전되거나 보다 사회적 편익의 수준이 높게 창출될 수 있는 분야에 활용됨으로써 궁극적으로 균형있는 국민경제의 발전이 이루어지는 것이다.

절약과 풍요라는 어휘는 얼핏 서로 대칭적인 의미를 지니고 있는 것으로 보이나, 사실상 같은 맥락에서 이해될 수 있다. 왜냐하면 풍요로운 사회를 가능케 하는 주된 요소의 하나가 바로 국민적 근검절약의 기풍이라고 볼 수 있기 때문이다. 따라서 우리가 보다 풍요로운 사회를 추구할수록 가정, 기업, 정부 등 경제주체가 보다 알뜰하게 소비와 생산 활동을 영위하는 정성스런 노력이 긴요하다.

▌ 자원절약형 소비행태와 산업구조의 형성

자원절약형 소비행태와 산업구조의 형성은 작금에 물의를 빚은 바 있는 유해산업폐기물 등 공해문제를 접근하는 데도 유용한 방식이다. 21세기에 있어 환경파괴는 인류의 삶의 터전을 잠식하는 인류의 적으로 간주된다. 공해의 발생은 사실상 자원의 소비에 비례한다.

이런 점을 감안할 때 공해문제의 우선적 과제는 불필요한 소비를 억제하고, 자원을 절약하는 것이라고 할 수 있다. 공해의 발생 자체를 근본적으로 줄이려는 노력은 이미 발생한 공해에 대해 대책을 강구하는 것보다 사회적 비용을 현저히 줄일 수 있음은 자명하다. 공해방지 측면에서 자원절약 노력은 미덕이라기보다는 사실상 현대인의 의무라고 해도 과언이 아니다.

▌ 환경오염의 방지를 위한 시민들의 정성

필자는 독일에서 교환교수 생활을 하면서 독일인이 자원절약과 공해방지 노력에 세심한 배려를 하고 있음에 감탄한 바 있다. 독일의 통상적인 주거형태라고 할 수 있는 5층 아파트의 계단에 있는 전기 스위치는 한 번 누르면 정상적인 걸음으로 5층까지 올라갈 정도의 시간까지만 불이 켜진 후 꺼지게 되어 있다. 밤이라도 사람이 다니지 않을 때는 전등을 꺼서 전기를 절약해야 한다는 것이다. 다수의 독일인들은 남녀노소를 막론하고 시장에 갈 때면 장바구니나 비닐백을 휴대하는 것이 일상화되어 있다. 슈퍼마켓에서 비닐백 하나를 돈 주고 사는 것이 아까워서라기보다는 언젠가는 오염물로 둔갑할 비닐백을 하나라도 아끼는 것이 공해방지에 유용하다는 생각에서이다.

자동차의 냉각수나 엔진오일을 길거리에 방치하거나 일반 하수도에 방류하면 무거운 벌금을 물게 되며, 자동차 출발 전후의 공회전은 공해방지 측면에서 금지되고 있다. 독일인들은 가정에서 쓰레기를 버릴 때, 휴지와 음식찌꺼기, 색깔 있는 유리병과 색깔 없는 유리병, 그리고 배터리를 분리해서 버린다. 유리병과 휴지는 재생하여 사용하며, 배터리는 일반 쓰레기와 함께 처리할 경우 토양오염이 심각하기 때문에 별도로 분리 처리하고 있다.

아직도 잊혀지지 않는 것은 '독일 국민이 귀히처럼 하루에 수건 하나씩을 더 사용한다면 독일 전역에서 하루에 수천만 개의 수건이 세탁되어야만 할 것이며, 이로 인한 합성세제의 전국적 사용량은 천문학적 수치일 것이라는 점을 고려하여, 수건을 사용해 주십시오' 라는 호텔 객실 욕조에 붙어 있는 경고 구절이다. 한마디로 호텔의 객실에 쌓여있어 자유롭게 사용할 수 있는 수건일지라도 필요한 만큼 아껴서 사용하는 것이 바로 자신과 독일을 위하는 길이라는 것이다.

비록 우리들 눈에는 사소한 것으로 비쳐질지 모르지만 자원절약과 공해방지를 위한 일이라면 사소한 것에도 세심한 정성을 기울이는 평범한 독일인들의 태도야말로 우리가 간과해서는 안 될 교훈이다. 독일인들의 절약정신이야말로 서독경제 부흥의 밑거름이 되었으며, 서독사회의 경제적 풍요와 복지사회에 기초한 국민화합이 오늘의 독일 통일을 안겨다준 것이라는 생각을 해보게 된다.

환경오염과 기업윤리
대기업의 오염배출 사건에 접하여[25]

[동아일보 시론 - 1991.03.29]

기업이 공동체적 존재의 하나로서 기능하기 위해서는
견고한 사회적 동의영역을 확보해야 한다.
그러기 위해서는 기업의 경제활동이
사회가 요구하는 최소한도의 윤리적 기초 위에서 이루어져야 한다.

▎공동체적 존재인 기업에 대한 긍지 느껴야

자본주의 경제체제의 국가에서 기업과 기업인이 국민들로부터 존중을 받지 못한다면 국민경제가 융성하고 국가발전이 이룩될 수 있을까. 우리 기업은 국민경제의 생산주체로서 근로자와 함께 오늘

---

25) 1991년 3월 14일 경상북도 구미시 구포동에 있는 두산전자의 파이프가 파열되어 30톤의 페놀원액이 유출되었고 낙동강을 타고 영남 지역의 취수장을 오염시켰다. 20일 후 조업을 재개한 두산전자는 2차 페놀 유출 사건을 일으켜 국민적 비판을 받으며 그룹 회장이 물러났고 환경처 장·차관이 경질되었으며 환경청 공무원들과 두산전자 관계자들이 구속되었다. 이 사건을 계기로 환경에 대한 국민의 관심이 증대되어 환경범죄의 처벌에 관한 특별조치법이 제정되었다.

의 한국경제를 구축한 주역이며 선발 산업국인 한국의 대표주자라고 할 수 있다. 이런 점에서 기업은 비록 사적 소유의 형태로 운영되더라도 우리 사회의 공동체적 존재로서 국민 다수가 긍지를 느껴야 할 대상이다.

그럼에도 기업에 대한 일반국민 또는 소비자들의 시선은 따갑기만 하다. 왜 국민들이 일부 기업에 대해 분노하고 있는가. 사회에 만연된 부조리와 연일 보도되는 충격적인 사건이 기업활동과 수반되어 발생되고 있기 때문이다. 기업이 단순히 사적 소유에 기초한 이윤추구 집단이라는 인식에서 벗어나 국민경제의 구조변화와 국민의 후생증진을 도모함에 있어 견인차와 같은 역할을 수행하는 공동체적 존재의 하나로서 기능하기 위해서는 견고한 사회적 동의영역을 확보해야 한다. 그러기 위해서는 기업의 경제활동이 사회가 요구하는 최소한도의 윤리적 기초 위에서 이루어져야 한다.

▋ 기업의 사회적 약속 파기

최근에 물의를 빚고 있는 대기업 유해물질 방출사건은 기업이 준수해야 할 윤리적 기초를 저버린 전형적 예로서 기업활동의 한계와 책임범위를 새롭게 설정토록 하는 계기를 마련해주고 있다. 기업이 생산활동 과정에서 이윤을 추구하는 것은 극히 자연스러운 일이다. 그러나 이윤을 추구하는 방식은 일정한 사회적 약속과 공정한 규칙의 틀 속에서 이루어져야 함은 자명하다. 이번 두산전자의 유해물질 배출행위나 일부 기업의 수산물 매점매석 행위는 '당연히 해서는 안 될 사회적 약속'을 깨뜨린 것으로서 어떠한 변명도 이를 정당화할 수 없다.

우리 속담에 "개처럼 벌어서 정승처럼 쓰라"는 말이 있다. 정승처럼 돈을 쓴다는 것은 세금 잘 내고 이익을 생산참여자들 간에 공정히 배분하며 보다 좋은 재화를 만들기 위해 기술개발에 주력할 뿐 아니라 여분이 있을 경우 사회관련 지출에도 관심을 기울이는 등 결실의 합리적 배분과 사회환원 노력을 보이라는 뜻으로 이해할 수 있다.

문제는 어떤 방법으로 기업활동을 하는 것이 우리 사회가 수용할 수 있는 것인가라고 할 수 있다. 유해폐기물배출, 매점매석, 담합, 토지투기 등 수단방법을 가리지 않고 돈을 벌라는 것은 결코 아닐 것이며 창의력, 성실성, 개척정신, 비용절감 등 기업가 정신을 주축으로 사회적 약속과 공정한 규칙의 범위 내에서 최선의 노력을 다하라는 의미로 해석되어야 할 것이다.

맥주나 콜라는 사서 마실 것인지의 여부가 전적으로 소비자의 구매선택에 달린 상품이지만 물은 누구나 반드시 먹어야 산다. 이런 점에서 맑은 물을 먹는다는 것은 사실상 생존권과 관련된 기본권의 성격을 띠고 있다.

이러한 귀중한 물을 치명적으로 오염시키는 공장폐기물을 아무런 거리낌없이 방류한다는 것은 해당 기업의 최고경영자들이 문명

사회의 기본규칙을 그들의 생산결정 과정에서 전혀 고려치 않고 있음을 말해준다.

▌ 맑은 물은 생존권 - 공해방지는 비효율적 지출이 아님

초보적인 경제이론에 따르면 기업의 생산활동에 수반되는 공해발생을 최소화하거나 이를 정화하는 비용은 자연스럽게 생산비에 포함되어 소비자에게 전가된다고 할 수 있다. 그러한 통로가 있음에도 다수 기업은 왜 폐수 처리시설 등 공해방지 투자에는 그토록 인색한 것일까.

토지구입, 기업합병, 대(對)정치인 로비, 공장시설 자동화 등에는 앞을 다투어 지출을 아끼지 않는 기업들이 궁극적으로 다수 국민의 생존권과 직결되는 공해방지 노력을 비효율적 지출로 간주, 이를 등한시하고 있는 것이다. 이는 원색적인 이윤추구에 집착한 나머지 기업 내부의 의사결정 과정에서 최소한도의 윤리기준을 수용하지 않기 때문이다.

가령 단기수익이나 자본이득의 추구에 집착하는 기업인은 공해방지 시설에 투자하는 대신 자본이득이 보장되는 부동산의 매입이나 매점매석 그리고 독과점의 유지 또는 특혜적 사업의 확보에 주력하는 것이 기업이익에 부합하다고 믿고 있는 것이다. 그들은 변화하는 사회의 가치규범에 기업이 적응하지 못할 경우 해당 기업의 존립 정당성의 토대가 잠식되는 결과, 장기적으로 기업의 시장생존이 어렵게 된다는 점을 과소평가하고 있는 것이다.

▌ 정부·국민의 감시 한 발짝 더 나아가야

공해배출이 민감한 사회문제로 표출될 수 있다고 믿는 기업들도 속된 말로 "남 안 보면 논두렁에 오줌싼다"는 경우처럼 시민들이 유해공해 배출을 인식하지 못하거나 행정당국이 인지하지 못하면 사실상 책임을 면할 수 있다는 비윤리적 이기주의가 기업경영에 뿌리깊게 팽배해 있는 것도 공해문제의 해결을 더욱 어렵게 하는 요인이다.

공해배출 사건으로 표면화된 기업윤리의 퇴락은 지속적인 정치적 독점, 관료기구의 부패 그리고 자생적 시민감시활동의 미흡에도 상당 부분 연유되고 있다고 볼 수 있다. 따라서 기업윤리의 복원문제는 기업인의 자율적인 자각 노력에 의해서만 접근되어서는 안 되며 공정한 선거, 돈 안드는 정치풍토, 정치적 경쟁의 보장 그리고 신뢰받는 대의제도의 구축 등 정치적 민주화의 실천, 중립적이고 직업윤리에 투철한 관료기구의 정착, 더 나아가서 소비자주권에 의한 시민운동의 전개를 통하여 보완되어야 할 과제라고 판단된다.

우리의 기초적 국민생활을 위협하는 요소가 도처에 자리잡고 있으리라는 국민의 우려를 씻어내기 위해서는 이제부터라도 기업의 자기혁신 자세와 정책당국의 쇄신적 대응노력이 요망된다.

제7장
밀레니엄 시대를 향한 정부기능 조정의 방향은?

"바람직한 정부기능의 설계는 사회후생의 총합적 증진과
배분적 정의의 실현을 위한 합의된 공익목표를 효과적으로 달성하는
'효율적이며 건강한 정부'를 지향하는 것이어야 한다."

"정부의 판단과 같은 '보이는 손' 보다는 '보이지 않는 가격기구'에 의해
자원배분이 이루어질 수 있는
영역을 확대하는 방향으로 기능이 재조정되어야 한다."

민주정부로 가는 길

01

정부기능의 조정과 사회집단의 자율화

[월간조선 연중기획 - 1988. 03.]

정부가 해야 할 일과 해서는 안 될 일을 교통정리해야 한다.

이 글은 1987년 6·29 국민저항으로 대통령 직선제가 관철되고 첫 번째 대선에서 노태우 대통령이 당선된 직후 기고된 글이다. 권위주의 정치체제가 탈바꿈하는 시점에서 정부 기능을 새롭게 모색하는 이 글에서 제시된 상당 부분의 내용이 김영삼·김대중·노무현 정부를 거치면서 가시화되었다.

가령 문민정부에서 국가정보원의 정보수집기능, 경찰의 시국치안 기능에 대한 대폭적인 조정이 이루어졌고 공정거래기능의 강화가 도모되었다. 국민의 정부는 기초생활보장법 제정, 의료보험 개혁 등 사회복지기능의 대폭 확대를 전개하면서, 대외 통상의 중요성을 감안, 통상교섭본부를 발족시킨 것 등을 예로 들 수 있다.

참여정부에서도 금융기능의 시장화를 위해 다각적인 노력이 이루어졌을 뿐 아니라 갈등 조정을 위한 다양한 정부기구의 개편, 저소득층 중시의 세제 개편작업이 전개된 바 있다.

이명박 정부 역시 출범 이후 공기업을 포함한 공공기관 선진화를 도모하는 등 정부개입을 축소하고 규제완화를 시도함으로써 시장기구의 활성화에 매진하고 있는 모습이다.

▌ 큰 정부냐, 작은 정부냐의 논쟁은 허상

한국사회의 구조적 발전과 정치권력의 민주화를 뒷받침할 수 있도록 정부기능을 바람직한 방향으로 재정립하는 작업이 새 정부의 출범을 계기로 주요 과제로 부각되고 있다.

지금까지 사회 각계각층에서 민주화의 외침이 드높았던 것은 기본적으로 정치권력의 창출 과정과 정부의 구성방식이 정당성과 대표성을 결여하였던 데에 일차적인 원인이 있겠다.

그러나 한편으로 정당성을 부여받지 못한 정치·행정 엘리트들에 의해 주도된 정부가 시대적 변화와 시민적 요구를 적절하게 수용하지 못한 채 정부의 기능과 활동범위, 그리고 시장기구 및 국민생활에의 개입수준을 바람직한 상태에서 형성하지 못하였던 데에서도 그 원인을 찾을 수 있다.

지난 연말의 대통령선거 과정에서 주요 정당의 후보자들은 민주화와 복지사회구현 등 추상적인 정책의지를 다짐함으로써 사회 각층의 분출하는 욕구에 대응하였지만, 정작 그러한 정책의지를 실현시킬 정책대안과 이에 상응하는 정부의 역할·기능의 방향에 관하여서는 의미 있는 입장을 제시하지 못하였다. 특히 국민 조세부담을 대폭 확장시키지 않고서는 접근할 수 없는 방만한 구상(특히 지역이익이나 계층이익의 수렴에 있어)을 유권자들에게 언약하는 모습을 보이기도 했다.

주요 대통령 후보자들은 예외 없이 민주화를 최우선적인 목표 가치로 내세우면서도, 자신의 당선을 위해 '광범위하고 개입 범위가 넓은 강력한 정부'의 입장을 취함으로써 결과적으로 '민주화'라는 정책 목표를 훼손하는 양상이 노정되었다.

이와 같이 선거 과정에서 '큰 정부'와 '작은 정부' 또는 '적극적인 정부'와 '최소한의 정부' 간의 균형있는 논쟁이 없었다는 사실은 우리나라 선거에 있어 정책 대결의 한계를 보여주는 것이라고 할 수 있다. 결국 선거 과정을 통하여 유권자의 선택을 받았어야 했을 '정부의 기본 역할과 기능'을 새롭게 설계하는 작업은, 지난 달 출범한 새 정부와 새로 구성될 국회의 첫 번째 과제로 이월된 셈이다.

기능 축소가 아니고 효율적인 정부를 지향해야

정치체제의 비민주적 성격은 정부에 국한하여 서술할 때, 구체적으로 정부가 추구하는 목표, 정부기능의 범위와 개입의 수준, 집행 방식, 그리고 시민들의 태도에 대한 정부의 반응에 따라 판단되어야 할 것이다.

만일 정부활동의 상당부분이 정권유지에 목표를 두고 있고, 정부가 시장기구와 시민생활에 대한 개입의 정도가 매우 광범위하며, 정부가 특정 정책 목표를 수행함에 있어 물리적 공권력에 의존하는 정도가 클 뿐 아니라, 정부가 시민들의 태도(정부 산출물에 대한)에 경직적인 반응을 보인다고 한다면, 정부활동이 민주적인 기반 위에서 이루어진다고 말할 수 없을 것이다.

1970년대 중반의 유신체제 이래로 권위주의적 정치질서가 정부부문에서 구체적으로 '행정권의 비대화와 국회의 무력화', '정부권력의 인격화 또는 사권화(私權化)'를 초래함으로써 한국사회의 건실한 발전을 저해했다는 데 이의를 제기하기가 어려울 것이다.

이러한 점을 감안할 때, 한국사회의 구조적 발전과 국민경제적 성과 향상을 도모할 두 가지 주체(시장과 정부) 중의 하나를 구성하는 정부의 역할과 기능을 합목적(合目的)적으로 재정립하고 정부의 개입을 적정 수준으로 재조정하는 작업이 우선적 과제라고 할 수 있다.

흔히 정부기능의 재조정을 '정부기능의 축소 조정'으로 파악하는 견해가 있으나 이러한 획일적 접근은 재고되어야 할 것이다. 왜냐하면 바람직한 정부기능은 정부가 추구해야 할 공익가치의 범위와 이를 실현시킬 정책수단의 가용도(可用度), 그리고 사회경제적 여건의 변화에 따라 공공 선택 과정을 통하여 판단되는 것이기 때문이다.

물론 그동안 물의를 빚어왔던 행정권의 비대화, 비민주적 요소가 내포된 정부 운영, 그리고 '납세자들의 동의가 충분히 확보되지 않은 상황에서의' 재정규모의 급팽창에 대한 반사적 결과로서 정부기능의 축소조정이 민주화 추진의 실천 방안의 하나로서 주장되어 오고 있는 것이 사실이다.

그러나 민주화의 목표가 궁극적으로 자율적 의사결정 장치를 통한 사회후생의 총합적 증진과 배분적 정의의 실현에 있다는 점을 고려할 때, 바람직한 정부기능의 설계는 바로 이러한 목표를 어떻게 유효적절하게 달성할 수 있느냐에 달려있다고 할 수 있다. 따라서 흔히 거론되고 있는 '정부기능의 축소조정'은 단순하고 외형적·획일적인 정부역할의 하향조정에 그치는 것보다는 합의된 공익 목표를 효과적으로 달성하는 '효율적이며 건강한 정부'를 지향하는 것으로 이해하여야 한다.

해야 할 일과 해서는 안 될 일

정부기능을 바람직한 방향으로 재조정하는 작업은 간단히 말해서 정부가 '해야 할 일'과 '해서는 안 될 일'을 명확하게 구분하고, '해야 할 일'의 우선순위에 따라 자원배분을 적정화하는 것이라고 할 수 있다.

정부가 '해서는 안 될 일'의 대표적 예로서, 특정 정치세력의 정권 유지를 위하여 정부의 정보수집 기능을 극대화한 나머지, 이로 인한 기본 인권의 침해사례가 속출하였던 점을 들 수 있다.

반면 정부가 경제의 외형적 성장에 자원배분 노력을 주력한 결과, 소득의 재분배와 지역 간 균형발전 부문에 정책의 우선순위를 두지 못하였던 것도 바로 '정부가 해야 할 일'을 등한시한 예라고 할 수 있다.

더 나아가서 정부기능의 재조정은 정부가 '해야 할 일'을 어떠한 정책수단을 활용하여 어떠한 강도로 수행할 것인가의 문제도 포함한다. 가령 정부가 투기 억제의 필요성에 따라 토지거래와 관련한 시장 기구에 개입하는 것이 '해야 할 일'로 판단된다 하더라도, 기본적 시장 질서를 현저히 저해하는 '토지거래 허가제' 등을 정책수단으로 활용하는 것이 바람직한지의 문제가 제기되는 것이다.

여기서 한 가지 지적되어야 할 것은 정부가 '해야 할 일'과 '해서는 안 될 일'을 구분함에 있어 절대적 기준이 없다는 점이다. 즉 '정부가 해야 할 일'을 판단함에 있어 그 나라의 사회·경제적 발전단계, 경제체제, 정치이념, 납세자의 판단에 따라 서로 다른 입장이 공존할 수 있다는 점이다. 가령 자원배분의 효율성과 외형적 기회균등을 중시하고 정부의 기능이 국가유지와 사회질서 확립에 필요한 최소한도에 머물러야 한다는 소극적 입장에서는 '간소한 정부'를 옹호하는 반면, 정부가 배분적 정의의 실현과 사회적 산출물의 사후적 배분 조정에 주력하여야 한다는 적극적 입장에서는 자연히 정부의 역할이 광범위할 수밖에 없다.

정부기능의 재조정 방향을 모색하기에 앞서 정부의 개입이 지나쳐 오히려 '정부의 실패'를 초래했던 부문이나 정부의 역할로서 바람직하지 않았던, '정부가 해서는 안 될 일'을 차례로 살펴보기로 한다.

우선 공공경제학적 관점에서 5차에 걸친 경제개발 계획 기간 중 정부가 자원 배분기능에 적극적으로 관여함으로써 가격기구에 의거한 자원의 효율적 배분을 저해하고, 민간 부문의 자율적 의사 결정 영역을 축소시켜 왔던 점을 지적할 수 있다.

사회경제적 기반이 취약한 시점에서 있어 자본을 축적하고 전략적 성장을 추진하기 위하여 개발 의지를 지닌 정부의 적극적이고 집중적인 자원배분관리가 불가피하였다.

그러나 경제규모가 확대되고 경제사회 구조가 복잡·다기화됨에 따라 정부가 자원배분기능에 적극적으로 개입하는 데는 한계점에 이르고 있다는 점을 간과해서는 안 된다.

▌ 시장기구 중시로 정부 관여 축소

1980년대 들어서 정부가 시장기구에 지나치게 개입함으로써 오히려 '정부의 실패'를 야기하였던 예는 일부 중화학 공업 분야의 인위적 분할(자동차산업의 차종별 생산 분할)이나 산업합리화 조치 등에서 쉽게 발견된다.

아울러 정부의 시장에 대한 적극적 관여는 설령 그것이 산업보호의 측면에서 이루어진 것이었다고 하더라도 사경제 부문의 독자적인 자생력과 창의성을 훼손함으로써 궁극적으로는 국민경제의 성과를 낮추게 한다는 점이 간과되어서는 안 된다.

특히 금융자원배분에 관한 정부의 권위주의적 결정은 일정 시점에 있어 일부 전략산업 부문의 경제적 기반을 구축하였다고 하나, 많은 경우 기업의 부실화로 인해 비효율적 자원배분을 초래하였을 뿐 아니라, 특혜·편중 융자로 인해 경제적 기회의 불균등을 야기하고 정부권력의 도덕성을 의심케 하는 사회적 문제로까지 진전된 예를 발견할 수 있다.

정부가 개발전략의 일환으로 사회간접자본의 형성과 기간산업의 육성을 위하여 설립하였던 공기업 부문에 있어서도 다수가 당초의 설립 취지를 달성하였다고 하더라도, 일부 공기업의 경우 방만한 경영과 관료적인 운영으로 인해 부실화되었거나 당초의 설립 목표를 효과적으로 달성하지 못함으로써, 자원배분의 비효율성을 노정하였던 사례도 정부의 자원배분기능을 재정립하는 데 좋은 교훈이

되고 있다.

이와 같은 자원배분의 조정과 관련한 정부기능의 제반 문제점을 감안할 때, '관료기구의 판단'과 같은 '보이는 손' 보다는 '보이지 않는 가격기구'의 신호적 기능을 중시함으로써, 가격기구에 의해 자원배분이 이루어질 수 있는 영역을 확대하는 방향으로 자원배분 기능이 재조정되어야 할 것이다.

즉, 시장경제 운용방식의 정착을 위해 사기업 활동에 대한 정부의 관여범위를 축소하고 민간 부문의 자율성과 창의성을 제고시킴으로써 사회적 산출의 극대화를 유도하도록 정부의 자원배분 조정 기능이 재정립되어야 할 것이다.

이런 점에서 자원배분과 관련한 정부의 기본 역할을 규범적 관점에서 시장의 실패가 현저하게 야기되거나 시장기구로는 소기의 보편적 목적을 달성하기 어려운 국방, 외교, 치안, 환경 관리, 기초교육, 보건, 사회보장 그리고 도로·항만 등 사회 간접자본 분야에 한정되어야 할 것이다.

대내적 정보기능 줄여야

서비스의 성격상 정부 부문과 민간 부문이 경합하는 가분적(可

分的) 편익 분야(고등교육, 주택, 의료, 운송, 통신 등)에 있어서는 외부효과를 중심으로 한 정부 개입의 타당성과 실효성을 면밀하게 검토한 후, 정부·시장 간의 적절한 역할 분담을 유도함으로써 재정규모의 팽창요인을 수용하는 동시에 국민경제의 총합적 성과를 향상시켜야 할 것이다.

금융 부문의 자율화를 통하여 금융자원이 시장경제 원리에 따라 배분될 수 있는 방안이 모색되어야 하며, 공익목표의 추구보다는 기업성의 추구가 중시되는 공기업 분야(전매, 철도, 화학 등)의 민영화와 비권력적 관리기능(시험·연구, 수도 관리 등)의 민간이양이 지속적으로 추진되어야 할 것이다.

더 나아가서 기업 설립의 제한, 각종 인·허가, 기준의 설정 등 사경제활동에 지장을 초래하는 정부 규제를 축소하고 단순화함으로써 규제에 따른 사회적 비용을 최소화하는 동시에 조세감면·보조금 지급 등 효율적 자원배분을 저해하고 경쟁국가와 분쟁의 소지를 만들어내는 특정 부문(수출산업, 중화학공업) 등에 대한 정책적 지원도 재검토되어야 할 것이다.

한편 그동안 체제 유지에 중점을 둔 정부 운영방식의 결과로 정부의 정보수집·분석·활용·집행기능과 시국 치안기능이 과도한 수준에 이름으로써 자원의 낭비는 물론이고 시민적 권익을 침해하는 경우가 많았다.

정부의 정보기능이 '안보정보의 수집과 대외전략의 체계적 수립'에만 전념하지 않고, 일반 정부 부문과 정치활동 부문에 대한 포괄적인 통제장치로 활용될 경우, 공공 부문의 의사결정이 왜곡될뿐더러 시민적 기본권을 제약할 우려가 있다는 점이 결코 지나쳐서는 안 된다.

이런 점을 감안할 때, 정부의 정보기능이나 시국 치안기능의 영역을 축소하고, 이들 기능이 정치 과정에서 통제될 수 있는 여지를 마련하는 반면, 대외정보의 수집과 대외전략의 수립, 그리고 안보 대응능력의 측면에서는 오히려 그 기능이 더욱 전문화되는 것이 바람직하다고 생각된다.

지금까지 축소지향의 필요성이 인식되고 있는 자원배분 조정기능을 중심으로 정부기능의 재조정 방향에 대해 언급하였지만 정부가 정치·경제·재정 여건 변화를 수용하고 사회적 후생을 극대화하기 위하여 앞으로 더욱 매진해야 될 '정부의 할 일'을 살펴보기로 한다.

▌정부의 복지기능 강화

1990년대 정부기능 재조정의 기본 목표는 한마디로 '대외경제 환경 변화에 능동적으로 대처하면서 복지기능에 주력하는 효율적인 정부의 실현'이라고 표현할 수 있다. 이러한 목표는 시장 부문의 자율성과 효율성이 더욱 중시되는 가운데 보다 분권화(分權化)된 정부기구를 통하여 접근되어져야 할 것이다.

우선 재정의 기능이 소득재분배에 역점을 두어야 할 시점에 이르렀다고 판단된다. 5차에 걸친 경제개발 5개년 계획의 추진 과정에서 정부의 재정기능은, 급속한 경제성장과 경제구조의 변화를 뒷받침하기 위한 자원 배분의 조정(공기업의 창설, 투자재원의 확충 등)에 주력하였던 반면, 재정 작용을 통한 소득재분배 기능에는 우선순위가 부여되지 못하였다.

따라서 배분적 정의의 구현 노력이야말로 경제성장에 수반되는 경제적 불공평과 사회적 이질감을 해소할 수 있을 뿐 아니라 궁극적으로 사회의 총체적 효율을 향상시킬 수 있다. 이런 점을 감안할 때, 1990년대 들어서 정부기능의 재조정은 바로 소득재분배 기능의 보강에 역점을 두는 방향에서 이루어져야 할 것이다. 우리나라의 세제는 경제개발을 위한 효율적인 자원배분을 중시해온 결과, 재정기능을 통한 소득재분배와 형평성 측면에서 미진함을 면치 못하고 있어 배분적 정의의 실현이 중시되어야 할 것으로 평가되고 있다.

이런 점에서 배분적 정의를 실현하는 최후의 장치인 재정 부문(세입·세출)의 한 축을 이루는 조세 부문에 있어서의 정의 구현은, '사회적 갈등과 경제적 불균형의 해소'라는 국민적 목표에 가장 유효하게 접근할 수 있는 정책구상이라고 하겠다.

재정의 소득재분배 기능을 원활히 하기 위해서는 소득과세의 비중을 높이고 재산과세를 확충함으로써 응능(應能) 원칙에 입각한 부담구조를 강화하면서 각종 우대조치나 소득계층 간, 소득원별 불균형을 시정하는 노력이 집중적으로 이루어져야 할 것이다.

중립적 갈등 조정자 돼야

아울러 세출 부문에서도 연금, 실업수당 등의 이전적(移轉的) 지출과 저소득층에 대한 사회복지 지출이 미미한 수준에 불과하여 세제의 소득재분배 기능의 취약을 보완하지 못하고 있는 실정이다. 특히 '복지사회 구현'이 기본 목표로 새롭게 부상되어 왔지만, 의료보험의 확충, 국민연금제도의 장기구상을 제외하고는 아직껏 이에 관한 구체적인 설계가 제시되지 못하고 있는 형편이다.

국민소득 수준의 상승으로 생활의 질적 향상에 관한 기대욕구가 커지고, 소득·부의 상대적 배분에 대한 사회적 관심이 더욱 고조됨에 따라, 주택, 교육, 의료 등 사회개발 부문과 저소득층에 대한 사회보장 지출의 확대, 그리고 노동, 농촌, 중소기업 등 낙후 부문에 대한 공공지출의 확대가 절실해지고 있다.

이와 같은 복지정책의 추구는 필연적으로 국민 부담의 증대를 수반하게 된다. 그러나 납세자들은 물론이고 정책결정 과정에 관여하는 사람들까지도 부담확대의 불가피성을 인식하지 못하고 있는 형편이다.

특히 납세자들이 추가적 조세부담에 대해서는 소극적인 태도를 보이면서 정부로부터는 보다 높은 수준의 복지서비스를 받고자 하는 '기대의 이중성'은, 우리나라 복지정책의 설계를 어렵게 만드는 요인의 하나로 지적된다.

소위 '시민의 실패'로 일컬어지고 있는 이러한 '기대의 이중성'을 극복하는 가운데 복지재정 수요에 대응하기 위해서는 세출 구조의 전환을 모색하면서 추가적인 세입원을 확보하는 방안이 마련되어야 할 것이며, 장기적인 정부기능의 재조정도 이러한 복지문제에의 대응능력을 높이는 방향에서 이루어져야 할 것이다.

한편 정부기능이 강화되어야 할 분야로서 시장의 자율적 조정기능이 매우 취약한 분야에 대하여 이의 결함을 보완하는 기능을 들 수 있다. 산업구조가 고도화되고 경제규모가 급팽창됨에 따라, 공정한 경쟁을 촉진하고 균등한 기회의 보장을 뒷받침하는 소비자 보호제도, 공정거래제도의 정비·확산이 정부 주요기능의 하나로 주목을 받고 있으며, 과도한 경제력 집중에 따른 폐해를 시정키 위한 정부 역할이 더욱 중시되어 가고 있다.

더 나아가서 지속적인 경제성장 기반을 구축하고 한국경제의 대외경쟁력을 향상시키기 위하여 해양개발을 포함한 과학기술의 진흥, 인력개발, 대외협력, 그리고 환경관리 부문에서 정부의 역할이 지속·강화되어야 할 것으로 판단된다.

마지막으로 사회적 갈등을 조정함에 있어 정부의 역할이 강조되어야 할 것이다. 사경제 활동의 신장과 민주적 사회풍토의 조성은 자연히 시장 부문 내에서 각종 긴장과 갈등을 유발시키게 마련인 바, 중립적인 갈등 조정자로서 이의 분쟁을 조정하는 정부의 역할이 기대된다. 이러한 갈등 조정자로서의 정부기능은 노사분규나 대외통상마찰 분야에서 그 역할이 가시화되어야 한다.

별첨

각 정부별 국정과제 목록

김영삼(문민)정부 중점 개혁과제

교개위 (8개)
- 대학의 정원자율화, 외국어 교육 강화, 여성 및 취약계층의 직업교육기회 확대, 국가기술자격제도 개편, 신교육체제 구축, 지방교육자치제도 개선, 사학의 건전육성, 교육정보화 추진

행쇄위 (9개)
- 준조세 정리, 변호사 등 각종 자격사제도 개선, 산업재해예방과 대책, 대장관리업무와 등기업무 연계, 예산회계제도 개선, 건축물 부품 및 건축설계의 표준화, 도시·도로 교통소통 개선, 교통사고 감소를 위한 제도개선, 군사보호구역내 각종 행정규제 완화

국민복지추진위 (7개)
- 장애인 복지제도 개선, 생활보호대상자 등 저소득층 복지증진, 보육시설의 확충, 중풍 등 노인전문진료기관 확충, 도시자영업자 국민연금제도 확대, 장애인 고용촉진 5개년 투자계획, 문화복지 기반시설 확충

정보화추진위 (4개)
- 전자주민카드 발급 및 주민등록정보 공동이용체제 구축, 국가지리정보체계 구축을 위한 지형도의 수치지도화, 지역정보화, 의료정보화

경제행정규제개혁위 (6개)
- 금융자율화 및 금융산업 개편, 증권제도 개선, 상호신용금고업의 구조개선, 외국인투자제도 개선, 외환제도 개혁, 공장용지 가격인하

세추위 (7개)
- 재외동포재단설립, 경찰의 현대화와 전문성 강화, 항만운영 효율화, 국제관리 전문인력 양성, 물관리종합대책, 신설규제 억제, 법률서비스 개선

노개위 (1개)
- 노사관계제도 개혁

김대중 (국민의) 정부 10대 국정과제

1. 구조조정을 신속히 한다
   - 부실 처리와 체질 개선
     1. 부실금융기관 신속 정리
     2. 자율성, 책임성 확립으로 관치금융 청산
     3. 기업을 투명하고 건강한 체질로
   - 구조조정 뒷받침
     4. 외국인투자 유치로 우리 경제에 힘을
     5. 구조조정 재원을 확실히 조달
     6. 실업자 지원과 취업 기회 확대
     7. 노·사·정은 상호신뢰해야
     8. 고용형태를 유연하게

2. 재도약의 기반을 구축한다
   - 안정된 경제의 틀
     9. 물가안정은 재도약의 디딤돌
     10. 국제수지 흑자는 유지해야
     11. 외환보유고를 늘려 외환시장 안정을
   - 기업하기 좋은 여건
     12. 행정규제는 곧 국민의 비용
     13. 세제는 투명하고 공평해야
     14. 인력공급은 산업수요에 맞게
     15. 기업은 기술개발로 승부를
     16. 벤처기업을 산업의 꽃으로
   - 탄탄한 SOC
     17. 교통망 확충으로 물류비용 감축
     18. 대형건설사업을 효율적 방법으로
     19. 토지는 공급을 늘리고 이용도 편리하게
     20. 에너지로 공급능력을 키우되 덜 쓰는 체제로

3. 산업의 활력을 되찾는다

- 시장질서 확립
  - 21. 공정경쟁을 산업의 철칙으로
  - 22. 소비자주권을 실질적으로
  - 23. 복잡한 유통구조는 대폭 축소해야
- 제조업
  - 24. 주력 산업은 외형보다 부가가치를
  - 25. 앞을 내다보는 지식산업으로
- 농업
  - 26. 개발화시대 농업도 경쟁력있는 산업으로
  - 27. 쌀 자급 유지, 양곡 유통은 시장 중심으로
- 서비스업
  - 28. 문화·관광산업을 미래 유망산업으로
  - 29. 건설업 활성화는 규제완화와 외자유치로
- 균형발전
  - 30. 중소기업 경쟁력은 구조개선으로
  - 31. 지역경제 활성화로 수도권 집중을 해소
  - 32. 균형 있는 국토개발로 골고루 혜택을

4. 고객중심 기업형 행정으로 바꾸어 나간다

- 공공 부문에 경영개념 도입
  - 33. 공직사회에도 경쟁을
  - 34. 국민이 참여하는 열린 정부로
  - 35. 공기업과 산하단체에 경영마인드를
- 자율과 책임이 조화된 지방자치
  - 36. 지방자치는 주민 중심으로
  - 37. 지방재정을 지방화시대에 맞게
- 성과와 창의 우선의 행정
  - 38. 민간과 지방 중심으로 행정구조를 개편
  - 39. 재정지출은 반드시 성과를 얻도록
  - 40. 감사를 예방과 창의력조장 중심으로

5. 정부는 국민을 지켜준다

- 법과 질서의 수호
  - 41. 사법제도는 인권보장에 최우선을
  - 42. 법질서 정착은 부정부패 척결부터
  - 43. 학교폭력과 민생침해 범죄에 대처를 철저히
  - 44. 도와주는 경찰, 해결해 주는 경찰로

- 외교역량 제고
  - 45. 외교의 중점을 세일즈에
  - 46. 주변국과는 친근한 이웃이 되어야
  - 47. 지방과 민간도 외교역량이 필요
  - 48. 재외동포는 우리의 국력

- 튼튼하고 효율적인 국방
  - 49. 군 구조를 기술·정보 집약형으로
  - 50. 공정한 인사로 군의 사기를 드높게
  - 51. 한미, 다자 간 안보체제는 국방의 필수
  - 52. 군시설물 위치를 국민에게 편리하게
  - 53. 병역의무는 누구나 공정하게

6. 더불어 사는 사회를 만든다

- 안정된 생활
  - 54. 저소득층, 노인, 장애인을 돌보는 사회로
  - 55. 공공주택은 서민 중심으로
  - 56. 보훈가족에게 명예와 자립을

- 사회적 평능 제고
  - 57. 남녀는 같이 일하고 같이 대우받게
  - 58. 생활여건 개선으로 가고 싶은 농어촌을

- 사회보장제도 효율화
  - 59. 의료보험은 적정부담, 적정 급여체계로
  - 60. 국민연금 재정을 내실있게
  - 61. 의료·고용·산재보험과 국민연금은 통합관리되어야

7. 건강하고 안전한 생활을 보장한다

- 건전한 국민생활
  - 62. 청소년 활동, 밝고 건강하게
  - 63. 나와 주변부터 생활개혁을
  - 64. 도시교통은 대중 중심으로

- 다져지는 국민건강
  - 65. 질병은 치료보다 예방이 우선
  - 66. 식품, 의약품은 안전성이 먼저
  - 67. 사회건강은 생활체육에서

- 철저한 안전관리
  - 68. 일터 안전은 근로자 복지의 기본
  - 69. 재해, 재난 예방과 관리에 정성을

8. 쾌적한 환경에 여유있는 문화를 창조한다

- 쾌적한 자연
  - 70. 산림자원 육성으로 쾌적한 공기를
  - 71. 대도시 공기오염은 원인부터 차단
  - 72. 정수기가 필요 없는 맑은 물로
  - 73. 깨끗한 바다는 생명의 근원

- 국토를 아끼는 마음
  - 74. 쓰레기는 처음부터 줄여야
  - 75. 산업구조를 환경친화적 형태로
  - 76. 개발할 때는 보전도 생각해야

- 여유있는 문화
  - 77. 창조적 문화예술은 21세기 경쟁력의 바탕
  - 78. 문화유산 보존·계승은 우리 세대의 의무
  - 79. 우리 문화를 세계의 문화로
  - 80. 보다 유익한 방송으로

9. 21세기형 인프라를 구축한다

- 과학진흥과 미래자원개발
  - 81. 기초과학 진흥으로 기술력의 저변을
  - 82. 과학기술 두뇌는 수입을 해서라도
  - 83. 국가연구개발사업 더 많은 성과가 있도록
  - 84. 바다를 제2의 국토로 개발
  - 85. 수자원 관리 효율화로 물 부족에 대비

- 정보화 촉진
  - 86. 정보화물결 대비는 정보유통망 건설부터
  - 87. 정보통신산업을 경제의 중추신경으로
  - 88. 정보화교육으로 컴퓨터를 가까운 친구로

- 미래의 인재양성
  - 89. 학생과 학부모를 과외에서 해방
  - 90. 초중등교육은 창의력이 배양되도록
  - 91. 대학교육은 양보다 질이 우선
  - 92. 교직사회는 실력과 신뢰로
  - 93. 교육행정과 재정은 학생 중심으로

10. 통일 기반을 조성한다

- 상호신뢰회복
  - 94. 남북기본합의서(화해, 불가침, 교류, 협력) 이행으로 평화의 초석을
  - 95. 경수로 건설사업을 계획대로

- 민족동질성 확대
  - 96. 남북경협은 정경분리 원칙으로
  - 97. 남북 간 만남은 사회문화 교류로
  - 98. 이산가족 재회는 가능하면 빨리

- 통일시대 대비
  - 99. 북한 이탈주민의 정착을 원활하게
  - 100. 통일정책은 국민합의 바탕 위에

노무현 (참여) 정부 정책방향 · 12대 국정과제

1. 한반도 평화체제 구축

북핵문제 해결과 군사적 신뢰 구축, 군복무 단축, 군 정예화 등 국방체계 개선, 평화체제 구축을 위한 다각적 대화통로 마련, 당당한 상호협력 외교, 동북아 평화협력체 등

2. 동북아 경제중심국가 건설

남북 경제교류협력, 동북아 경제협력체제, 물류, 비즈니스 중심 국가를 위한 기반 구축

3. 자유롭고 공정한 시장질서 확립

경제시스템 개혁, 기업하기 좋은 나라(규제 개혁 등), 금융 개혁, 세제 개혁

4. 과학기술 중심사회 구축

과학기술자 사기진작 및 과학기술인력 양성, 연구개발비의 투자확대, 기술혁신, 신산업 육성, 일자리 창출

5. 미래를 열어가는 농어촌

공익적 기능과 시장 지향, 농어업인 소득안정, 농어촌 복지증진 및 지역개발, 신해양시대의 어업 기반 구축

6. 참여복지와 삶의 질 향상

전 국민 건강보장제도 실현, 국민복지 증진(기초생활보장제, 보육, 고령화대책, 장애인 등), 쾌적한 환경 조성, 주택가격 안정 및 주거의 질 개선, 농어민 생활향상 대책

7. 국민통합과 양성평등사회 구현

5대 차별(성, 장애, 학벌, 비정규직, 외국인) 해소, 지역통합(국가균형발전위원회 설치 등), 계층통합(빈부격차 해소 등), 노사화합(노사정위원회 등 노사협력체제), 양성평등한 가족정책과 여성대표성 제고

8. 교육개혁과 지식문화강국 실현

공교육 내실화, 교육의 자율성과 다양성 강화, 선진국 수준의 문화인프라, 세계 수준의 문화산업, 보편적 문화향수권 보장, 지식정보사회의 전면화

9. 사회통합적 노사관계 구축

국제 기준에 부합하는 노사관계 구축, 중층적 구조의 사회적 파트너쉽 형성, 자율과 책임의 노사자치주의 확립, 근로생활의 질 향상, 노동행정서비스의 역량 확충, 일자리 창출과 고용안정

10. 지방분권과 국가균형발전

지방분권화, 쾌적한 수도권, 신행정수도 건설, 지역전략산업 육성과 지방경제 활성화, 지방대학의 집중 육성

11. 부패 없는 사회, 봉사하는 행정

국가시스템 혁신, 행정개혁(평가분석시스템, 평가역량구축, 전자정부 실현), 투명공정한 인사시스템 확립, 재정개혁, 국민의 생명과 재산 보호를 위한 시스템 구축

12. 참여와 통합의 정치개혁

중대선거구제 등 선거제도의 개선, 선거공영제의 확대 등 돈 안 드는 선거 실현, 정치자금의 투명성 확보

이명박 정부 20대 국정전략 · 100대 국정과제

I. 섬기는 정부
전략1. 알뜰하고 유능한 정부로 바꾸겠습니다.
전략2. 지방분권을 확대하고 지역경제를 살리겠습니다.
전략3. 법과 원칙을 지키는 신뢰사회를 구현하겠습니다.
전략4. 안심하며 살 수 있는 안전한 나라를 만들겠습니다.

II. 활기찬 시장경제
전략5. 투자환경을 획기적으로 개선하겠습니다.
전략6. 규제를 대폭 줄이겠습니다.
전략7. 녹색성장으로 새로운 일자리를 만들겠습니다.
전략8. 신성장동력과 서비스산업을 키우겠습니다.

III. 능동적 복지
전략9. 모든 국민을 위한 평생복지 기반을 마련하겠습니다.
전략10. 맞춤형 복지를 실현하겠습니다.
전략11. 서민생활과 주거를 안정시키겠습니다.
전략12. 국민 모두가 일을 통해 보람을 느낄 수 있도록 하겠습니다.

IV. 인재대국
전략13. 학교교육의 자율성과 다양성을 확대하겠습니다.
전략14. 교육복지를 확대하겠습니다.
전략15. 세계적 수준의 우수인재를 육성하겠습니다.
전략16. 미래를 이끌 과학기술발전에 힘쓰겠습니다.

V. 성숙한 세계국가
전략17. 한반도의 새로운 평화구조를 만들겠습니다.
전략18. 국익을 우선하면서 세계에 기여하는 실용외교를 수행하겠습니다.
전략19. 굳건한 선진안보체제를 구축하겠습니다.
전략20. 품격있고 존중받는 국가를 만들겠습니다.

Ⅰ. 섬기는 정부

전략 1. 알뜰하고 유능한 정부로 바꾸겠습니다.
　　　과제 1. 작지만 일 잘하는 정부를 만들겠습니다.
　　　과제 2. 나라살림을 알뜰히 꾸려가겠습니다.
　　　과제 3. 공공 부문의 성과를 높이겠습니다.
　　　과제 4. 내실있는 감사로 투명한 정부를 만들겠습니다.
　　　과제 5. 글로벌 경쟁력을 갖춘 공무원을 양성하겠습니다.

전략 2. 지방분권을 확대하고 지역경제를 살리겠습니다.
　　　과제 6. 지방행정체제를 개편하겠습니다.
　　　과제 7. 지방정부의 권한을 늘리겠습니다.
　　　과제 8. 광역경제권을 구축하겠습니다.
　　　과제 9. 지방재원을 확충하겠습니다.
　　　과제 10. 자치경찰제를 도입하겠습니다.

전략 3. 법과 원칙을 지키는 신뢰사회를 구현하겠습니다.
　　　과제 11. 법질서가 예외 없이 지켜지도록 하겠습니다.
　　　과제 12. 공직자의 부정부패를 척결하겠습니다.
　　　과제 13. 언론의 공공성을 강화할 수 있도록 지원하겠습니다.
　　　과제 14. 사회갈등 해소와 소통에 힘쓰겠습니다.
　　　과제 15. 지적재산권을 보호하고 공정거래 질서를 확립하겠습니다.

전략 4. 안심하며 살 수 있는 안전한 나라를 만들겠습니다.
　　　과제 16. 재난관리체계를 통합하겠습니다.
　　　과제 17. 깨끗한 물과 공기, 안전한 먹거리를 보장하겠습니다.
　　　과제 18. 마음 놓고 일할 수 있는 안전한 일터를 조성하겠습니다.
　　　과제 19. 여성과 어린이가 걱정 없이 다닐 수 있는 나라로 만들겠습니다.
　　　과제 20. 교통사고를 선진국 수준으로 낮추겠습니다.

II. 활기찬 시장경제

전략 5. 투자환경을 획기적으로 개선하겠습니다.

과제 21. 성장의 밑바탕인 경제안정을 이루겠습니다.
과제 22. 세금을 줄여 투자와 소비를 활성화하겠습니다.
과제 23. 상생하는 노사문화를 창조하겠습니다.
과제 24. 외국인이 투자하고 싶은 나라로 만들겠습니다.
과제 25. 경쟁력있는 중소기업을 늘리겠습니다.

전략 6. 규제를 대폭 줄이겠습니다.

과제 26. 규제 제도와 법령을 선진화하겠습니다.
과제 27. 금융규제 개혁으로 선진금융산업을 육성하겠습니다.
과제 28. 방송·통신산업에 대한 규제를 풀겠습니다.
과제 29. 독과점 폐해를 막아 경제활력을 높이겠습니다.
과제 30. 지방과 수도권이 상생발전하도록 규제를 줄이겠습니다.

전략 7. 녹색성장으로 새로운 일자리를 만들겠습니다.

과제 31. 친환경산업과 에너지 절감의 핵심 인프라를 조성하겠습니다.
과제 32. 기후변화에 적극 대응해 신산업을 개척해 나가겠습니다.
과제 33. 에너지 자주개발율을 높이겠습니다.
과제 34. 신재생에너지와 청정에너지를 개발하겠습니다.
과제 35. 녹색 한반도를 만들겠습니다.

전략 8. 신성장동력과 서비스산업을 키우겠습니다.

과제 36. 돈 버는 농림수산업을 만들겠습니다.
과제 37. 고부가가치 서비스산업을 확실히 키우겠습니다.
과제 38. 방송통신융합을 촉진하고, 문화콘텐츠를 키우겠습니다.
과제 39. 미래전략산업을 육성하겠습니다.
과제 40. 국토를 개방형으로 재창조하겠습니다.

III. 능동적 복지

전략 9. 모든 국민을 위한 평생복지 기반을 마련하겠습니다.
  과제 41. 지속가능하면서도 도움이 되는 연금체계로 바꾸겠습니다.
  과제 42. 건강보험의 재정을 안정시키겠습니다.
  과제 43. 필수의료서비스에 대한 국가의 책임을 강화하겠습니다.
  과제 44. 아프기 전에 국민 건강을 미리 지켜드리겠습니다.
  과제 45. 체감할 수 있는 복지서비스와 기초안전망을 구현하겠습니다.

전략 10. 맞춤형 복지를 실현하겠습니다.
  과제 46. 믿고 맡길 수 있는 보육환경을 조성하겠습니다.
  과제 47. 청소년의 건강한 성장을 뒷받침하겠습니다.
  과제 48. 도움이 필요한 가족에 대한 지원을 늘리겠습니다.
  과제 49. 편안한 노후생활을 보장해 나가겠습니다.
  과제 50. 국가유공자가 존중받고, 장애인이 행복한 사회를 만들겠습니다.

전략 11. 서민생활과 주거를 안정시키겠습니다.
  과제 51. 서민생활의 부담을 줄이겠습니다.
  과제 52. 주거안정을 도모하겠습니다.
  과제 53. 취약계층의 경제활동을 지원하고 재출발을 돕겠습니다.
  과제 54. 사회서비스를 확충하겠습니다.
  과제 55. 농어가 소득을 늘리고, 농어촌의 거주 여건을 개선하겠습니다.

전략 12. 국민 모두가 일을 통해 보람을 느낄 수 있도록 하겠습니다.
  과제 56. 고용지원서비스를 강화하겠습니다.
  과제 57. 직업능력개발 시스템을 수요자 중심으로 바꾸겠습니다.
  과제 58. 여성과 고용취약계층을 위한 일자리를 만들겠습니다.
  과제 59. 비정규직 근로자의 보호와 능력개발 확대에 힘쓰겠습니다.
  과제 60. 사회적 기업을 육성하겠습니다.

IV. 인재대국

전략 13. 학교 교육의 자율성과 다양성을 확대하겠습니다.
- 과제 61. 학생과 학부모가 원하는 다양한 학교를 많이 만들겠습니다.
- 과제 62. 학교의 자율성과 책임감을 높이겠습니다.
- 과제 63. 교원의 전문성을 높이겠습니다.
- 과제 64. 교육과정과 교과서를 알차고 흥미있게 만들겠습니다.
- 과제 65. 학교와 지역사회의 협력을 강화하겠습니다.

전략 14. 교육복지를 확대하겠습니다.
- 과제 66. 가난해서 학교를 못 다니는 일이 없도록 하겠습니다.
- 과제 67. 학력을 높이고 교육격차는 줄이겠습니다.
- 과제 68. 학생들의 건강과 안전을 책임지겠습니다.
- 과제 69. 유아교육과 특수교육을 내실화하겠습니다.
- 과제 70. 평생 공부할 수 있는 환경을 마련하겠습니다.

전략 15. 세계적 수준의 우수인재를 육성하겠습니다.
- 과제 71. 대학의 자율을 확대하겠습니다.
- 과제 72. 대학과 연구기관의 교육과 연구 역량을 강화하겠습니다.
- 과제 73. 연구자가 중심이 되는 환경과 여건을 조성하겠습니다.
- 과제 74. 글로벌 청년리더 10만 명을 양성하겠습니다.
- 과제 75. 체계적인 영재육성시스템을 마련하겠습니다.

전략 16. 미래를 이끌 과학기술 발전에 힘쓰겠습니다.
- 과제 76. 과학기술 투자를 전략적으로 확대해 나가겠습니다.
- 과제 77. R&D시스템을 민간전문가 주도로 바꾸겠습니다.
- 과제 78. 기초원천연구를 진흥시키겠습니다.
- 과제 79. 녹색기술을 발전시키겠습니다.
- 과제 80. 과학문화의 생활화에 앞장서겠습니다.

V. 성숙한 세계국가

전략 17. 한반도의 새로운 평화구조를 만들겠습니다.
    과제 81. 북핵 폐기를 지속적으로 추진하겠습니다.
    과제 82. 비핵·개방·3000 구상(나들섬 구상 포함)을 추진하겠습니다.
    과제 83. 한미 관계를 새로운 환경에 맞추어 발전시키겠습니다.
    과제 84. 남북 간 인도적 문제를 해결하겠습니다.
    과제 85. 신아시아 협력외교를 추진해 나가겠습니다.

전략 18. 국익을 우선하면서 세계에 기여하는 실용외교를 수행하겠습니다.
    과제 86. 에너지 협력 외교를 강화하겠습니다.
    과제 87. FTA 체결 대상국가를 다변화하겠습니다.
    과제 88. 지구촌 문제의 해결에 적극 기여하겠습니다.
    과제 89. 인권외교와 문화외교에 힘쓰겠습니다.
    과제 90. 재외국민을 보호하고 재외동포 네트워크를 구축하겠습니다.

전략 19. 굳건한 선진안보체제를 구축하겠습니다.
    과제 91. 국방개혁 2020을 보완하여 내실있게 추진하겠습니다.
    과제 92. 전시작전통제권 전환의 적정성을 평가하고 보완하겠습니다.
    과제 93. 남북 간 군사적인 신뢰를 구축하고 군비통제를 추진하겠습니다.
    과제 94. 군사시설보호구역을 조정해 국민부담을 덜어드리겠습니다.
    과제 95. 방위산업을 신경제성장의 동력으로 육성하겠습니다.

전략 20. 품격있고 존중받는 국가를 만들겠습니다.
    과제 96. 세계적인 국가브랜드 가치를 창출하겠습니다.
    과제 97. 누구나 쉽게 문화·체육생활을 누리는 환경을 만들겠습니다.
    과제 98. 전통과 현대가 어우러진 문화국가로 발돋움하겠습니다.
    과제 99. 외국인과 함께하는 열린사회를 만들겠습니다.
    과제 100. 선진국 수준의 양성평등을 이루겠습니다.